# 悠扬飘逸的

# 古乐歌舞

周丽霞 编著

中国出版集团 现代出版社

图书在版编目（ＣＩＰ）数据

悠扬飘逸的古乐歌舞 / 周丽霞编著. -- 北京 ： 现代出版社，2017.8
ISBN 978-7-5143-6487-3

Ⅰ. ①悠… Ⅱ. ①周… Ⅲ. ①古乐器－介绍－中国 Ⅳ. ①K875.5

中国版本图书馆CIP数据核字(2017)第224923号

**悠扬飘逸的古乐歌舞**

作　　者：周丽霞
责任编辑：李　鹏
出版发行：现代出版社
通讯地址：北京市定安门外安华里504号
邮政编码：100011
电　　话：010-64267325 64245264（传真）
网　　址：www.1980xd.com
电子邮箱：xiandai@vip.sina.com
印　　刷：天津兴湘印务有限公司
字　　数：380千字
开　　本：710mm×1000mm　1/16
印　　张：30
版　　次：2018年5月第1版　　2018年5月第1次印刷
书　　号：ISBN 978-7-5143-6487-3
定　　价：128.00元

习近平总书记在党的十九大报告中指出："深入挖掘中华优秀传统文化蕴含的思想观念、人文精神、道德规范，结合时代要求继承创新，让中华文化展现出永久魅力和时代风采。"同时习总书记指出："中国特色社会主义文化，源自于中华民族五千多年文明历史所孕育的中华优秀传统文化，熔铸于党领导人民在革命、建设、改革中创造的革命文化和社会主义先进文化，植根于中国特色社会主义伟大实践。"

我国经过改革开放的历程，推进了民族振兴、国家富强、人民幸福的"中国梦"，推进了伟大复兴的历史进程。文化是立国之根，实现"中国梦"也是我国文化实现伟大复兴的过程，并最终体现在文化的发展繁荣。博大精深的中国优秀传统文化是我们在世界文化激荡中站稳脚跟的根基。中华文化源远流长，积淀着中华民族最深层的精神追求，代表着中华民族独特的精神标识，为中华民族生生不息、发展壮大提供了丰厚滋养。我们要认识中华文化的独特创造、价值理念、鲜明特色，增强文化自信和价值自信。

如今，我们正处在改革开放攻坚和经济发展的转型时期，面对世界各国形形色色的文化现象，面对各种眼花缭乱的现代传媒，我们要坚持文化自信，古为今用、洋为中用、推陈出新，有鉴别地加以对待，有扬弃地予以继承，传承和升华中华优秀传统文化，发展中国特色社会主义文化，增强国家文化软实力。

浩浩历史长河，熊熊文明薪火，中华文化源远流长，滚滚黄河、滔滔长江，是最直接的源头，这两大文化浪涛经过千百年冲刷洗礼和不断交流、融合以及沉淀，最终形成了求同存异、兼收并蓄的辉煌灿烂的中华文明，也是世界上唯一绵延不绝的古老文化，并始终充满生机与活力。

中华文化曾是东方文化摇篮，也是推动世界文明不断前行的动力之一。早在五百年前，中华文化的四大发明催生了欧洲文艺复兴运动和地理大发现。中国四大发明先后传到西方，对于促进西方工业社会发展和形成，起到了重要作用。

中华文化的力量，已经深深熔铸到我们的生命力、创造力和凝聚力中，是我们民族的基因。中华民族的精神，业已深深植根于绵延数千年的优秀文化传统之中，是我们的精神家园。

总之，中国文化博大精深，是中华各族人民五千年来创造、传承下来的物质文明和精神文明的总和，其内容包罗万象，浩若星汉，具有很强的文化纵深，蕴含着丰富的宝藏。我们要实现中华文化的伟大复兴，首先要站在传统文化前沿，薪火相传，一脉相承，弘扬和发展五千年来优秀的、光明的、先进的、科学的、文明的和自豪的文化现象，融合古今中外一切文化精华，构建具有中国特色的现代民族文化，向世界和未来展示中华民族的文化力量、文化价值、文化形态与文化风采。

为此，在有关专家指导下，我们收集整理了大量古今资料和最新研究成果，特别编撰了本套大型书系。主要包括巧夺天工的古建杰作、承载历史的文化遗迹、人杰地灵的物华天宝、千年奇观的名胜古迹、天地精华的自然美景、淳朴浓郁的民风习俗、独具特色的语言文字、异彩纷呈的文学艺术、欢乐祥和的歌舞娱乐、生动感人的戏剧表演、辉煌灿烂的科技教育、修身养性的传统保健、至善至美的伦理道德、意蕴深邃的古老哲学、文明悠久的历史形态、群星闪耀的杰出人物等，充分显示了中华民族厚重的文化底蕴和强大的民族凝聚力，具有极强的系统性、广博性和规模性。

本套书系的特点是全景展现，纵横捭阖，内容采取讲故事的方式进行叙述，语言通俗，明白晓畅，图文并茂，形象直观，古风古韵，格调高雅，具有很强的可读性、欣赏性、知识性和延伸性，能够让广大读者全面触摸和感受中国文化的丰富内涵，增强中华儿女民族自尊心和文化自豪感，并能很好地继承和弘扬中国文化，创造具有中国特色的先进民族文化。

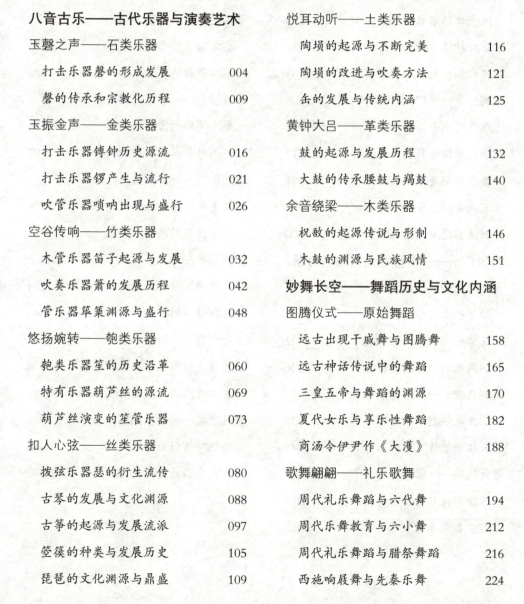

悠扬飘逸的
古乐歌舞

# 八音古乐

## 古代乐器与演奏艺术

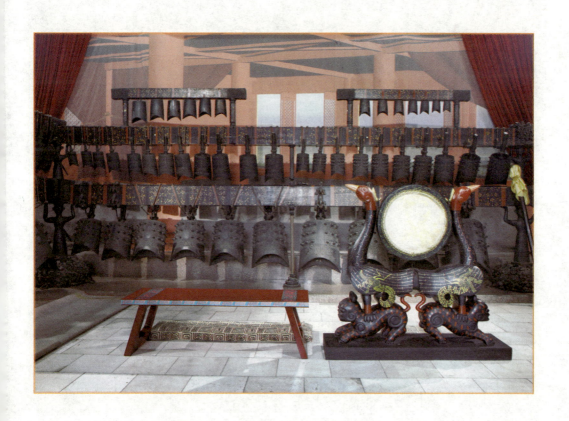

# 石类乐器

磬是一种石制的击乐器，石磬主要是以坚硬的大理石或玉石制成，其次是青石和玉石。石磬上作倨句形，下作微弧形。石磬大小厚薄各异，石质越坚硬，声音就越铿锵洪亮。

磬乐器是我国最古老的民族乐器，造型古朴，制作精美，形状大多呈上弧下直的不等边三角形。磬乐器的历史非常悠久，它在远古时期的母系社会，曾经被称为"石"和"鸣球"。

到了秦汉时期，磬乐器有了其在古代乐器中尊显的地位。到了魏晋时期，佛教传入了我国，磬乐器开始宗教化，云磬便产生了。云磬常用于宗教音乐，是佛教寺院所用的法器。

# 打击乐器磬的形成发展

古人使用的兽形编磬座

磬是一种石制的击乐器，磬乐器是我国最古老的民族乐器，当时人们以渔猎为生，劳动之后敲击着石头，装扮成各种野兽的形象跳舞娱乐，这种敲击的石头就被逐渐演变为后来的打击乐器磬。

后来，人们在山西夏县东下冯夏代文化遗址，发现了远古时期的一块石磬，其形状像耕田用的石犁，其上方有一圆孔用于悬挂，虽然整体打得非常粗糙，有的棱角还十分锐利，但敲击时仍能发出清脆的声音。

从此可见，磬乐器既是表现音乐的工具，又是人们劳动生产的工具或生活

■ 远古石磬

用具。

在先秦秦国宰相吕不韦所主编的《吕氏春秋·古乐篇》中记载：

> 帝尧立，乃命质为乐。质乃效山林溪谷之音以作歌，乃以麋革置缶而鼓之，乃拊石击石，以像上帝玉磬之音，以致舞百兽。

文中所说用生活器皿"缶"，其实就是蒙上鹿皮而成的鼓，而"拊石击石"就是远古时期人们将狩猎的石器，敲击成声，以伴奏化装成百兽的一种原始舞蹈。

此外，在《汉书·杨恽传》中记载：

> 酒后耳热，仰天拊缶，而呼乌乌。

《吕氏春秋》也称《吕览》，战国末年秦国丞相吕不韦集合门客共同编撰的杂家代表名著。该书融合墨、法、兵、农、纵横、阴阳家等各家思想，所以《汉书·艺文志》等将其列入杂家。吕不韦自己认为其中包括了天地万物古往今来的事理，所以号称《吕氏春秋》。

悠扬飘逸的古乐歌舞

这一记载，描述了先秦时期人们酒后兴趣大发，一边敲击盛酒用的器皿缶，一边仰天歌唱。

这一时期的石磬可能就来源于某种片状石制工具，人们在长期劳动过程中，逐渐发现某种石制片状工具能够发声，可以作为乐器使用，于是人们便发明了磬乐器。

因此，磬乐器最早是用于我国先民的乐舞活动，在远古时期的磬乐器具有双重功能，也就是表现性和实用性。

在远古时期，磬乐器已经广泛流传，后来人们从河南武官村大墓出土了远古时期一件虎纹大石磬，该石磬长84厘米，高42厘米，厚2.5厘米，由一块白青的大石琢成。

该石磬正面是刚劲柔和的阳纹线条，雕刻着一只虎形纹饰，这只老虎瞠目踞伏，做张口欲吞状，形象

■ 青铜乐器编磬

刚猛壮美。可见当时磬乐器的制作非常精美。

■ 虎纹石磬

　　后来，由于社会生产力发展，磬乐器形状也有了多种变化，人们掌握了较高冶炼技术使磬乐器在材料上有多种选料。磬乐器除了有石制的之外，还有玉制和青铜制多种材料。

　　同时，在造型和雕刻上更加精致完美，当时磬乐器的磬架用铜铸成，呈单面双层结构，横梁为圆管状立柱，底座是一个龙头、鹤颈、鸟身、鳖足的怪兽状，磬依次悬挂于精美的兽座龙首铜架上，可谓造型奇特，制作精美而牢固。

　　后来到了先秦时期，还产生了编磬。编磬是一种可以演奏旋律的打击乐器，是从石器发展而来的。编磬是用石或玉制作，它在宫廷音乐中用途颇广。特磬是单个的大石磬，常用于皇帝祭天地、祭祖时演奏的乐器。

　　编磬是由16件形式大小不同或厚薄不同的石块编悬而成，每只磬发出不同音色，可以演奏旋律。

　　在先秦时期编磬已经有了广泛制作和运用，后来

**编磬** 古代打击乐器，在木架上悬挂一组音调高低不同的石制或玉制的磬，用小木槌敲打奏乐。为古代乐器一种，用石或玉制作，16面一组。它的音色除黄钟、大吕、太簇、夹钟、姑洗、仲吕、蕤宾、林钟、夷则、南吕、无射、应钟等十二正律外，又加4个半音，演奏打击时，发出不同音响，清宫所藏玉编磬，在重大典礼演奏中和韶乐时使用。

■ 商代晚期龙纹石磬

**君主** 是指我国最高统治者的称谓，多与君主制、封建制度相联系。在封建时代，君主多实行君位世袭制，在任期上实行王位终身制。在我国历史上出现的分封制，由共主分封土地、封赐爵位，共主和被赐封的人被称为君主。

还发展到用玉石制造。编磬开始一般是三五件一套，其低音浑厚洪高，高音明澈，音色优美而动听，音域可达3个8度，可以旋宫转调演奏多种乐曲，可见当时编磬制造技艺已经达到较高水平。

编磬在先秦宫廷中一般是整套使用，当时制作的是16件为一套，大小相同，厚度有异，采用新疆和田碧玉，其形与特磬一致，只是体积较小。

每次演奏时全套都要使用，随乐曲旋律击奏。另外，也有黄金制作的整套金编磬。

先秦编磬主要用于先秦君主与王公大臣庆典的"丹陛大乐"、宫中大型宴会的"中和清乐"和"丹陛清乐"。

**阅读链接**

考古学者在湖北江陵出土了大型编磬。湖北江陵是春秋战国时期楚国国都，这里出土了一套25件编磬。

磬体用青色石灰石制成，上部作倨句形，下作微弧形，表面都有较清晰的彩绘花纹和略显凹凸的花纹。其中4件绘有凤鸟图，色彩高雅，线条流畅，具有很高的美学价值。

# 磬的传承和宗教化历程

　　磬，是我国历史上最古老的石制打击乐器和礼器，有单个特磬与按律吕依次编排的编磬之分。单个的特磬，一般作为我国古代氏族"鸣以聚众"的信号乐器。编磬则是在宗庙祭祀、宗族盛宴等大典时与编钟一起合奏。

■石编磬

　　中华民族素有礼仪之邦美誉，在礼制严明的古代，用灵璧磬石制作的乐器已经成为皇权、礼治的象征。

　　到了秦汉魏晋时期，磬乐器有了其在古代乐器中尊显的地位。崇尚礼制的秦汉人们认为，磬乐器地位非常高。磬乐器不仅

■ 孔子《击磬图》

被帝王视为珍宝所尊崇，也为这一时期的文人雅士所钟情颂扬。

到了魏晋时期，佛教传入了我国，磬乐器开始宗教化，云磬便产生了。

云磬又称"引磬"，是一种打击乐器，其外形与仰钵形坐磬相同，体形很小，磬身铜制，形似酒盅，磬口直径只有7厘米，置于一根长木柄上端，全长约35厘米。木柄旋以条纹为饰。

云磬是寺院中使用的法器，也用于宗教音乐中。云磬在演奏时，需要左手持木柄下端，右手执细长铜棍敲击，发音清脆，在梵乐中常用以敲击节奏。

此外，佛教磬乐器除了云磬以外，还有一种"僧磬"乐器，它和"乐器磬"大不相同。佛教的僧磬是钵形的。

佛教的僧磬，大致有圆磬、扁磬、小手磬3种。圆磬有如钵状，多用铜铁等金属所造。大者径约两三尺，高不足两三尺，小者径约半尺，高不足半尺。扁磬是石造的，据古代佚名所著的《象器笺》说：

法器 又称为"佛器""佛具""法具"或"道具"。就广义而言，凡是在佛教寺院内，所有庄严佛坛，以及用于祈请、修法、供养、法会等各类佛事的器具，或是佛教徒所携带的念珠，乃至锡杖等修行用的资具，都可称之为"法器"。

> 小磬如桃大，底有窍，贯绪，连缚小竹枝为柄，以小铁桴击之，名为引磬。盖因导引众故名。

在魏晋时期的大寺院中，佛教的僧磬声声响朗、声雅音清。多半是在佛经起腔、收腔、合掌、放掌以及佛号等处使用。

在魏晋时期，磬乐器除了要在僧人日常课诵或者是各种法会上敲击外，还有许多仪节需要敲击，据古籍中记载：

圆磬念诵所鸣，维那主之。凡住持或尊宿、仕官、施护等礼佛，皆鸣三下。"扁磬"石为之，形似云板，悬方丈廊外；有客见住持，知客鸣三下。又小手磬，礼佛诵经皆鸣之，为起止之节。

到了盛唐时期，我国著名诗人白居易、元稹、李勋等不仅作诗咏颂磬的清正雅致之音，同时也赞美了金声玉振的石磬不是其他质地的石材可替代的。

唐代诗人李勋在他所写的《泗滨得石磬》一诗中，大加颂赞磬乐器，更使灵璧磬石多了一层诗情画意，诗道：

**佛教** 世界三大宗教之一，自传入我国以后，佛教深入社会各个阶层，而佛教的哲理部分则与儒、道等相结合，相融会，相激荡，然后汇入了中华文化源远流长的历史长河中，形成了中华文化的主流之一，放射出灿烂辉煌的光芒。

■ 虎纹石磬

■ 北宋石磬

悠扬飘逸的古乐歌舞

出水见贞质，在悬含玉音。

器古契良观，韵和谐宿心。

宋仁宗（1010—1063），初名受益，宋真宗的第六子，北宋第四位皇帝，在位41年。其在位时，宋朝面临官僚膨胀的局面，冗官冗兵特多，而对外战争却又屡战屡败，虽然西夏已经向宋称臣，但边患危机始终未除。后来虽一度推行"庆历新政"，但未克全功。其陵墓为永昭陵。谥号体天法道极功全德神文圣武睿哲明孝皇帝。

到了宋代，1051年，宋仁宗曾经下诏徐、宿、泗、江、郑、淮、扬7州军队到灵璧采石制磬。灵璧虽是安徽东南一个产奇石的宝地，但如此兴师动众地采石是罕见的。上行下效，此间关于灵璧磬石的论著迭出，更从文化上把磬乐器推到了又一高峰。

在北宋时期，大文豪苏东坡更是数次到访灵璧，因为他的诗、文、画使灵璧磬石更熠熠生辉，正是因为他的建议，灵璧才得以正式以县建制，并在1117年正式更名"灵璧"为"灵璧"，这无疑为辉煌的石磬文化又添加了浓重的一笔。

还有，南宋著名江湖派诗人戴复古在《灵璧磬石歌为方岩王侍郎作》中，大加歌颂了灵璧磬石，诗中道：

灵璧一石天下奇，声如青铜色碧玉。

可磨斫贼剑，可倚击奸笏。
可祝不老年，可比至刚德。

到了1289年，元世祖命大乐正赵祖荣乘传古泗滨采石制磬208悬，大乐正写了一篇《磬颂》歌功颂德，这也为石磬文化在元代的传承发展提供了极好的条件。

继宋元以后，为了明代的宫廷礼制用乐和中都的兴建，又一次大规模地开发灵璧磬石的运动开始了。明太祖朱元璋，为了社稷安危，他"惜材抚匠"，帮助灵璧修筑府县甬道，而灵璧磬石山下的"洪武遗石"仿佛还在无声诉说着当年被贡奉朝廷的荣光。

到了清代，"十全老人"乾隆皇帝六下江南，他仰慕"泗滨浮磬"的美名，在路过灵璧后，御题了一块"玉磬庵"的匾额在当地成为佳话流传，而"天下第一石"的题封，也是代代口碑相传，这也是灵璧磬石文化的传承见证。

总之，磬石乐器以其悠久而辉煌的历史，以及其肌理细腻，石质坚韧，色墨姿妍，金声玉振的石质特

■ 碧玉描金磬

性，在历代都彰显其尊贵的地位。

还有，古代磬乐器制作也有着严格的规制。据北京博物馆《文庙丁祭谱》中记载：

编磬律分，灵璧石为之，两面绘金云龙，股修七寸二分九厘，博五寸四分六厘七毫；鼓修一尺零九分三厘五毫，博三寸六分四厘五毫；十六枚皆同，按律吕别厚薄。股侧镌某年制，鼓侧镌某律名。

这说明了清代编磬主要用于庆典活动，清代乾隆年间制作的编磬，16件为一套。

在1790年，清代乾隆皇帝还用黄金制作了一套金编磬，和它一起使用的还有一套金编钟。清代，特磬和编磬在宫廷音乐中用途颇广，特磬是皇帝祭天地、祭祖、祭孔时演奏的乐器。

特磬有音高不同的12件，都单独悬挂在木制磬架上，它们大小不一，最大的是黄钟，最小的为应钟，在一年的12个月里，每个月各奏一个调的乐曲，如农历正月用太簇，十二月用大吕等。

特磬演奏时，只需要换上相应调的特磬，在合奏时，在每一乐句的末尾各击特磬一下，起到了加强节奏的作用。

阅读链接

在我国古代，"磬乐器"还是我国古代佛教中一种神圣的器物，相当于佛教的法器，对后来佛教发展有很大影响。

寺庙中使用的"大磬"，大多用于指挥"腔调"，有振作心神的作用。"引磬"则用于指挥"行动"。多半用在"问讯、转身、礼拜"以及其他"动作"的场合。

# 金类乐器

　　我国民族乐器，历史悠久，源远流长。金属乐器，大多由铜或铜锡混合制成。在古代的金属乐器中，种类繁多，其中最主要的是钟类乐器，而唢呐等也是金属乐器，它们的共同特性是声音洪亮，音质清脆，音色柔和，足以代表我国乐器金石之声。

　　锣是我国古代各族常用的敲击体鸣乐器，它也属于金属乐器，其历史悠久，种类繁多，音响洪亮，各具特色，流行于全国各地。

　　唢呐又名喇叭，小唢呐称手笛，大唢呐称海笛。唢呐是我国历史悠久、流行广泛、技巧丰富、表现力较强的民间吹管乐器。

# 打击乐器镈钟历史源流

我国音乐文化历史非常久远，乐器种类也丰富多彩。我国"钟"最早是以乐器形式出现的，是我国古代乐器之一。

钟在我国古代乐器分类中，居于八音之首，是金类乐器。在先秦时期佚名古籍《山海经·海内经》中记载：

炎帝之孙伯岐生鼓，是始为钟。昔黄帝令伶伦作为律，黄帝又命伶伦与荣将铸十二钟。

陶钟范

另外，在西汉著名文学家刘向所著的《管子·五型篇》中也有记载：

昔者黄帝以其缓急

作五声，以政五钟。令其五钟，一曰青钟大音；二曰赤钟重心；三曰黄钟洒光；四曰景钟昧其明；五曰黑钟隐其常。

■ 陶钟

除此之外，有传说认为"钟"是在尧舜时代，一位名叫垂的人所创，也有学者认为钟起源于铜铃。

后来，人们在出土的一件新石器时期的陶钟中考察所知，最早的"钟"是陶制的。当时出土的"钟"高约9厘米，径5厘米，共鸣体为圆筒形，顶端为圆柱形短柄。

在商周时代，出现了青铜制的钟，这一时期有了不同形制的钟，这从后来人们在殷墟出土的乐器中可以看到，当时已经有几种用青铜铸成的造型古朴的钟。

铜钟在我国古代是宗庙或宫廷举行典礼和宴会时所用的乐器，历代都用于雅乐，它对我国古代乐器和雅乐的发展有着重要历史价值和较高艺术价值。

在商代，这种铜铸钟的横断面是扁形的，铙边成

《山海经》是我国先秦重要古籍，也是一部富于神话传说的最古老的奇书。该书作者不详，学者均认为此书并非成书于一时，也不是一个作者写的。《山海经》具有非凡的文献价值，对我国古代历史、地理、文化、中外交通、民俗、神话等的研究，均有参考价值，其中的矿物记录，更是世界上最早的有关文献。

棱形。先是单个的，后来逐渐发展为大小不同、三五成组的编钟。

到了周代，乐匠们对编钟进行了改进，先是把编钟挂在架上，再对钟的形状进行改进，这就成了编钟。而且数量也在逐渐增加。

乐匠们将不同大小、不同音律、不同高音的钟编成组，可以演奏出悠扬悦耳乐曲，编钟在周代兴起并有了很大发展。

在周代，编钟进入鼎盛时期，数量达60多件，奏出的音乐更加动听，并且逐渐成为一种礼仪乐器，使这种单纯的乐器扮演起一个政治上、文化上的重要角色。

后来，由于佛教的传入，道教形成，寺院日渐复兴，极大地促进了寺庙音乐的发展，钟又被赋予一种新的使命，成了法器，悬挂于佛寺、道观。

从此，在我国历代宫廷雅乐中所使用的编钟多呈圆形。在保留"钟"的最原始意义的基础上，圆形钟也成为人们心目中神圣器具的象征。

这种圆口钟在佛寺、钟楼使用最多，成为了当时体现君主、神灵崇高伟大的圣器。这一主题的出现，为后来我国制造圆形钟技术飞跃发展奠定了有力基础。

到了春秋战国时期，我国古代钟分为特钟和编

■ 铜铸警世钟

**春秋战国** 同属于先秦时期，一般史学界以三家分晋、田氏代齐为春秋战国分界线。春秋战国来源于春秋和战国两部分，而史书记载的都是一年四季中发生的大事，因此"春秋"是史书的统称。战国是由于各诸侯国连年发生战争而得名。

钟，特钟又称"镈"，是单独挂在木架上，每架只有一件，编钟是由多件大小不同的钟挂在同一个木架上。

镈是一种乐器，其形状接近于钟，不像钟口呈弧状，它是平口形状。器身横截面为椭圆形。"金"与"尃"联合起来表示"铸刻有花纹图案的钟"。而一般的铜钟器身外表光滑，没有任何纹样。镈其特点是环钮、平口、椭圆形或合瓦形器身，是一种古代大型单体打击乐器。

镈在春秋战国时期就已经出现了，后来出土的一件青铜镈，形制接近于钟，其中央有长方形孔和腔通，上面立有较低的环钮，器体立面为梯形。横截面显椭圆形，镈身两边铸了钩状挂钩。

这一时期的镈是一种大型的单个打击乐器，与编钟、编磬等配合使用。据了解，在青铜乐器当中，镈的发现量较少，被发现的这座青铜镈是一件成熟作品，不仅造型规整、铸造工艺精湛、发音响亮，而且纹饰也很漂亮，器表两面均饰相同的三叠花纹，主纹中间有浮雕式的牛首纹，这座青铜镈造型古朴、形状规整。

镈 是一种形制接近于钟的汉民族乐器。盛行于东周时代。不像钟口呈弧状，为平口。器身横截面为椭圆形。现在发现的镈有三件铭文上自称为镈，即素命镈、叔夷镈、邾公孙班镈。其他的镈形制像镈而铭文中称为钟。

■ 春秋时的镈

青铜镈

据专家推定，它并不是这一时期才有的镈，并以此推断它的出现应该是在更早的时候，但它却是迄今为止出土的最早的青铜镈。

青铜乐器对于发音等有着某些特定要求，使得青铜乐器在铸造方面比青铜本身的铸造技术更高，因此，镈的铸造更加讲究。镈的出现，在某种程度上可以作为衡量一个地方青铜器制作技术发展水平的标准之一。作为商代社会礼器的代表，镈的出现也能够进一步说明使用者的身份和地位。

还有，据记载，镈应当是用来指挥乐队、控制整体节奏的乐器，先秦贵族在宴飨或祭祀时，常将它同编钟、编磬相配相和，用木槌叩之而鸣，常用于雅乐中。总之，钟和镈作为我国青铜乐钟之一，盛行于春秋战国时期，因其声学性能与社会功用的特点鲜明，所以在"金石之乐"中具有特殊地位。

**阅读链接**

我国古代制钟技艺高超，尤其铸造大钟堪称一绝。在北京大钟寺的大钟殿里，悬挂着一座明代永乐年间铸造的巨型铜钟，高达6.94米、钟口直径3.3米，造型精美、形体宏伟，虽历时500多年，但音响依旧圆润洪亮，穿透性强，声音可传百里。关于这座永乐大钟的重量，历来史籍记载不一，成为难解之谜。

这个钟身内外整齐地铸有佛教名经17种，总计22.7万多个楷书字，字体工整、坚韧，相传为明代书法家沈度的手笔。永乐大钟，以悠久的历史、精湛的铸造工艺、第一流的声学特性、灿烂的书法艺术和佛教艺术，驰名中外，享有"古代钟王"之誉。

# 打击乐器锣产生与流行

锣是我国古代各族常用的敲击体鸣乐器，锣在我国古代的民族乐队中占有非常重要的地位，而且它的应用范围也很广泛。

它不仅在民族乐队，民间器乐合奏，各种戏曲、曲艺以及歌舞伴奏中使用，而且也是庆祝集会、赛龙舟、舞狮子、欢庆丰收和劳动竞赛中不可缺少的乐器。

■古代铜锣

■ 铜锣

锣属于打击乐器，以黄铜制成，可以分为大锣、小锣、云锣、十面锣等。大锣的声音洪亮、强烈、力度变化幅度大；小锣的声音清脆有诙谐色彩；云锣是有节律的打击乐器；十面锣是由十几面大小不等，音色、音高各不相同的锣悬于木架上，由一人独奏。

早在秦汉时期，我国西南的百濮人和江南的百越人，就以金属冶炼而著称。锣是秦汉时期濮族人民和壮族先民骆越部族最早使用的乐器之一。

在秦汉时期，云南是我国古代铜锣的发祥地，在晋宁石寨山古墓出土的铜锣中，有的锣面正中受击处呈半球形隆起，这是一种原始形制的锣，锣面上有舞蹈图，边沿有一铜环。

在广西宁明花山崖壁画中，也保存着许多秦汉时期骆越人集合鸣锣的珍贵形象资料。后来，人们从广西贵县罗泊湾一号墓，还曾经出土了一面西汉初期的百越铜锣，该锣近圆形，锣面横径32.1厘米，纵径33.4厘米，锣脐直径22厘米，锣边铸有拱线纹一道，拱弦上系了三个等距的活环，锣面上刻铭文布字。这是我国已知年代最早的铜锣实物。可见，锣在我国已经有2000多年的历史了。

在秦汉时期，随着我国民族间交往日益频繁，铜锣也逐渐向内地流传。到了6世纪前期，铜锣传到了中原，史书《汉书·音乐志》中记载了一种铜盘，是锣见于文字的最早记载。

在汉代，锣常用于礼仪和战争，它曾经被称为"金"，所以有鸣金开道和鸣金收兵的说法。到了东汉时期，锣在民间音乐形式中被广泛应用。

在东汉时期，除了各少数民族的迎赛神社常常鸣锣外，它还是百戏的主要伴奏乐器。在史书《后汉书·礼乐志》中开始记载锣，并记述了它的形制和演奏方法，它除在宫廷宴乐使用外，也在民间流行，这充分说明当时锣的制造和演奏已经具有了一定水平。

到了后来，随着戏曲艺术的发展，为锣的运用开辟了广阔的天地。各种形制的锣开始广泛用于戏曲音乐、舞蹈音乐和传统鼓吹乐、吹打乐、锣鼓乐中。

锣在昆曲伴奏中占有重要地位，据后来清代学者李斗在他所著的《扬州画舫录》中记载，当时戏曲歌舞中就用到了云锣、小锣、汤锣和大锣等。

还有，在我国广大地区，锣还

■ 少数民族使用的五面云锣

秦汉 是秦朝和汉朝两朝大一统时期的合称。公元前221年秦灭六国，首次完成了真正意义上的统一，秦王政改号称皇帝，建立起我国历史上第一个中央集权制的秦朝。后来，汉朝继之而起，并基本延续秦的制度，史称"汉承秦制"。秦汉时期是我国历史上第一个大一统时期，也是统一多民族国家的奠基时期。

曾经是肩担贸易小贩和耍猴者沿街招揽生意的工具，以锣的特有音调代替叫卖，称之为"唤头"。后来，锣已经被各少数民族和汉族广泛用于民间娱乐、节庆活动、地方戏曲和民间音乐中，参加各种乐队演奏。

秦汉时期的锣由锣体、锣架、锣槌三部分组成。锣体铜制，因为用响铜制成，所以也有响器之称。锣的结构较简单，锣体呈一圆盘形，四周以本身边框固定，用锣槌敲击中央部分振动发音。

锣体一般中央部分略凸，称为"脐""光"或"堂"，是发音的主要部分，脐的大小、厚薄与锣的面积比例，决定着音调的高低，也有中央部分平坦无脐或凸起成半圆的球状，这些都构成了锣的主要特征。

锣脐与锣边之间称为"锣面""二位"或"内外八字"，在锣边一侧钻有两个锣孔，以穿系锣绳，便于提携或悬挂锣架。

经过秦汉时期各族人民不断改进，由于应用地区

■ 铜锣

古代铜锣

和场合的不同，在我国形成了品种繁多、各具异彩的锣。如果按照形制特征可分为平形锣、脐形锣和乳形锣三类；按发音高低可分为低音锣、中音锣和高音锣三类；按演奏形式又可分为单面锣和组合锣两类。

古代锣的大小不一，小的直径仅有几厘米，大的直径达1.5米以上。不仅它们的大小不同，而且音色和效果也各有特点。

此外，锣的分类也较多，较常用的锣可简单地分为大锣、小锣、掌锣和云锣四类。大锣发音较低，锣边钻孔系绳，左手提起或挂于架上，右手执槌击奏。

小锣发音较高，锣面呈坡形，锣脐分大中小三种，有高音、中音和低音之分，锣边无孔，不系锣绳，以左手食指关节处提锣内缘，右手执锣板击奏。

阅读链接

我国关于锣的分类，还有两种特别的锣值得人们注意，这两种锣便是掌锣和云锣。

掌锣是锣中最小的一种，锣面平坦无脐，形如盘状，置于左手掌中，右手执锣板击奏。

云锣是锣中可演奏旋律的乐器，由十面小锣组成，用绳系于木架上，左手执架柄，右手用锣槌击奏。

# 吹管乐器唢呐出现与盛行

民间乐器铜唢呐

唢呐又名喇叭。唢呐是一种外来乐器，其发音开朗豪放，高亢嘹亮，刚中有柔，柔中有刚，是深受广大人民喜爱和欢迎的民族乐器之一，广泛应用于民间的婚、丧、嫁、娶、礼、乐、典、祭及秧歌会等仪式伴奏。

最初唢呐是流传于波斯、阿拉伯一带的乐器，就连唢呐这个名称，也是古代波斯语的音译。后来，人们在宋金时期伎乐壁画上发现有吹奏唢呐形象，这才证实了唢呐是在我国宋金时代才传到我国中原地区。

到了明代，古籍中开始有唢呐的记载，明代正德年间唢呐已在我国普遍应用。明代武将戚继光曾把唢呐用于军乐之中，其军队里掌号笛的人，吹的就是唢呐。

明代王圻编的《三才图会》里有关于唢呐比较详细的记载，里面这样说，唢呐形状像喇叭，7孔，首尾用铜制成，管用木制成，不仅是军中的乐器，民间也很普遍。

明代散曲作家王磐所写的《朝天子·咏喇叭》是描述唢呐最好的文章，里面这样描述道：

■ 古代乐器唢呐

喇叭，唢哪，曲儿小，腔儿大。来往官船乱如麻，全仗你抬身价。军听了军愁，民听了民怕，哪里去辨什么真共假？眼见得吹翻了这家，吹伤了那家，只吹得水尽鹅飞罢。

到了明代后期，唢呐已在戏曲音乐中占有重要地位，用以伴奏唱腔、吹奏过场曲牌。而在以戏曲音乐为基础的民间器乐中，唢呐也成为离不开的乐器。

到了清代，唢呐称为"苏尔奈"，它被编进宫廷的《回部乐》中。后来，唢呐逐渐成为我国各族人民使用颇广的乐器之一。

这一时期，人们制作唢呐是在木制锥形管上开8孔，前7后1，管的上端装有细铜管，铜管上端套有双

《三才图会》

又名"三才图说"，是由明代王圻及其儿子王思义撰写的百科式图录类书。书成于明代万历年间，共108卷。它为形象地了解和研究明代的宫室、器用、服制和仪仗制度等提供了大量资料，所以《三才图会》被誉为明朝绘图类书的佼佼者。

吹唢呐艺术塑像

悠扬飘逸的古乐歌舞

簧的苇哨，木管上端有一铜质的碗状扩音器。唢呐虽有八孔，但第七孔音与筒音超吹音相同，第八孔音与第一孔音超吹音相同。

唢呐的中音区、低音区音色豪放、刚劲，各种技巧都易于发挥，非常富有表现力，由于它的高音区紧张而尖锐，在乐队中应用要谨慎。

明清时期，我国有20多个民族流行唢呐，流行地区不同，称呼也不相同，汉族现有"唢呐""大笛""海笛""喇叭""叽呐""乌拉哇""暖子""梨花"等多种名称。维吾尔族称"苏奈尔""黎族称""抹轰""拜来""宰乃""沙喇"等，蒙古族称"莘什库尔""那仁莘策格"等。

明清传统唢呐管身一共有8个孔，分别由右手的食指、中指、无名指、小指，以及左手的大拇指、食指、中指、无名指来按，以控制音高。发音方式，是由嘴巴含住芦苇制的哨子，用力吹气使之振动发声，经过木头管身以及金属碗的振动及扩音，成为唢呐发出来的声音。

明清唢呐按音域及乐器大小可区分为小唢呐、一般高音唢呐以及大唢呐，但其中又可分为各种调性的唢

**康乾** 清代初期和中期的两位皇帝年号简称。康指清代入关后的第二位皇帝玄烨，年号为康熙。乾指清代第四位皇帝弘历，年号为乾隆。康熙是乾隆之祖父，康乾两代中间还有一位皇帝胤禛，年号雍正。所以康乾时期，也称"康雍乾时期"，他们统治时期是我国封建社会的最后一个盛世，也被称为"康乾盛世"。

呐，所谓的调性是指放开最下面三孔时所吹出的音。

一般而言，明清传统唢呐常用音域为17度音，以最常用的高音唢呐而言。其音域是由低音至高音的。

在清代康乾年间，人们改良了唢呐，这种唢呐叫作加键唢呐，一般可分为加键高音唢呐、加键中音唢呐、加键次中音唢呐、加键低音唢呐等，其特色为增加了按键及半音孔，以增加音域和稳定音准。

因为各地区、各制造者的不同，形制以及按孔方式也有所不同，以最常见的加键中音唢呐而言，常用音域一般为18度音。

唢呐的最大特色在于其能以嘴巴控制哨子做出音量、音高、音色变化，以及各种技巧运用，这一方面使得唢呐音准控制十分困难，另一方面则使得其音色音量的变化大，且可借由音高控制，做出很圆满滑音，这些都使得唢呐成为表现力很强的乐器。

**音域** 我国古代一种音高划分，指某人声或乐器所能达到的最低音至最高音的范围，各音区的特性音色在音乐表现中有着重大的作用。高音区一般具有清脆、嘹亮、尖锐的特性；而低音区则往往给人以浑厚、笨重之感。

■ 关东吹唢呐雕塑

吹唢呐雕塑

明清石器唢呐哨子的调整工夫，也因此成为唢呐演奏者必须具备的重要技术，除了哨子状况的好坏会影响省力与否及音准之外，视不同曲子及音色需求，也必须以不同方式做哨子的细微调整。

唢呐是明清以来我国民间经常使用的乐器，其出现的场合一般多是在戏剧伴奏。我国许多戏曲伴奏中都会用到唢呐，尤其是我国北方、西南方的剧种，而在清代中叶以后最广为流行的京剧、徽剧中也有少数的戏会用到唢呐。

唢呐演奏作为民间艺术，能够经久不衰，并逐渐由过去的地摊转入舞台，由野外转入室内，由民间艺术进入高等音乐学府，甚至走向世界，成为深受中国以至世界人民所喜爱的器乐艺术。

**阅读链接**

提起明清时期民间的唢呐，年长艺人们常有"胡琴三担米，唢呐子一早晨"的说法。其实，明清时期民间唢呐跟其他民族乐器一样，并非一朝一夕就能学会。

明清民间唢呐曲牌数以百计，即便是流传甚广且常用的曲牌也足够吹鼓手操练三年五载。吹鼓手是民间的习惯称呼，是唢呐匠与鼓乐手的合称。

竹是指竹类制成的乐器，主要有箫和笛。其实比较简单的区别是直吹的为箫，横吹的为笛，两者虽然都是竹子做成的乐器，但性质和音色各有巧妙不同。如果想要进一步辨别箫和笛的不同，区别就在于笛有膜，出音特别嘹亮，而箫无膜孔，音色柔和。在竹制的古乐器中，最重要的是排箫，它有发标准音的功用。

竹类乐器经过数百年发展，还产生了筚篥。筚篥是唐代宫廷十部乐中的主要乐器。隋唐胡乐中，以龟兹乐为主，此外天竺乐、疏勒乐、安国乐、高昌乐中都有筚篥乐器。

# 竹类乐器

# 木管乐器笛子起源与发展

那是在我国远古时期，西南有一个地方，那里山清水秀，勤劳的苗族人在那里居住。

在一个苗族寨子里，有一个年轻壮实的小伙子叫竹郎，他以编竹筐为生。由于他每天都与竹子打交道，日久生情，他觉得翠绿的竹子是有灵性的。

竹郎随手拿起一片竹叶就可以吹出甜美又悦耳的声音。久而久之，竹郎的音乐声打动了一位叫笛妹的美丽姑娘，每当竹郎吹起竹叶时，笛妹都会跟着唱。

■ 出土的新石器时代骨笛

有一天，调皮的笛妹手里拿着一节节的竹子，她问小伙子说："这个管子你能吹响吗？"

聪明的竹郎想了一想，他截下一段竹子，把中间钻空，又在上面挖了几个小孔。这样一来，竹郎吹出的声音比竹叶更好听了，还能吹出不同的调来。

动听的音乐吹进了笛妹的心坎里，竹郎把它作为定情之物送给了姑娘。因为小伙子叫竹郎，笛妹姑娘便把这个定情之物叫作"竹笛"。

笛子，是我国一种吹管乐器，后来，人们在浙江余姚河姆渡新石器时代出土文物中发现了骨笛，距今已有7000多年历史。此外，还出土了一个原始时期横吹的铜笛，这些都可以证实，笛子是产生于我国远古时期的。

后来，人们又在河南舞阳新石器时代早期遗址中发掘出16支竖吹骨笛，这些骨笛是用鸟禽肢骨制成的，已有7000余年历史。

这些骨笛是竖吹的，它们的音孔由五孔至八孔不等，其中以七音孔笛居多，与后来人们所熟悉的笛子具有相同音阶。

值得注意的是，这些骨笛音孔旁刻有等分符号，

**骨笛** 是笛子的一种，也是最早的乐器。又称"鹰笛"或"鹰骨笛"，是藏族、塔吉克族、柯尔克孜族边棱气鸣乐器，藏语称"当惹"。用鹫鹰翅骨制成，流行于西藏、青海、云南、四川、甘肃等的藏族牧区。常用于独奏。是藏族青年喜爱的自娱性吹奏乐器，多在夏季放牧或田间劳动休息时吹奏。

有些音孔旁还加打了小孔，与后来笛子音调完全一致。

在黄帝时期，我国黄河流域的广大地区都生长着大量竹子，这些竹子便是制作笛子的最原始的材料。

这一时期，我国以竹为材料是笛乐器历史上的一大进步，因为竹子比骨头振动性好，所以发音清脆。还有，竹子便于加工。在当时已经有了七孔竹笛，并发明了两头笛，这说明我国竹笛的历史极其悠久。

笛子在古代被人们称为"篴"，后来汉代学者许慎在他所著的《说文解字》中记载：

■ 战国时期的彩漆竹篪

笛，七孔，竹筩也。

后来，人们从湖北随县曾侯乙墓出土了2支竹篪，从湖南长沙马王堆三号汉墓出土了2支竹笛，出土的篪和古籍中记载的汉篪，除长度略有出入外，其他形制完全相同。

出土的笛除与记载相同外，并在墓内的竹简上写有篪的字样，显然是古代竹笛。古代的篪和笛非常相似，历来就有人篪笛不分，认为是同一乐器，但实际是有区别的。

从出土篪、笛可以看出：篪，六孔，闭口，能奏五声加一变化音，全身髹漆；笛，七孔，开口，能奏七声加两个变化音，不髹漆。

《说文解字》
简称《说文》，它也是世界上最早的字典之一。作者是东汉的经学家、文字学家许慎。《说文解字》成书于汉和帝永元十二年到安帝建光元年。《说文解字》是我国第一部按部首编排的字典。

战国时，籥是祭神或宴飨时演奏的主要旋律乐器之一，笛也非常流行。笛在汉代前多指竖吹笛，秦汉以来，笛已成为竖吹的箫和横吹的笛的共同名称，并延续了很长时期。汉武帝时，张骞通西域后传入横笛，亦称"横吹"。它在汉代的鼓吹乐中占有相当重要的地位。

汉晋时期，根据音律学，人们制出了长短不同的笛子。晋朝时已有竖笛，吹头加一木头，使气从缝隙中通过，射向两哨孔边棱发音。

北朝时，笛子不仅极为普遍，而且有所发展，其形制、长短、粗细变化较大。到了北周和隋代，开始有了"横笛"之名。隋朝后期，出现了能演奏半音阶的十孔笛。

从唐代起，笛子还有大横吹和小横吹的区别。同时，竖吹的籥才被称为箫，横吹则称之为笛。

唐朝吕才，制"尺八"，竖吹，并传入日本，直至后来在古都奈良的正仓院中，一直珍藏着我国盛唐时期制作的4支横笛，其中有牙和雕石横笛各1支，竹质的2支，它们长短不同，但都开有7个椭圆形音孔。

唐人刘系做七星管笛，蒙膜助声，是为笛加膜的第一人。陈旸《乐书》卷一四八中记载：

尺八 竹制，外切口，五孔，属于边棱振动气鸣吹管乐器，以管长一尺八寸而得名，其音色苍凉辽阔，又能表现空灵、恬静的意境。宋代以后，随着汉文化的断层，来自民间的箫、笛等乐器逐渐取代了用于宫廷雅乐的尺八，以致在我国已经看不见这种古代的乐器了。

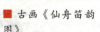

■ 古画《仙舟笛韵图》

**笛膜** 贴在笛子左端第二孔上，吹笛时振动发声的薄膜，这种薄膜取自竹子或芦苇的茎中。我国笛子开孔贴膜，使之脆亮的音色不同于世界上任何一种笛子，这是我国笛子独特的结构方式。笛膜的好坏，直接关系到笛子的音色、音量的问题。

唐之七星管古之长笛也，其状如篪而长，其数盈导而七窍，横吹，旁有一孔系粘竹膜者，籍共鸣而助声，刘系所作也……。

也就是说，至少从唐代开始，具有我国膜笛音色特点的笛就出现了。笛膜，是中国笛最独特的标志之一。但唐以前的笛是否贴膜，已无文献可考。

唐朝作为我国封建社会最为鼎盛的一个朝代，诗歌得到了繁荣，竹笛艺术也在这个朝代得到了充分的发展。

"立部伎，鼓笛喧。"这是唐朝诗人白居易的古体诗《立部伎》的第一句。

在唐代宫廷，乐吏以演奏方式和技艺精粗分为两大类：一类是"坐部伎"，以乐工在堂上演奏而得

■唐代宫廷笛子演奏

名；另一类是"立部伎"，以乐工立于堂下演奏而得名。唐玄宗对笛子十分偏爱，他本身就可以算得上是一位笛子演奏家。由于笛子这一乐器在唐代宫廷中占了重要的一席之地，所以也就造就了一批水平高超的乐师。李谟，便是其中之一。

李谟是开元年间唐教坊的首席笛手。据说有一次李谟在瓜洲吹笛。当时江上舟船很多，人声喧闹。当李谟吹出第一声笛音，喧闹的人声立即停下来。待到吹奏数节后，静谧的江面上似有微风飒飒拂来。稍顷，满江的舟子、贾客都发出唏嘘之声，哀、叹、悲、怨溢于言表。当时人们都说李谟吹笛，天下第一。

唐代诗人张祜写的《李谟笛》，写了李谟偷曲谱之事：

> 平时东幸洛阳城，
> 天乐宫中夜彻明。
> 无奈李谟偷曲谱，
> 酒楼吹笛是新声。

唐代诗人李白在《金陵听韩侍御吹笛》中描写了另一位笛子演奏家——韩侍御的精湛笛艺：

**教坊** 唐代乐舞机构，唐代设置教坊教习音乐，属太常寺。后来改为云韶府，又置内教坊于蓬莱宫侧，京都置左右教坊，掌俳优杂技，教习俗乐，以宦官为教坊使，后来就不再属于太常寺。此后，凡祭祀、朝会用太常雅乐，岁时宴缦则用教坊俗乐。宋、金、元各代亦置教坊，明置教坊司，司礼部，清废。

韩公吹玉笛，倜傥流英音。

风吹绕钟山，万壑皆龙吟。

王子停凤管，师襄掩瑶琴。

余韵渡江去，天涯安可寻？

　　韩侍御不详确指何人，但他的笛声竟使得古代著名笙师、琴手都要停笙掩琴，由此可见这位笛子演奏家笛声之美、笛艺之精了。

　　李白曾在《春夜洛城闻笛》中这样写道：

谁家玉笛暗飞声，散入春风满洛城。

此夜曲中闻折柳，何人不起故园情。

笛子

　　从这首诗中可感受到笛子艺术的魅力。

　　根据历史记载，八仙中的韩湘子本来名叫韩湘，是唐代著名的文学家韩愈的侄孙，他也擅长吹奏笛子。

　　从唐以后，笛更加广泛应用于宫廷和民间音乐活动中，如北宋宫廷的鼓吹乐，南宋宫廷的"随军番部大乐""天基圣节排当乐次"、民间瓦舍中的民间器乐"鼓板"，元代宫廷宴乐，明代的宫廷郊庙祭祀乐、朝会乐丹陛大乐、太平清乐，以及明代的余姚腔戏曲伴奏、昆山腔戏曲伴奏，清代的"十番笛""十番锣鼓"，陕西鼓乐和各地丰富多彩的歌舞音乐伴奏、戏曲声腔伴奏等，都广泛地应用。

宋代的笛制多样，有叉手笛、龙颈笛、十一孔的小横吹、九孔的大横笛、七孔玉笛等。

■ 宋代宫廷散乐图

元朝以后，笛子经过人们在漫长的历史年代里，在祖祖辈辈呕心沥血的无数次艺术实践中，将其逐步规范、完善成为后来通用的形制。

20世纪60年代，赵松庭发明排笛，将2～4根不同调的笛子扎在一起，音域可扩大3个8度以上，音乐富于变化，易于演奏。

笛子是我国广为流传的吹奏乐器，笛子的表现力非常丰富，它既能演奏悠长、高亢的旋律，又能表现辽阔、宽广的情调，同时也可以奏出欢快华丽的舞曲和婉转优美的小调。然而，笛子的表现力不仅仅在于优美的旋律，它还能表现大自然的各种声音。

笛子不但演奏技巧丰富，而且它的品种也多种多样，有曲笛、梆笛、定调笛、加键笛、玉屏笛、七孔笛、十一孔笛等，并形成了风格迥异的南北两派。

**戏曲** 指我国传统戏剧。其内涵包括唱念做打，综合了对白、音乐、歌唱、舞蹈、武术和杂技等多种表演方式，不同于西方歌剧、舞剧、话剧。戏曲到了明代得到了繁荣。明代中叶，传奇作家和剧本大量涌现，其中成就最大的是汤显祖。他一生写了许多传奇剧本，《牡丹亭》就是他的代表作。

**鹰骨羌笛**

北派笛风注重刚劲、强烈，气息讲究丹田要有爆发力，常用吐音单吐、双吐、三吐、花舌、垛音、历音、抹音等技巧丰富乐曲，代表作品《喜相逢》等。

南派笛风讲究典雅、华丽，常用颤、叠、赠、打等手指技法润饰旋律，代表作品《鹧鸪飞》等。

曲笛是一种伴奏乐器，又叫"班笛""市笛"或"扎线笛"，因为其盛产于苏州，所以又有"苏笛"之称。这种笛子管身粗而长，可能是大横吹的遗制，其音色浑厚而柔和，清新而圆润。

曲笛广泛流行在我国南方各地，最适于独奏或合奏，是江南丝竹、苏南吹打、潮州笛套锣鼓等地方音乐中富有特色的重要乐器之一。

梆笛管身较曲笛细而短，可能是小横吹的遗制，其音色高亢、明亮，是吹高音用的一种笛子。梆笛主要流行在北方，富有浓郁乡土气息和地方色彩。

定调笛为每支笛子固定一个调，每套有6支、7支或12支。它适应不同调的乐曲演奏，尤其适宜独奏或参加乐队演奏。它给吹奏者带来方便，可以不变指法，只用与乐曲相应的调笛吹奏即可。定调笛在笛身的吹孔与音孔之间，装置铜制插口以调节吹孔与音孔的距离。这种经过改进的定调笛，能在不同的气候条

悠扬飘逸的古乐歌舞

**锣** 是我国古代濮族人民和壮族先民骆越部族最早使用的乐器之一。是我国传统的打击乐器，在我国民族乐队中占有非常重要的地位。它不仅在民族乐队、民间器乐合奏、各种戏曲、曲艺以及歌舞伴奏中使用，而且也是庆祝集会、赛龙舟、舞狮子、欢庆丰收和劳动竞赛中不可缺少的乐器。

件下，可通过调节管长来控制音准。

定调笛对我国的竹笛名称统一起一定的积极作用，因为它不再有曲笛、梆笛之分，而是以第三孔的音高定名，这既符合民间传统演奏习惯，又解决了笛子在调高问题上的混乱，并为记谱和演奏带来很大方便，它完全适用于传统的六孔笛和各种改革笛。

玉屏笛产于贵州玉屏侗族自治县，用当地的小水竹制成。笛身呈椭圆形，外表刻有山水、花草、鸟兽、虫鱼或诗文等图饰，工艺精细。成对的雌雄笛更为著名，雄的笛管稍粗，上面刻有"腾龙"；雌的笛管略细，发音明亮，上刻"彩凤"。这种龙凤对笛，在工艺上颇具特色。

短笛又叫学生笛，笛身短小，一般无基音孔。分有膜孔和无膜孔两种，练习或合奏用的。

低音笛随着民族乐器、民族音乐的发展，笛子的种类也越来越丰富。如弯管低音笛、低音长管笛等。

当代笛艺呈现五彩缤纷、水平很高的繁荣景象。名家众多，各地出现极富代表的新作，极大地丰富了笛艺的舞台。

**阅读链接**

西汉时期，大将军李陵率5000兵马到千里之外出击匈奴，反被匈奴单于的10万铁骑所困，陷于重围。虽然奋勇突击连战数日，终因兵尽粮绝寡不敌众，无法突围。深更半夜之时，李陵让吹笛高手郭超吹起笛子，那笛声十分悲惨，就连敌将首领单于闻之也禁不住涕泪俱下，并连夜带兵向北方撤走。

这样的故事在历史上也不是绝无仅有的。西汉军师张良用箫吹散西楚霸王项羽8000子弟兵，悲歌散楚，致使项羽兵败乌江，全军覆没。这凄惨的箫声使敌人听了都为之流泪，撤兵而去，真正是最绝妙的缓兵之计。这一笛一箫，退敌败敌，载入史册，为后人传颂。

# 吹奏乐器箫的发展历程

箫的产生，其历史可以追根溯源到远古时期。我国考古学表明，目前出土文物中发现了有距今7000多年的骨质发声器，考古学家称之为"骨哨"。

这批骨哨是用鸟禽类中段肢骨制成的，古代人将骨骼中的骨髓抽掉，形成一支中空的骨管，然后在管壁上打有孔洞，它们长7厘米左右，管径6～8毫米，略呈弧曲形，在凸弧面上开有2～3孔，可以吹出几个音来，于是就形成了骨哨。

从这些骨哨的形状、结构和发声原理上看，同后来的箫笛作一比较，已基本上具备了乐器的雏形。

尺八和排箫

《吕氏春秋》中有"黄帝命伶伦伐昆仑之竹为管"的记载。据说远古时期气候较暖，我国黄河流域遍长竹子，只是因为后来气候变化，竹子的生长线才南迁到长江流域。伶伦伐竹为管的记载，充分说明用竹子做乐器在新石器时代已经开始了。据传，后人将伶伦所订的律管编排在一起，就形成了古代的排箫。

在虞舜时代，出现一部称之为"箾韶"的古代乐舞，"箾"即是"箫"字。因为这部乐舞主要是用排箫来演奏的，所以说《韶》的演奏使箫进入了一个新时代。

《大夏》是古代人民歌颂大禹治水为内容的古代乐舞，它共分为9段音乐，用"籥"伴奏。又称为"夏竹九成"。竹就是排箫的前身。由此可见，从《箾韶》到《大夏》，箫曾在我国音乐史上经历过多年的辉煌时代。

■ 演奏排箫雕塑

箫历史悠久，音色圆润轻柔，幽静典雅，适于独奏和重奏。箫笛同源于远古时期的骨哨，新石器时代开始以竹制作。在秦汉至唐代，箫是指编管的排箫。

早在《尚书·益稷》中记载有"箫韶九成，凤凰来仪"。当因韶乐伴奏乐器以排箫为主而有此称。箫源于远古时期的骨哨，历史上亦称为笛，唐以后方专指竖吹之笛。"横吹笛子竖吹箫"，即笛箫之间最基本的差别。

箫在汉代时称为"篴""竖篴"或"羌笛"。羌

尧舜 是对尧和舜的并称，他们是远古部落联盟的首领，在远古社会经尧舜治理后，使我国古代社会获得很大发展，在当时呈现出一片安宁、祥和的太平景象，对我国古文化发展有着重要贡献，尧舜被后人尊奉为圣贤人物。

悠扬飘逸的古乐歌舞

■ 古代的吹排箫女
伎图

**羌笛** 是我国古老的单簧气鸣乐器，已有2000多年历史，流行在我国西南羌族居住之地。羌笛两管数孔用当地高山上生长的油竹制成，竹节长，管身较细，它主要用于独奏，有10余首古老的曲牌，乐曲内容相当广泛，主要是传达羌族人的思念向往之情，对我国乐器发展也有重要影响。

笛原为古代居住在四川、甘肃一带的羌族人民的乐器，最初只有3个音孔加管口1孔，西汉人京房在后面加了一个最高音孔后，成为五孔箫。

西晋乐工列和、中书监荀勖所改革的笛为6孔，即前5后1，其形制与后来的箫已非常相似了，名字仍称"笛"。故在此以前的竖笛和横笛常被后人相混淆，为了区别于两者，乐家常称排箫为"古箫"。

东晋的桓伊擅长音乐，他有一支蔡邕的柯亭箫，是江南数第一的吹箫名手，地位和声望都已很高。他曾为素不相识的王徽之吹奏过3段乐曲，在历史上被传为佳话。

魏、晋、南北朝时，箫已用于独奏、合奏，并在伴奏相和歌的乐队中使用。

排箫在南北朝、隋、唐各代的宫廷雅乐中，占有重要位置。特别是在隋唐的九部乐、十部乐中，就有清乐、西凉、高丽、龟兹、疏勒和安国等诸乐部使用。

排箫经过历代的流传发展，形制各异，名字更富有特色，如"底箫""雅箫""颂箫""舜箫""籈""籁"和"比竹"等。此外，排箫还被称为"参差""凤翼""短箫""云箫"和"秦箫"等。

汉唐以来的石刻、壁画以及墓俑保存了许多吹奏排箫的形象。排箫的种类繁多。从管数组成看，就有10～24管不等的10余种。从形制看，编管参差排列如凤翼，有呈单翼状的，有呈双翼状的；从制作材料看，除竹质外，还有骨质和石质的。

唐宋时期的排箫因应用场合或乐种的不同，衍生出"燕乐箫""鼓吹箫""教坊箫""龟兹箫"等。唐代十部伎中，除天竺、康国外，清乐、西凉、龟兹、疏勒、安国、高昌、高丽、燕乐等部伎都采用了排箫，足见它在当时宫廷音乐中的重要地位。

宋·沈括《梦溪笔谈》卷五：

后汉马融所赋长笛，空洞无底，刻其上孔五孔，一（孔）出其背，正似今之尺八，李善为之注云："七孔，长一尺四寸。"此乃今之长笛耳，太常鼓吹部中谓之"横吹"，非融所赋者。

随着我国民族乐器品种的增多和西洋乐器的不断传入，排箫因音域较窄，难于满足民族、民间、戏曲和说唱音乐发展的需要，逐渐被笛、笙等代替，慢慢地在乐队中销声匿迹了。

清代，箫的形制与现在完全一样。清《律吕正义后编》记载：

明时乃直曰箫，不复有竖篴。今箫长一尺八寸弱，从上口吹，有后出孔；笛横吹，无后出孔。

古代吹排箫伎壁画

**鹤** 寓意延年益寿。在古代是一鸟之下、万鸟之上，仅次于凤凰，明清一品官吏的官服编织的图案就是仙鹤。同时鹤因为仙风道骨，为羽族之长，自古就被称为是"一品鸟"，寓意第一。鹤代表长寿、富贵，据传说它享有几千年的寿命。鹤独立，翘首远望，姿态优美，色彩不艳不娇，高雅大方。

■ 仇英画作《吹箫引凤》

箫流传至今，已有2000多年的历史了，它有不少的传说和掌故。

相传在春秋时，秦穆公有一个女儿，名叫弄玉，姿容绝世，聪明无比，喜好音律，善于吹笙。她吹起玉笙来，声如凤凰啼鸣。秦穆公在宫内筑凤楼让她居住，楼前筑有高台，名叫凤台。

秦穆公想为女儿择婿，弄玉发誓说："必须要找一个善于吹笙的人。"穆公便派人四处寻访善于吹笙的人，都不能如愿。一天，弄玉梦见一个男子说："我是太华山的主人，上帝命我与你缔结姻缘。"并以玉笙为之吹奏《华山吟》第一弄。弄玉将梦中情形告诉穆公，穆公遂派大臣孟明到华山寻访。

孟明在华山找到一位擅长吹箫的人，名叫萧史。孟明引萧史拜见穆公，穆公让他吹奏。萧史奏第一曲，清风习习而来；奏第二曲，彩云四合；奏第三曲，见白鹤成对，翔舞空中，孔雀数双，栖集林际，一时百鸟和鸣，经时方散。穆公遂将女儿嫁给他。

萧史教弄玉吹箫，学会《来凤之曲》。有天晚上，夫妇在月下吹箫，竟有紫凤飞来聚于凤台之左，赤龙飞来盘踞凤台之右。

萧史说："我本是天上神仙，上帝看人间史籍散乱，命我下凡整理。……周人以我有功于史，就称我为萧史，到今天，我已经历了100多年的沧海桑田。上帝命我为华山之主，与你有夙缘，故以箫声作合，成就了这段姻缘。然而我不能久住人间，今龙凤来迎，可就此离去。"于是，萧史乘赤龙，弄玉乘紫凤，自凤台翔云而去。就在这天夜晚，有人于太华山听到了凤鸣的声音。

弄玉吹箫引凤图

**阅读链接**

关于先秦时期的竹箫是否贴膜，这个问题已经很难去考证了。后来出土的先秦排箫在6个指孔的背面各有一孔，此孔位置与第六孔位置距尾端管口几乎相等。

此孔是按音孔的话，并无实效意义。但是，如果此孔是膜孔，那我国箫乐器的贴膜传统就可以推溯至先秦。

目前所知的最早竹质排箫实物为曾侯乙十三管排箫，距今已2400多年。最早的石排箫实物为淅川下寺1号楚墓出土的十三管石排箫，用整块汉白玉雕琢而成，距今约2500多年。河南鹿邑太清宫遗址的商末周初长氏贵族大墓，出土的禽骨排箫是中国目前发现最早的实物，距今约3000年。

# 管乐器筚篥渊源与盛行

筚篥，又称悲篥、笳管、头管、管子，是由古代龟兹，也就是新疆库车县的劳动人民发明创造的一种簧管乐器，这个乐器名称就是从古龟兹语的译音而来的。最早文献见于南朝何承天的《纂文》：

唐代筚篥演奏壁画

必栗者，羌胡乐器名也。

筚篥同胡笳、角、笛一样，都是经历了由羊骨、羊角、牛角、鸟骨制作改用竹子制作的这样一个发展过程。筚篥竖吹，有簧，并且吸收了笛的指孔。从外形上看，筚篥与笛比较近似，所以人们把筚篥又叫作笳管。

筚篥分有大筚篥、小筚篥等种类，声音低沉悲咽，故有悲笳和悲篥之称。

起初筚篥是用羊角和羊骨制成，而后改由竹制、芦制、木制、杨树皮制、桃树皮制、柳树皮制、象牙制、铁制、银制等，而以竹制最为普遍，制作较易。

筚篥在汉魏时代由西域龟兹传入内地，至唐代已盛行中原，成为唐代宫廷十部乐中的主要乐器。隋唐宴飨的胡乐中，以龟兹乐为主，此外天竺乐、疏勒乐、安国乐、高昌乐中都有筚篥。

■ 唐代音乐家

这时期，王朝宫廷对乐舞的重视程度和西域乐舞对中原的冲击程度都达到了最高峰。在源源来到中原的西域作曲家、演奏家、歌唱家、舞蹈家中，有不少是于阗人。其中，最具代表性的是于阗音乐家尉迟青和尉迟璋。

在唐代宗时，尉迟青居住在长安长乐坊，唐德宗时他官至将军。尉迟青来自西域，他吹奏西域乐器筚篥的水平自然很高，时人称他冠绝古今。

尉迟璋是尉迟青的晚辈，通音律，善吹笙。在当时出现了很多著名的筚篥演奏家，如安万善、尉迟青、董庭兰、李龟年、敬纳、张野狐、王麻奴、薛阳陶等，其中有不少是从丝绸之路东来的人。

当时幽州有一位筚篥高手，名叫王麻奴。此人架

**笳** 秦汉时期就有了最原始的胡笳，它是将芦苇叶卷成双簧片形状或圆锥管形状，首端压扁为簧片，簧、管混成一体的吹奏乐器，随着社会的发展，历史上又出现了多种形制的胡笳。首先由芦叶的管身改为芦苇杆的管身，到了唐代，盛行以羊骨或羊角为管、管身无孔的哀笳，管身比胡笳较短。

唐宫伎乐图

■ 唐代宫廷伎乐图

悠扬飘逸的古乐歌舞

子很大，一般人请他吹奏筚篥是请不动的。一次，幽州一官员奉调入京，朋友为他送行，派人请王麻奴去演奏，被王麻奴拒绝了。前去请他的使者戏言说："你和长安尉迟青的筚篥演奏相比，还差得远呢！"

王麻奴听了非常不服，他特意到长安尉迟青的住处附近租了间客房住下来，从早到晚吹奏筚篥，以显示其技艺。

尉迟青每次路过他的门前，就如同没有听见一样，如此一连几日。王麻奴无奈，只好前去求见。叙礼完毕后，王麻奴吹奏了一曲西域乐曲，曲毕累得汗流浃背。

王麻奴吹奏完后，尉迟青拿起筚篥吹奏了同一曲调，轻松裕如，音韵殊异。王麻奴心悦诚服，拜而求

**西域** 特指汉唐两代安排的行政机构所管辖的新疆大部及中亚部分地区，位于欧亚大陆中心，是丝绸之路的重要组成部分。西域文化为中亚地区带来了繁荣的文化，是我国历史发展中不可或缺的组成部分。

教。由于尉迟青和王麻奴这些名家的弘扬，使西域乐器筚篥在长安乃至中原大地广为流行。

　　据说，唐明皇李隆基一直是胡舞、胡乐的倡导者，他曾经让胡人乐队到宫中为其演奏了三天三夜的胡乐，他听得如痴如醉，其中就有乐声动人的筚篥乐器。

　　在开元年间，有位从西域安国来的少数民族乐师叫安万善，他特别喜欢吹筚篥，在京城也很有影响。

　　在一个除夕之夜，著名诗人李颀等五六人围聚在一起饮酒，安万善为他们吹筚篥助兴。筚篥乐器婉转悠扬的乐声使众人如痴如醉。

　　很快，诗人李颀诗兴大发，他当即挥毫写下一首《听安万善吹筚篥歌》，诗道：

**开元** 唐玄宗李隆基的年号，李隆基也称唐明皇。712年至756年在位。即位之初，他任用贤相名臣，励精图治，不仅慧眼挑选贤良的宰相，还对吏治进行了整治，提高了官僚机构的办事效率。他的开元盛世是唐朝的极盛时期。同时，他在书法和诗词上也有很深的造诣，流传下来很多稀世之珍。

**龟兹** 是我国古代西域地方政权之一，也是唐代安西四镇之一。龟兹拥有比莫高窟历史更加久远的石窟艺术，它被现代石窟艺术家称作"第二个敦煌莫高窟"，龟兹人们为开发我国西北地区做出了杰出的贡献。

南山截竹为觱篥，此乐本自龟兹出。

流传汉地曲转奇，凉州胡人为我吹。

傍邻闻者多叹息，远客思乡皆泪垂。

世人解听不解赏，长飙风中自来往。

枯桑老柏寒飀飀，九雏鸣凤乱啾啾。

龙吟虎啸一时发，万籁百泉相与秋。

忽然更作渔阳掺，黄云萧条白日暗。

变调如闻杨柳春，上林繁花照眼新。

岁夜高堂列明烛，美酒一杯声一曲。

诗的大意是说，在南山砍竹子做成觱篥，这种乐器原先是从新疆龟兹传入内地，从此后乐调更臻美妙。诗人李颀夸赞安万善吹奏觱篥极尽能事，一会儿像龙吟虎啸，令人不寒而栗；一会儿如黄云失色，白

■ 唐人宫乐图

日无光，十分悲壮；后来乐音再变，使人又感到春意盎然，好像百花盛开，闪亮耀眼。

这是在除夕之夜、高堂之上，灯烛正辉煌。人们欣赏着他高超的技艺，酒兴更浓，喜气洋洋！

《听安万善吹筚篥歌》反映了我国唐代兄弟民族和汉族人民文化交流的历史事实。

筚篥的管分大中小三种，以及双管和加键管，大管比小管低4度，音色高亢，在唐代时期我国北方管乐中常常用于领奏。

■ 吹奏筚篥的乐舞浮雕

唐代，筚篥制造及演奏技术都有了较大发展。经过改革的筚篥，其音域扩展为两个8度又六6个音，而加键管还能演奏12半音，在合奏和独奏中发挥了更大效能。

在唐代乐队中常使用的筚篥有中音管、低音管和加键管。所谓双管也就是两支管并排扎结在一起演奏，口含两个簧哨，双手同时按两管的音孔，而发出双音，用于民族乐队合奏与独奏。

唐代筚篥管子音色响亮清脆，其表现力很强。史书《北史·高丽传》中记载：

　　乐有五弦、琴、筝、筚篥、横吹、箫、鼓之属，吹芦以和曲。

李颀（690—751），唐代诗人。少年时曾寓居河南登封。开元十三年中进士。他与王维、高适、王昌龄等著名诗人皆有来往，诗名颇高。其诗内容涉及较广，以写边塞题材为主，风格豪放，慷慨悲凉，七言歌行尤具特色。他还善于用诗歌来描写音乐和塑造人物形象。《全唐诗》中录存李颀诗三卷，后人辑有《李颀诗集》。

■ 南唐周文矩《宫中图》

长安 西安的古称，从西周到唐代先后有13个王朝及政权建都在长安，总计建都时间1077年，是我国历史上历时最长、建都时间最早、朝代最多的古都。同时，它也是我国历史上影响力最大的都城，被列"四大古都之首"和"世界四大古都之一"，是中华文明的发祥地、中华民族的摇篮。

还有，唐代学者段安节在他所著的《乐府杂录》中记载：

筚篥者，本龟兹国乐也。亦名悲篥，有类于茄。

还有，到了中唐时期，有位善吹筚篥的小童，名叫薛阳陶，他受到大诗人白居易赏识。有一次，长安举行宴会招待教坊的乐工和在京的艺术家。数百名宾客衣冠楚楚、欢歌笑语。

等薛阳陶吹奏筚篥时，人们顿时喝彩叫绝、掌声四起，想不到一个12岁的童子技艺竟这样精湛。从此，薛阳陶的名字开始名扬四海。诗人白居易特地写了首长诗，名为《小童薛阳陶吹筚篥歌》，诗道：

指点之下师授声，含嚼之间天与气。
润州城高霜月明，吟霜思月欲发声。

山头江底何悄悄，猿声不喘鱼龙听。

翕然声作疑管裂，讪然声尺疑刀截。

有时婉软无筋骨，有时顿挫生棱节。

急声圆转促不断，铄铄辚辚似珠贯。

缓声展引长有条，有条直直如笔描。

下声乍坠石沉重，高声忽举云飘箫。

诗人把薛童吹奏时的情景绘声绘色地刻画出来了。唐代著名诗人元稹、李德裕、罗隐等也都写有赞美薛阳陶的诗篇。

通过这些记载，足可以证明，在唐代善吹筚篥的人并不是罕见的，而且不少人吹得很好，已相当普及。

在唐代，著名的筚篥曲有《勒部羝曲》《离别难》《雨霖铃》《道调子》等。其中，《雨霖铃》曲的来历还有一段故事。

756年，安史之乱的叛军攻陷长安，唐玄宗李隆基带着宰相杨国忠和宠妃杨玉环，往西南夺路而逃。

■唐代宫乐演奏

■马嵬事变

悠扬飘逸的古乐歌舞

栈道 是古代交通史上的一大发明。人们为了在深山峡谷通行道路且平坦无阻，便在河水隔绝的悬崖绝壁上用器物开凿一些棱形的孔穴，孔穴内插上石桩或木桩。上面横铺木板或石板，可以行人和通车，这就叫栈道。为了防止这些木桩和木板不被雨淋变朽而腐烂，又在栈道的顶端建起房亭，这就是阁，亦称栈阁。相连贯的称呼，就叫栈阁之道，简称为栈道。

　　刚出长安100多里，饥饿疲困的禁军哗变，杀了杨国忠，并逼玄宗赐杨玉环自缢，这就是历史上有名的"马嵬事变"。

　　事变后，禁军由秦蜀栈道进入斜谷，路途艰难，又遇细雨绵绵不断。在栈道最险处，有铁索供人攀扶，索上挂有铃铛，人走时手扶索链，铃声前后相应，以便相互照顾。玄宗在淅沥的夜雨中，听到断断续续的铃声，倍觉愁肠欲断。此情此景，勾起了他对杨贵妃的思念，为悼念杨玉环，他挥泪写了一首乐曲《雨霖铃》，寄托自己的思念和抒发旅途愁苦之情。

　　当时有梨园乐工张野狐在玄宗身边，他是天宝时著名的筚篥演奏家。玄宗将《雨霖铃》让他试奏，乐声一起，深沉悲咽，听到动情处，玄宗挥泪如雨。后来回到长安，玄宗还经常叫张野狐为他演奏此曲。

《雨霖铃》曲调缠绵悱恻，到了宋元时，又受到失意文人的喜爱，并争相填词传唱，于是成为词牌《雨霖铃》的起源。北宋慢词家柳永填的《雨霖铃·寒蝉凄切》，更使该乐曲流传开来，成为我国音乐史上著名的筚篥古曲。

宋代学者陈旸所撰写的《乐书》中也说到了筚篥，原文是这样写的：

> 筚篥，一名悲篥，一名笳管，龟兹之乐也。以竹为管，以苇为首，状类胡笳九窍。……至今鼓吹教坊用之。以为头管。

筚篥得以在千余年间普及，其重要的原因是筚

■ 唐人宫乐演奏图

宋人宫乐演奏图

篥所具有的独特的艺术功能。筚篥通过气息支撑，可以表现出圆润不断、委婉起伏的持续音。它的音色深沉、浑厚、凄怆，对人们思想感情具有强烈的激发力，特别是表现悲愤、激昂情绪时有独到功能，古人往往借它抒发伤时感事的情怀。

新疆维吾尔族民间流行的巴拉曼，至今仍然保持古龟兹筚篥形制，用苇子制作，与木制管相比，音色略带沙哑，更具有新疆地方特色。巴拉曼即古代筚篥的遗制。巴拉曼在维吾尔语里称"皮皮"，即簧片之意，巴拉曼可以用于维吾尔族一切歌舞活动中。

阅读链接

唐代时期还有另外一种筚篥乐器，其名称叫作"巴拉曼"，其保持了古代龟兹筚篥形制，是用苇子制作的，它与竹制管相比，音色略带沙哑，更具有西域地方特色。

这种筚篥的音色或高亢清脆，或哀婉悲凉，质感鲜明，在法曲等演奏中常为领奏器乐。后来，这种筚篥经丝绸之路传至中原，一直深受人们喜爱。

# 匏类乐器

　　有一种葫芦叫匏瓜，古人用干老的匏瓜制成乐器，就是匏类乐器。匏类乐器包括笙和竽等簧片乐器。笙是和声乐器，而竽的形状很像笙，比笙大一点，管也比笙多，战国以前在民间极为盛行。

　　葫芦丝又称"葫芦箫"，傣语称"筚郎叨"。它是我国西南云南地区的民族乐器，富有浓郁地方色彩和民族风韵。葫芦丝历史较为悠久，其渊源可追溯到先秦时代，它是由葫芦笙演进改造而成的。

# 匏类乐器笙的历史沿革

匏类乐器——笙

笙是我国古老的簧管乐器，历史悠久，能奏和声。它是以簧、管配合振动发音，簧片能在簧框中自由振动，是世界上最早使用自由簧的乐器。

据史籍记载，女娲是被古人尊为人类始祖的伏羲的妹妹。在传说中，女娲和伏羲具有一种人首蛇身的异相，女娲也被尊奉为人类之母，是中国历史上一个重要的人物。

女娲有许多丰功伟绩，如炼石补天、治理洪水、抟土造人、救灾救民、繁衍人类等，其中很重要的一项就是女娲发明创造了笙簧。《博雅》

引《世本》云：

女娲作笙簧。笙，生也，象物贯地而生，以匏为之，其中空而受簧也。

《说文解字》在解释"娲"字时，云：

古之神圣女，化万物者。

■ 唐艺伎吹笙浮雕

两者联系观之，可以看出女娲是一位生育人类、创造万物的伟大母亲。传说，女娲从昆仑山脚下最温暖的溪水边取来竹子，用绳子或木框把一些发音不同的竹管编排在一起，还在竹管里面加上竹制簧片。

在选来上好的生长在黄河流域最平缓河段的葫芦，用葫芦制成笙斗。吹嘴由木头制成，木头是有名的楠木。将编排好的竹管呈马蹄形状，排列在笙斗上面。这一切做好之后，就能吹出悦耳动听的声音。

笙的单色清凉甜美，高音清脆透明，中音柔和丰满，低音深厚低沉。女娲把这种乐器当作礼物送给了她的孩子们。她说："孩子们，当你们不能用语言表达自己喜悦的时候，可以用它吹曲调，那曲调就是你心情的表达。"

人们觉得好神奇，就争先恐后地向女娲学习制作

**女娲** 又称女娲氏，娲皇，是我国传说时代上古氏族首领，后逐渐成为我国神话中的人类始祖。根据神话记载，女娲人首蛇身。女娲的主要功绩为抟土造人以及炼石补天。其他的功绩包括发明笙簧和规矩，以及创设婚姻。后世女娲成为民间信仰中的神祇，被作为人类始祖和婚姻之神来崇拜。

悠扬飘逸的古乐歌舞

■ 艺伎吹笙图

的方法，很快，制作这种乐器的手艺就在人们中间传播开来。

在女娲的教导下，人们还发明了笙簧的其他许多种用法，比如说，用它表达快乐，庆祝丰收，男女之间的爱慕之情，等等，只是曲调不同而已。

看着孩子们平安、欢乐的生活，女娲觉得自己的工作完成了。至于其他的，她相信人类会在以后的生活中不断地学习进步的。

这时，一架由白螭带路、黄云簇拥、飞龙驾驭的雷车降落在地面上。天帝派人来接女娲回天庭了。女娲登上雷车，乘云驾龙而去。大地上的人类为了感激女娲的恩德，表达对她的怀念，就将女娲奉为女娲娘娘，以隆重的形式祭祀她。

远在3000多年前的商代，我国就已有了笙的雏形。在出土的殷墟甲骨文中有"和"的记载。"和"即是后世小笙的前身。《尔雅·释乐》记载：

大笙谓之巢，小者谓之和。

在我国古代乐器分类中，笙为匏类乐器。《诗

殷 又称"商朝""殷朝"，是我国历史上的第二个朝代，也是我国第一个有直接文字记载的王朝。商部落首领商汤灭夏国后建立商朝，前后相传17世31王，延续了600年，后被周武王击败而结束。商朝处于奴隶制鼎盛时期。

经》的《小雅·鹿鸣》写道：

> 我有嘉宾，鼓瑟吹笙。吹笙鼓簧，承筐
> 是将。

可见笙在当时已经很流行了。从战国到汉代的文献中，共同记载着笙和竽两种同类乐器。《周礼·春官》中有：

> 笙师，……掌教歙竽、笙、埙、籥、
> 箫、箎、篴、管。

"笙师"为官名，其职务是总管教习吹竽和笙等乐器。竽和笙的区别是：笙体小、簧少；竽体大、簧多。两者早期都是用嵌簧的编管插入葫芦内，并以葫芦作为共鸣体，故一些文献认为竽就是不同形制的笙，如《吕氏春秋·仲夏纪》高绣注：

■ 古代艺伎演奏图

> 竽，笙之大者。

春秋战国时期，笙、竽是重要的吹奏乐器。竽还一度在宫廷、贵族或市民中广泛地流行。

春秋时期，笙得到了很大的发展，一般在重大的仪式或宴请

滥竽充数塑像

时，都会用"笙"来助兴。春秋教育家孔子，就是一位著名的笙演奏家，可见笙在当时的重视程度。后来的战国时期，笙有了更广阔的发展空间，成就了笙在演奏乐器中的重要地位。

战国时，齐国国君齐宣王特别喜爱听竽的大合奏，他在宫廷里专门成立了300人的大乐队，以便时常听乐队演奏。

有个叫南郭先生的人，他本来不会吹竽，可也混进了这个乐队。

演奏的时候，他学着别人的样子双手捧着竽，摇头晃脑，装着在吹奏的样子。日子一天天地就这样过去了，谁也没有发现，他同样得到了齐宣王的奖赏。

齐宣王死后，他的儿子齐湣王继位。这位新国王恰好相反，他喜欢听竽的独奏。他把乐队的人找来，叫他们一个一个地演奏。南郭先生看到这种情况，怕真相暴露，犯欺君大罪，中途就悄悄地溜走了。

成语"滥竽充数"便来自这个寓言。

先秦以来，笙的形制变化很大，汉代以前的笙管多以芦竹或紫竹制作，笙管数为12～18根，簧片用竹制作，笙斗用瓠制作。汉以后，簧片渐改用铜制。

在东汉的古籍里，记载了笙的形制。《说文解字》中有：

> 笙，十三簧，象凤之身。

东汉时期的《说文解字》记载的竽为36簧。长沙马王堆一号汉墓中出土了一支竽，26管，并设有折叠管，用于产生低音，簧是用铜片制成的。从出土的西汉百戏陶俑和东汉石刻百戏画像中，也可看出竽在百戏乐队中占有重要地位。

隋唐时期竽还存在，但在九部乐、十部乐中已不用，而笙在隋九部乐和唐十部乐中的清乐、西凉乐、高丽乐、龟兹乐中均被采用。唐代涌现出许多演奏笙的名家，他们的技艺都达到了较高的水平。唐代不少诗人还为笙写下了诗作。

《听邻家吹笙》是唐代诗人郎士元的作品。这首诗用比喻、通感和想象的手法，从听笙写起，极其浪漫地创造了一个引人入胜的意境。诗道：

> 凤吹声如隔彩霞，
> 不知墙外是谁家。

西凉 晋代十六国时期在凉州地区先后出现"五凉"割据政权，史家为区别其他的四个，将中心位于凉州西部酒泉的李氏政权称为西凉。西凉太祖李暠被唐朝皇室李氏和诗人李白、李商隐尊为其先祖。因为其统治地区古为凉州，所以国号为"凉"，又位于凉州西部，所以称为"西凉"。共22年。

065

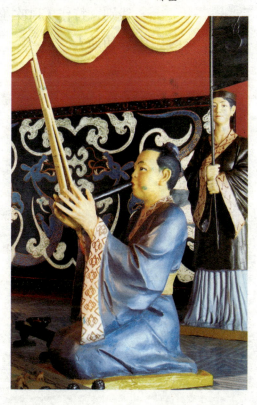

■ 汉代的吹笙表演雕塑

重门深锁无寻处，
疑有碧桃千树花。

诗人借笙曲传达心曲，以心曲应和笙曲，正是这个"疑"字，将心曲与笙曲巧妙地融为一体。在这种如幻如梦的奇境之中，让人真切地感受到"邻家"笙乐的明丽与欢快。

741年，诗人李白好友元丹丘应唐玄宗之妹玉真公主之邀，共同访道，自其隐居处东蒙山西入长安，途经兖州治城瑕丘，李白为他钱别，特作《凤吹笙曲》诗，全诗共16句，惜别之情深切动人。

**元丹丘** 唐朝人。他是李白一生中最重要的交游人物之一。元丹丘是李白20岁左右在蜀中认识的道友，他们曾一起在河南嵩山隐居，元丹丘被李白看作是长生不死的仙人。这二人郊游前后共22年，李白在这一时期的文学创作与思想变化，均受到了元丹丘较大的影响。

仙人十五爱吹笙，学得昆丘彩凤鸣。
始闻炼气餐金液，复道朝天赴玉京。
玉京迢迢几千里，凤笙去去无穷已。
欲叹离声发绛唇，更嗟别调流纤指。
此时惜别讵堪闻，此地相看未忍分。
重吟真曲和清吹，却奏仙歌响绿云。
绿云紫气向函关，访道应寻缑氏山。
莫学吹笙王子晋，一遇浮丘断不还。

唐代以后，演奏家们把笙斗改为木制，笙斗周围鬃漆绘花纹，形式有19、17和13簧多种；后来又流行一种17簧义管笙，这种笙在17簧以外另备两支"义管"供转调时替换用。后来19簧笙也失传了。后来经过流传，又用铜斗取代了木斗，同时簧片也从竹制改为铜制。

我国的笙、竽在盛唐时东传到日本，在奈良东大寺的正仓院里，一直保存着我国唐时制作的吴竹笙、竽各两支，假斑竹笙、竽各一支，皆为17管，其排列办法均呈马蹄形，唯弯曲的吹嘴特别长，斗上都有油漆彩绘的人物或风景画。古籍中所说竽为多管，而正仓院所存的唐俗乐使用的竽，则与笙同为17管。

到了宋代，竽则销声匿迹，在教坊十三部中，只有笙色而无竽色。北宋景德三年，也就是1006年，宫廷乐工单仲辛又制作成19簧笙，此后19簧笙在宫廷和民间又得到了普遍的应用。

明、清以来，流行的笙多为17簧、14簧方笙、13簧和10簧。

我国的笙对西洋乐器的发展，曾经起过积极的推动作用。笙最早就通过"丝绸之路"传到波斯。1777年，法国传教士阿米奥又将笙传到欧洲。

1780年，侨居俄国的丹麦管风琴制造家柯斯尼克，是第一名

**彩绘** 在我国自古有之，被称为丹青。其常用于我国传统建筑上绘制的装饰画。我国建筑彩绘的运用和发明可以追溯到2000多年前的春秋时代。它自隋唐期间开始大范围运用，到了清朝进入鼎盛时期，清朝的建筑物大部分都覆盖了精美复杂的彩绘。

■ 唐代吹笙浮雕

仿照我国笙的簧片原理，制造出管风琴的簧片拉手，自此管风琴才开始使用音色柔和悦耳的自由簧。

18世纪末，俄国科学院院士雅·什太林，曾撰文称赞笙是"最受欢迎的中国管风琴"。以后，又促进了风琴和手风琴的发明。

由于笙流传年代久远，所以在不同地区有不同式样的笙。新中国成立后，中国的乐器制造者和音乐工作者对笙进行了不断的改革，先后试制出扩音笙、加键笙等多种新品种，克服了音域不宽、不能转调和快速演奏不便等缺点，给笙带来了新的生命力。现在民间使用的笙有13簧、14簧、15簧、17簧等多种，但以14簧、17簧最为流行。

笙的音色明亮甜美，高音清脆透明，中音柔和丰满，低音浑厚低沉，音量较大。而且在中国传统吹管乐器中，也是唯一能够吹出和声的乐器。在和其他乐器合奏的时候，能起到调和乐队音色、丰富乐队音响的作用。在大型的民族管弦乐队里，笙有时还要用到高音、中音和低音三种笙。

如今，改革后的笙已成为具有丰富表现力的独奏乐器，既能演奏雄健有力的曲调，也能奏出优美抒情的旋律，代表曲有《孔雀开屏》《凤凰展翅》等。

**阅读链接**

1978年，湖北随县曾侯乙墓出土了6支战国初期的古匏笙，均残，但这是我国目前发现的最早的笙。笙斗用葫芦制作，笙嘴为木制，圆箭形，笙苗的排列呈前方后圆卫列式，在笙斗和笙苗上，都有黑漆朱描图案，虽历经2400多年，但仍清晰可见。

其簧片为竹制，形状、制作和调音办法，与今日的铜簧片完全一样，簧数为14、16和18等，与早已发现的及古籍中所载的笙的簧数多为13、17和19等奇数不同，为研究笙的发展提供了新的资料。

# 特有乐器葫芦丝的源流

葫芦丝是我国古典乐器中的代表乐器，其起源于我国先秦西南地区的傣族，傣族民间一直流传着这样一个传说：

据说在先秦时期，我国西南地区曾经爆发了一次山洪。在山洪中，一位傣家小伙子冒死抱起一个大葫芦，他乘着大葫芦闯过了惊涛骇浪，最终救出了自己的心上人。

小伙子忠贞不渝的爱情感动了佛祖，佛祖给他的葫芦装上了管子，小伙子便可以抱着葫芦吹出了美妙的乐声。

乐声一出，顿时山洪退去，风平浪静，鲜花盛开，孔雀开屏，人们都来祝愿这对情侣吉祥幸福。

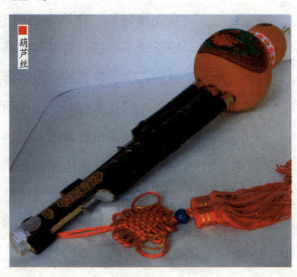

葫芦丝

从此，葫芦丝在傣族人家世代相传。

傣族人民多才多艺，他们能歌善舞。在节日里，不论是在江中划龙舟，或是在江边放高升，还是在广场上赶摆，或是在竹楼里饮酒欢歌，都可以听到动人的葫芦丝乐曲。

葫芦丝又称"葫芦箫"。共在构造上仍保持着先秦民族乐器的遗制，箫管数目正与三管之龠相同，两支副管不开音孔也和古箫完全一样，而发出持续的5度音程，则与古龠的

■ 葫芦丝

"以和众声"惟妙惟肖。

还有，先秦葫芦丝的主管已开有7个音孔，与后世箫笛非常近似，又显示出它在历史上的巨大飞跃。在先秦时期，傣族人们用半截小葫芦作为音箱，以3根长短不一的竹管并排插在葫芦竹管下端，嵌有铜质筑片，中间较长的一根竹管开七孔。

人们在吹奏时，口吹葫芦细端，指按中间竹管的音孔，在奏出旋律的同时，左右两根竹管同时发出固定单音，与旋律构成和音。

先秦傣族的葫芦丝可分为高音、中音、低音三种类型，音乐轻柔细腻，圆润质朴，极富表现力，深受先秦人民的喜爱。

佛 是"佛陀"一词的简称，是古印度语，意思是修炼觉悟的人，即觉者、智者，古时也写成"浮屠"或"浮图"。"佛"之一字，包含整个宇宙人生的本体、现象、作用，凡是能觉察、证悟这种真理的人，就是佛陀。

先秦葫芦丝主要由主管、簧片、附管、葫芦四大部分构成。其中主管是旋律管，开有多个按音孔。傣族旧式主管上开有6个按音孔，形制是前5后1，非常适合吹奏傣族民歌小调。

后来，先秦人们在传统葫芦丝的基础上进行了改良，改进的葫芦丝主管上面开有7个按音孔，形制是前6后1，可发9个全孔音及8个半孔音，也可以发出组合孔音，主管背面下方还有一个出音孔和两个穿绳孔。

先秦葫芦丝的簧片是发声部件，通常安装在竹管一端，其簧舌形状为等腰三角形和长方形两种，材料以铜质为主。附管是辅助发音管，常见的为一附管发一单音，高音附管。

还有，葫芦丝主管第五孔音，低音附管发主管第一孔音或主管第三孔音两者任选。一般葫芦丝只有一个高音附管，附管和主管有机配合可以使其音乐更具活力。附管音孔，按住时附管不发音，打开时附管发音。

先秦葫芦丝的葫芦起漏斗作用，气流通过葫芦传递到主管和附管里面。葫芦丝所用的葫芦品种繁多，全国各地均有种植，形状以亚葫芦为佳。

葫芦丝的卡子主要作用是起到葫芦丝构造上的

■ 葫芦丝

葫芦丝

稳定，使附管与主管牢牢捆在一起。主管尾塞起到的作用是使低音区的发音更加圆润。

此外，葫芦丝还有个拆卸功能托，其主要作用是起到葫芦与竹管的有机结合，竹管牢牢插入葫芦内，使其密封、不漏气。由于此托的改进，竹管可以不用粘死在葫芦上，起到随时拆卸，进行簧片调整的作用。

在先秦时期，除了傣族外，还有德昂人民、阿昌人民也一直流行着葫芦丝乐器，其在原傣族葫芦丝的构造上进行发展，但是仍然保持着原有特点。

其吹奏方法是用自然换气法或用循环换气法，用循环换气法能持续发出5度音程，音色优美、柔和、圆润、婉转、动听。在月夜竹林里，葫芦丝演奏能给人以含蓄、朦胧的美感，而吹出的颤音犹如抖动的丝绸那样飘逸轻柔。

总之，葫芦丝乐器在我国不仅历史悠久，而且非常具有我国民族文化特色，对我国先秦音乐发展起到了重要作用，也丰富了先秦人们的娱乐生活，是人们日常不可缺少的乐器。

**阅读链接**

葫芦丝在我国流传非常广泛，傣语名"筚朗道"，德昂语称"筚格宝"，阿昌语称"拍勒翁"，但其都是用葫芦做成的吹奏乐器，译成汉语，曾经名为"葫芦笙""葫芦箫"。

在先秦西南地区各民族的葫芦丝，其主要功能是男青年向女青年传情达意，倾吐爱慕之情。傣族、德昂族、阿昌族有着深厚民族文化底蕴，因此葫芦丝成为其民族最具特色的民间传统乐器。

# 葫芦丝演变的笙管乐器

芦笙，是苗、侗、水、瑶、仡佬等族单簧气鸣乐器。古称卢沙。苗语、侗语、水语都称梗 。苗语又称嘎斗、嘎杰、嘎东、嘎正等。侗语又称梗览、梗览尼、梗劳等。瑶语称娄系 。流行于贵州、广西、湖南、云南、四川等省区。其历史悠久，形制多样，音色明亮、浑厚，富有浓郁的地方特色，民间常用于芦笙舞伴奏和芦笙乐队合奏。经过改革后的芦笙可独奏、重奏或合奏，有着丰富的表现力。

芦笙

关于芦笙的起源，民间流传着许多动人的传说。

在秦汉时期，在西南重峦叠翠的苗岭山下，在清澈碧绿的清水江畔的苗家山寨住着一对老夫妻，阿

中国苗族芦笙

笙 民族传统乐器。它是一种古代民间的演奏乐器，通常以笙、笛子、唢呐等奏出主旋律，用鼓、钹、二胡、云锣等伴奏。同时笙也是我国独有的乐器，是传统文化的一部分，后来"笙"也有了其他含义，比如"笙磬同音"指音声和谐，比喻人与人之间的关系融洽。

爹叫篙确，阿婆叫娓裳，他们40岁时才生下一个姑娘，取名榜雀。

榜雀姑娘心灵手巧，长得比孔雀还美，比黄莺还会歌唱，许多苗家后生都很喜欢她，而榜雀暗地却爱上了青年猎手茂沙。

勇敢的茂沙武艺高强，他曾经射鹰为民除害。有一次，茂沙救了一位姑娘。姑娘得救了，茂沙也走远了，这姑娘原来就是榜雀。

榜雀因为找不到茂沙而茶饭不香、容颜憔悴，多才多艺的老阿爹采金竹、削簧片，利用傣族葫芦丝的做法做出一支精巧的芦笙，用它吹出优美音调，篙确老爹又教寨子里的青年做芦笙、吹芦笙。

赛芦笙那天，远近苗寨的青年都赶来参加，终于引来了茂沙，榜雀一眼就认出了他，篙确老爹请他到家里做客，榜雀精神焕发，与茂沙畅叙衷情，两人结为美满夫妻。

据说芦笙在苗族的祖先神告且和告当的古远时代就出现了。相传那时，告且和告当造出日月后，又从天公那里盗来谷种撒到地里，可惜播种的谷子收成很差，为了解忧，一次告且和告当从山上砍了6根白苦竹扎成一束，放在口中一吹发出了奇特的乐声。

奇怪的是，地里的稻谷在竹管吹出的乐声中，长得十分茂盛，当年获得了大丰收。从此以后，苗家每逢喜庆的日子就吹芦笙。

在锦绣的侗乡，传说芦笙始于三国时代。孔明出兵进攻侗家寨，以战鼓为号。当时侗族首领孟获，则令人凿竹吹音，作为纠集人马、进攻或退却的信号，后来逐渐地演变为芦笙。

在一些地区的侗歌中，还记述着制作芦笙的详细过程，说开始用木头削制簧片，吹不出声音，继而改用竹子或牛角制作，这样虽然发了音，但吹起来太费力，后来孟获的儿子从战甲上取下一些铜片，仿岩洞滴水声，将其锤得很薄，装在芦竹管上，才发出动听

075

悠扬婉转
簧类乐器

■ 曲管铜葫芦笙

■ 不同形式的芦笙

的声音来，从而相继制成了各种大小不同的芦笙。

据文献记载，芦笙已有3000多年的历史。当时芦笙被称为"瓢笙"。远在唐代，贵州少数民族人民就开始制作芦笙，并涌现了不少的优秀芦笙吹奏家。古代进京朝贡者，就曾带着芦笙到宫廷演奏过，得到朝廷官员的高度赞赏。

笙管乐器是由每根管子中的簧片发声。笙管乐器流行于我国贵州、广西、湖南、云南、四川等地，其历史悠久，形制多样，音色明亮、浑厚，富有浓郁地方特色，民间常用于芦笙舞伴奏和芦笙乐队合奏，可独奏、重奏或合奏，有着丰富的表现力。

在我国乐器史上，芦笙出现的年代较葫芦笙晚，大约在公元12世纪初的南宋时期，芦笙前身"卢沙"才见于文献记载，当然在记入史籍前还有着相当长的岁月。

南宋学者范成大所著的《桂海虞衡志》中记载：

卢沙，人乐，状类箫，纵八管，横一管贯之。

南宋学者周去非所著的《岭外代答》中也详细写到了这种乐器，原文是：

**黔** 也就是后来的贵州地区，我国宋代以前设矩州，因当地语音"贵""矩"难分，故也写作贵州，元代初正式命名为贵州。明多设贵州布政使司。清代设贵州。取全称中的"贵"字作为简称。一说认为因境内有贵山，故简称"贵"。辖区东北部秦时属黔中郡，唐属黔中道，故又简称"黔"。

瑶人之乐有卢沙、铳鼓、葫芦笙、竹笛。……卢沙之制，状如古箫，编竹为之，纵一横八，以一吹八，伊嘎其声。

上述记载表明，卢沙外形虽然与排箫十分相似，但演奏方法却与芦笙一致。在广西一带的瑶族等少数民族中，同时存在着卢沙和葫芦笙两种乐器。南宋学者陆游在他的《老学庵笔记》中记载：

辰、源、清州蛮……农隙时，至一二百人为曹，手相握而歌，数人吹笙在前导之。

芦笙是从葫芦笙演变而来的，人们在实践中认识到，葫芦性脆、不结实，又易漏气，竹簧也容易吸湿变音。明代音乐家朱载堉就曾在其"辨笙不宜用真匏"的文章中说出了它的缺点。

在黔、桂、湘等省区，我国少数民族的先民们，逐渐在葫芦笙的基础上，制成了木制笙斗和金属簧片的芦笙，从而获得了较大的音量和优美的音色。在苗、侗、瑶等民族中，芦笙不断发展，并逐步取代了十分盛行的葫芦笙。

后来，一位云南音乐工作者在西双版纳布朗族地区，收集到一支古老的14管排笙，

曲管铜葫芦笙

芦笙演奏雕塑

笙管分为左右两排穿过笙斗，笙斗是用竹管做，簧片也改为铜簧，其外形与宋代的"状如古箫，编竹为之"的卢沙十分相似。这支遗存的古排笙，足以为葫芦笙演变发展为芦笙的历史作见证。

随着时代的变迁，芦笙的形状和演奏技巧，除保持了原有的风格外，还有了新的改进。

如今的芦笙有6管、10管及12管的，其长度有0.6米、1.6米及3.3米的；其芦笙曲调，除保持原来的古朴、悠扬之外，曲调也多变，节奏也明快，特别是伴之深沉、雄浑的芒筒声，使芦笙的声响和音量加重，格外委婉动人。其跳步和舞姿的变化更大，不但跳步踢腿刚健有力，而且舞姿潇洒自如，动作优美。

现在在贵州少数民族地区，每逢重大喜庆节日吹奏芦笙，已成为必不可少的娱乐活动，人们从四面八方汇集到一起，或男吹女跳，或自吹自跳，乐声悠远，笙歌洪亮，令人回味。

阅读链接

在我国古代的苗、侗、瑶等民族中，芦笙不断发展，并逐步取代了十分盛行的葫芦笙。

起初，这些民族的笙管乐器和排箫有点相似，既没有簧片，也没有笙斗，只是用绳子或木框把一些发音不同的竹管编排在一起。后来，人们逐渐给笙增加了竹质簧片和匏质笙斗，和排箫区别开来。

古代丝类乐器的丝指的是先用蚕丝制成弦，再制作成乐器。在商周以前，丝弦乐器只有琴和瑟两种，秦汉以后才有筝、箜篌、琵琶等。

古琴是我国古代一种弦乐器，最初只有5根弦，它的演奏形式主要有琴歌、独奏两种。

琴是在我国先秦时期为宫廷雅乐伴奏而用的乐器，在宫廷伴奏中多用琴瑟伴奏歌唱，以弹右手散音为主。我国的琴文化历史悠久，源远流长。

筝也是一种极富表现力的乐器，发音轻柔、典雅、华丽而委婉。大筝发音柔和、雅致；小筝发音清脆明亮。

# 丝类乐器

# 拨弦乐器瑟的衍生流传

瑟为古代弹弦乐器，共有25根弦。古瑟形制大体相同，瑟体多用整木斫成，瑟面稍隆起，体中空，体下嵌底板。瑟面首端有1个长岳山，尾端有3个短岳山。尾端装有4个系弦的枘。首尾岳山外侧各有相对应的弦孔。另有木质瑟柱，施于弦下。

关于瑟的起源，《吕氏春秋·仲夏纪·古乐》篇中记载：

昔古朱襄氏之治天下也，多风而阳气赢积，万物散解，

古代漆瑟

果实不成。故士达作五弦瑟，以来阴风，以
定群生。

■ 弹瑟俑

这个故事是说，远古时代，有个名叫朱襄氏的首领，他是原始社会末期的一个部落酋长，并继伏羲氏之后，统领了中原诸部落。他在治理天下时，常刮起怪风。只要大风一起，便天昏地暗，飞沙走石，天干地裂，草木枯黄，五谷不收。自然灾害使人类无法生息，甚至面临灭顶之灾。

朱襄氏忧心如焚，他决定为民除害，降服恶魔，拯救万民。于是他令大臣士达以柘丝、良桐为原料，制作出一把五弦瑟。当黄风搅天、拔苗折树时，朱襄氏端坐高空，拨动瑟弦。顿时瑟声激越，声振高空，怪风渐息，顷刻间，天空彤云密布，下起大雨，使得

**中原** 为中华民族、中华文明、中原文化的发源地，万里母亲河黄河两岸，千里太行山脉、千里伏牛山脉东麓，在古代被华夏民族视为天下中心。广义的中原是以中原洛阳、开封、商丘、安阳、郑州、南阳、许昌等七大古都群为中心，辐射黄河中下游的广大平原地区。狭义的中原即指天地之中、中州河南。

**有巢氏** 是五氏之一，我国古代神话人物。顾名思义，就是人们要有地方住。有巢氏的任务是教人们不再住在地面上，在树上用树枝、树叶建造出简陋的蓬盖，作为示范，这就是原始的房屋，可以躲避野兽和洪水。有巢氏代表着当时人类发展的一个阶段，从原始的山洞居住发展到建造房屋的阶段，是进步的一个标志。

百草萌发。从此风调雨顺，年年丰收，仓廪俱满。人类得以安居乐业，繁衍生息。

关于这个故事，光绪二十二年版《柘城县志》记载很详细：

有巢氏没，数阅世而朱襄氏立，群阴閟遏，诸阳不成，百物散解，而果蓏草木不遂；迟春而黄落，盛夏而痃痎。乃令士达作五弦瑟，以来阴风，以定群生。令曰"来阴"，都于朱，故号曰"朱襄氏"。

这说明瑟的起源已经十分久远，后来人们在考古发现的弦乐器中，瑟所占的比重最大。它的出土地点集中在湖北、湖南和河南三省，并且绝大多数出自东周楚墓。其他如江苏、安徽、山东和辽宁等省，只有一点儿零星发现。

据说在夏代瑟就已经有了。甲骨文上的"乐"字，上面就是一个"丝"字，下面是一个"木"字。瑟要用弦，那么瑟的产生应该在蚕丝出现之后。瑟弦的原料，至少有能够巢丝的技术才可能制出弦线。

瑟在先秦便极为盛行，《诗经·小雅·甫田》中有：

■ 古画《凉秋鼓瑟》

■ 唐代的宫廷乐舞
浮雕

扣人心弦
丝类乐器

　　……琴瑟击鼓，以御田祖，以祈甘雨，以介我稷黍，以穀我士女。

　　这是见于古籍最早的记载，说明瑟至少有3000多年的历史了。孔子善鼓瑟，用来为诗歌伴奏。在当时，孔子鼓瑟是独立成家的，号称"孔门之瑟"。

　　春秋时期的赵国有很多人都精通弹瑟，这使得别的国家的人都羡慕不已。有一个齐国人也非常欣赏这种技艺，特别希望自己也能有这样的好本领，于是他就到赵国去拜师学习弹瑟。

　　这个齐国人来到赵国拜了一位弹瑟能手做师傅，开始跟他学习。可是他没学习几天就厌烦了，不是找借口迟到早退，就是偷偷琢磨自己的事情，一点儿也

**孔子**（前551—前479），姓孔名丘，字仲尼。生于东周时期鲁国陬邑，即今山东省曲阜市南辛镇。春秋末期的思想家和教育家，儒家思想的创始人。孔子集华夏上古文化之大成，是当时社会上的最博学者之一，被后世统治者尊为孔圣人、至圣先师、万世师表。孔子和儒家思想对我国和世界产生了深远影响。

文王 （前1152—前1056），姓姬名昌，黄帝后裔。商纣王统治时，他被封为西伯，也称伯昌。治理岐山50年，使岐山的政治和经济得到极大发展。其子姬发得天下后，追尊他为"周文王"。孔子称周文王为"三代之英"。

庙 世间的达圣贤人去世之后，都可以建造庙宇，像孔庙、二王庙等都是敬仰圣贤的地方。庙通"妙"，所以庙是妙法真如的地方，应当顶礼进行膜拜。寺庙庄严，庙内的每一寸土地都不能随意更改，并且有着严格的等级制度。

不专心听讲，平时也不好好练习。

一年后，这个齐国人仍弹不了成调的曲子，老师责备他，他自己也有点慌了，心想：我到赵国来学了这么久的弹瑟，如果什么都没学到，就这样回去哪里有什么脸面见人呢？想虽这样想，可他还是不抓紧时间研习弹瑟的基本要领和技巧，一天到晚都只想着投机取巧。

他注意到师傅每次弹瑟之前都要先调音，然后才能演奏出好听的曲子。于是他寻思：看来只要调好了音就能弹好瑟了。如果我把调音用的瑟弦上的那些小柱子在调好音后都用胶粘牢，固定起来，不就能一劳永逸了吗？想到这里，他不禁为自己的"聪明"而暗自得意。

于是，他请师傅为他调好音，然后真的用胶把那些调好的小柱子都粘了起来，带着瑟高高兴兴地回家了。

回家以后，他逢人就夸耀说："我学成回来了，现在已经是弹瑟高手了！"大家信以为真，纷纷请求他弹一首曲子来听听，这个齐国人欣然答应，可是他哪里知道，他的瑟再也无法调音，是弹不出完整的曲子来的。结果他在家乡父老面前出了个大洋相。

■ 古代的漆瑟

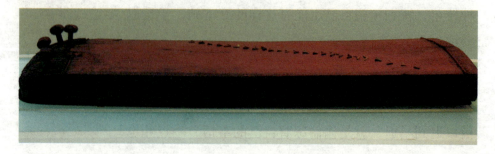

■ 古画《宫乐图》局部

西周时期的《周礼·乐器图》记载：

> 雅瑟二十三弦，颂瑟二十五弦，饰以宝玉者，曰"宝瑟"，绘文如锦者，曰"锦瑟"。

《汉书·郊祀记》说：

> 太帝命素女鼓五十弦瑟，悲，帝禁不能止，故破其瑟为二十五弦。

后来瑟的制作渐精，用途更加广泛。在周代祀奉文王的家庙里的一张瑟，上面系有染成朱红颜色的丝弦，底部有着疏朗的音孔，弹奏时能发出舒缓的声音来。

周、汉时期的古瑟，考古发掘中多有发现。人们在长沙马王堆三号汉墓出土了大量竹简和乐俑，从中

《汉书》 又称"前汉书"，由我国东汉时期的历史学家班固编撰，此书是我国第一部纪传体断代史。全书主要记述了上起西汉的汉高祖元年，即公元前206年，下至新朝的王莽地皇四年，即公元23年，共230年的史事。《汉书》开创了我国断代纪传表志体史书，奠定了修正史的编例。

■ 唐代宫廷雅乐

可以看出，瑟在西汉之初流行地区很广，并经常和筝一起为歌舞伴奏。流传下来的汉诗中也有不少提到瑟，如宋子侯的《董娇饶》：

……归来酌美酒，挟瑟上高堂。

周、汉时期的古瑟，后来在考古发掘中多有发现。湖南长沙浏城桥一号楚墓出土瑟，是目前所知年代最早的实物。河南信阳、湖北江陵等地楚墓，湖北随县曾侯乙墓，长沙马王堆一号汉墓都出土有瑟，弦数23～25弦不等，以25弦居多。

春秋至秦汉以来出土的古瑟以数十计，但多残缺不全或柱位不详。唯长沙马王堆一号汉墓出土的瑟保存完好。此瑟25弦，由3个尾岳分成3组，计内9、中7、外9。内外9弦的柱位排列较为规则，定弦的音高相同；中七弦的柱位虽较为紊乱，但也隐约显示出它与内9弦做音阶级进的连接。从各柱位有效弦长的比例推算，可知它按五声音阶调弦。

**孔庙** 是纪念祭祀我国伟大思想家、教育家孔子的祠庙建筑。孔庙在历代王朝更迭中又被称作文庙、夫子庙、至圣庙、先师庙、先圣庙、文宣王庙，尤以文庙之名更为普遍。目前我国最早且至今规格最大的曲阜孔庙修建于公元前478年，也就是孔子逝世的第二年。

古代瑟在乡饮酒礼、乡射礼、燕礼和大射仪中，都是伴奏声乐的主要乐器。魏晋南北朝时期，瑟常用于相和歌的伴奏。隋唐时期，瑟曾用于伴奏"江南吴歌，荆、楚西声，总称清商乐"。

唐代陆龟蒙、杜牧、李白和李峤等许多诗人，都在作品中提到了瑟，如李商隐的"锦瑟无端五十弦，一弦一柱思华年"等，可见瑟在当时运用之广。以后瑟则在音乐中运用得越来越少了。

唐宋以来，文献所载和历代宫廷所用的瑟，与古瑟在形制、张弦、调弦法诸方面已有较大的差异。宋末元初，熊朋来曾编撰《瑟谱》六卷。书中记述了瑟的形制和演奏法，并有歌唱诗经的旧谱12首和他创作的新谱20首，以及孔庙祭祀音乐的乐谱。当时的瑟，首尾各有一长条岳山，两岳山外侧有数目相应的弦孔，依次张弦。共25弦。

古代的瑟，用整块木料雕琢而成，到清代所制的瑟，已由面板、底板和框板胶合成长方形的共鸣箱。琴弦用丝弦，架子琴首岳山和尾端岳山上，每弦都支有一个可以左右移动的雁柱，用以调节弦长，确定音高。

后来，我国著名的民族音乐团体——上海大同乐会，曾制作了50弦和百弦大瑟，并在增大音量、改善音色和方便演奏等方面都做了探索。现在所见的瑟，通常按其长度和弦数分为大小两种，大瑟长180～190厘米，25弦；小瑟长120厘米左右，16弦。

阅读链接

1979年，湖北随县曾侯乙墓出土了一张古瑟，它是战国初期楚国的诸侯曾国制作的，瑟尾端有龙的形象雕塑，共鸣箱侧面有彩绘的凤凰图案。这是我国现存最古老的瑟，现收藏在湖北省博物馆。

北京中国音乐研究所珍藏着一张清代早期制作的精致大瑟，长209厘米。

# 古琴的发展与文化渊源

古琴是我国古代一种弦乐器，古琴独奏便是用纯器乐的手段，来表现古人对客观世界的感受，人们通过演奏古琴的方法来进行思想或感情上的沟通。

古琴

在我国先秦时期，古人是通过琴、棋、书、画四方面的才能来表现其文化修养和达到修身养性的目的，而古琴因其清、和、淡、雅的音乐品格寄寓了文人凌风傲骨、超凡脱俗的处世心态，所以在琴、棋、书、画中居于首位。

根据文献记载，在先秦时期，古琴除用于郊庙祭祀、朝会、典礼等雅乐外，还一度盛行于民间，深得人们喜爱，用以抒情咏怀。可见，古琴在我国古代民间非常普遍，已经是多数古人喜爱的乐器了。

当时古琴的七弦琴制已经基本定型并在民间流行开来，当时出现了很多名家名曲，比如三国学者蔡邕的《琴操》等。

先秦古琴制作历史悠久，许多名琴不仅都有文字可考，而且有美妙的琴名与神奇的传说。其中最著名的是齐桓公的号钟、楚庄王的绕梁、司马相如的绿绮和蔡邕的焦尾，这四张琴被人们誉为"四大名琴"。

号钟是周代的名琴，此琴音之洪亮，犹如钟声激荡，号角长鸣，震耳欲聋。传说古代杰出的琴家伯牙曾弹奏过号钟琴。

后来号钟传到齐桓公的手中，齐桓公是齐国的贤明君主，他通晓音律。当时，齐桓公收藏了许多名琴，但他尤其珍爱号钟琴。齐桓公曾经下令部下敲起牛角，唱歌助乐，自己则奏号钟与之呼应。其间，牛角凄切，号钟悲凉，两旁侍者个个泪流满面。

据说绕梁是一位叫华元的人献给楚庄王的礼物，制作年代不详。楚庄王自从得到绕梁以后，整天弹琴作乐，陶醉在琴乐之中。

有一次，楚庄王竟然连续7天不上朝，他把国家

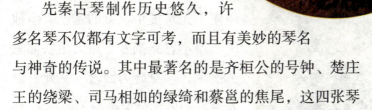

■ 绕梁之琴

楚庄王（？—前591），楚穆王之子，春秋时期楚国最有成就的君主，春秋五霸之一，谥号庄。庄王之前，楚国一直被排除在中原文化之外，自庄王称霸中原，不仅使楚国强大，威名远扬，也为华夏的统一、民族精神的形成发挥了一定的作用。

悠扬飘逸的古乐歌舞

焦尾演奏图

大事抛在脑后。王妃樊姬异常焦虑，规劝楚庄王说："君王，您过于沉沦音乐了。过去，夏桀酷爱妹喜之瑟，招致杀身之祸；纣王误听靡靡之音，而失去了江山社稷。现在，君王如此喜爱绕梁之琴，七日不临朝，难道您也愿意丧失国家和性命吗？"

楚庄王听后，陷入沉思。虽然楚庄王无法抗拒绕梁的诱惑，但他也不得不忍痛割爱，命人用铁如意去捶琴，琴身碎为数段。从此，万人羡慕的名琴绕梁绝响了。

绿绮是汉代著名文人司马相如弹奏的一张琴。司马相如原本家境贫寒，徒有四壁，但他的诗赋极有名气。梁王慕名请他作赋，相如写了一篇《如玉赋》相赠。此赋辞藻瑰丽，气韵非凡。梁王极为高兴，就以自己收藏的绿绮琴回赠。

绿绮是一张传世名琴，琴内刻有铭"桐梓合精"，即桐木、梓木结合的精华。

相如得到绿绮，如获珍宝。他精湛的琴艺配上绿绮绝妙的音色，使绿绮琴名噪一时。后来，绿绮就成了古琴的别称。

一次，司马相如访友，豪富卓王孙慕名设宴款待。酒兴正浓时，众人说："听说您绿绮弹得极好，请操得一曲，让我辈一饱耳福。"

相如早就听说卓王孙的女儿文君，才华出众，精通琴艺，而且对他极为仰慕。司马相如就弹起琴歌《凤求凰》向她求爱。

文君在内室听到琴声后，理解了琴曲的含意，不由脸红耳热，心驰神往。她倾心相如的文才，为酬知音之遇，便夜奔相如住所，缔结良缘。从此，司马相如以琴追求文君被传为了千古佳话。

焦尾是东汉著名文学家、音乐家蔡邕亲手制作的一张琴。蔡邕在四处奔波的时候，曾在烈火中抢救出一段尚未烧完、声音异常的梧桐木。他依据木头的长短形状制成一张七弦琴，果然声音不凡。因琴尾尚留有焦痕，就取名为"焦尾"。

焦尾以它悦耳的音色和特有的制法闻名四海。汉末，蔡邕惨遭杀害后，焦尾琴仍完好地保存在皇家内库之中。300多年后，齐明帝在位时，为了欣赏古琴高手王仲雄的超人琴艺，特命人取出存放多年的焦尾琴，请王仲雄演奏。王仲雄连续弹奏了5天，并即兴创作了《懊恼曲》献给明帝。到了明朝，昆山人王逢年还收藏着这张神奇的焦尾。

魏晋南北朝时期，君主和士人都爱好音乐和文学，文人爱琴解音，风气极盛，古琴艺术有了重大发展。

除在《相和歌》《清商乐》中作伴奏乐器外，还以"但曲"演奏形式出现。如著名琴家嵇康所编著的《琴赋》，展示出琴艺所达到的高超水平和制作技巧之美，同时也证明了当时的琴已经有了标示泛音和音位的"徽"，是完善的琴了，这一时期，是古琴乐器走向完善的飞跃时期。

到了唐代，由于古琴谱的产生，成为琴重要的发展时期。它推动了当时古琴音乐的传播，而且对后世古琴音乐的继承发展具有深远的

朱砂　古称"丹"。东汉之后，为寻求长生不老药而兴起的炼丹术，使中国人逐渐开始运用化学方法生产朱砂。朱砂的粉末呈红色，可以经久不褪。我国利用朱砂作颜料已有悠久的历史。古人把朱砂磨成粉末，涂嵌在甲骨文的刻痕中以示醒目。后世的皇帝们沿用此法，用辰砂的红色粉末调成红墨水书写批文，称为"朱批"。

历史意义，使我国古代音乐历史进入了一个具有音响可循的时期。

唐代古琴在造型上十分精致，肥而浑圆，其中最为有名的是盛唐时期的"九霄环佩"琴。此琴形体饱满，上髹紫漆，间杂朱砂后补之色，声形俱佳，是传世之极品。

这一时期，曹柔还创造了减字谱，减字谱的创造，使我国古琴音乐的发展具有深远历史意义，为后期琴艺辉煌起着不可忽略的作用。

我国的古琴一般长约3.65尺，象征一年365天，宽约6寸，厚约2寸。琴体下部扁平，上部呈弧形凸起，分别象征天地。整体形状按凤的身形制成，全身与凤身相应，有头、颈、肩、腰、尾、足。

古琴最初只有5根弦，内合五行金、木、水、火、土；外合五音宫、商、角、徵、羽。后来文王囚于羑里，思念他的儿子伯邑考，加了一根弦，叫文

■古代宫廷乐师奏乐

弦，武王伐纣，又加了一根弦，叫武弦，合称文武七弦琴。

根据古籍中的记载，伏羲所做的琴是一根弦的。东汉哲学家桓谭在他所著的《新论》中记载，神农用纯丝做琴弦，用桐木做古琴。

古琴头上部称为"额"，额下端镶有用以架弦的硬木，称为"岳山"，又叫"临岳"，是琴的最高部分。琴底部有大小两个音槽，位于中部较大的称为"龙池"，位于尾部较小的称为"凤沼"。这叫"上山下泽"，又有龙有凤，象征天地万象。

岳山边靠额一侧镶有一条硬木条，称为"承露"。上有7个弦眼，用来穿系琴弦。其下有7个用以调弦的琴轸。琴头的侧端，又有凤眼和护轸。

自腰以下，称为"琴尾"。琴尾镶有刻有浅槽的硬木龙龈，用以架弦。龙龈两侧的边饰称为冠角，又称"焦尾"。7根琴弦上起承露部分，经岳山、龙龈，转向琴底的一对雁足，象征北斗七星。

古琴腹内，头部又有两个暗槽，一个叫"舌穴"，一个叫"音池"或者"纳音"，尾部一般也有

**伏羲** 中华民族的人文始祖，三皇之首，百王之先。他受到了中华儿女的称赞和共同敬仰。中华大地经过他的辛勤努力，中华文明有了很大的进步，他发明创造了八卦，这是我国最早的计数文字、创造历法、教民渔猎、驯养家畜、婚嫁仪式、始造书契、发明陶埙、琴瑟乐器、任命官员等。

山顶议琴

一个暗槽，称为"韵沼"。与龙池、凤沼相对应处，往往各有一个纳音。龙池纳音靠头一侧有天柱，靠尾一侧有地柱，可以让琴在发声的时候余韵不绝。

由于古琴没有品或码子，非常便于灵活弹奏，又具有有效琴弦特别长、琴弦振幅大、余音绵长不绝等特点，所以才有其独特的走手音。古琴的各部分结构十分合理。其体积不大不小，既便于携带，又方正雅致。有心品琴，其形已足以使人心怡。从琴各部分的命名亦可看出琴制之受儒家思想的影响。

古琴前广后狭，象征尊卑之别，其最初的五弦上宫、商、角、徵、羽五根弦，象征君、臣、民、事、物五种社会等级。后来增加的第六根、第七根弦称为"文、武"弦，象征君臣合恩。

古琴的13徽分别象征12个月，而居中最大之徽代表君象征闰月。古琴有泛音、散音和按音3种音色，泛音法天，散音法地，按音法人，分别象征天、地、人之和合。

这些古琴形制命名的象征意义反映出儒家的礼乐思想及我国古人所重视的和合性。因为礼的作用是为了保障个体，使个体有所发挥，乐以同和，其作用是与群体谐协。礼乐同时并用可使个体和群体之间能互相调剂，形成人与人之间平和而合理的生活。

所以礼乐这两套表面相反的技艺推行，其实是为达到相辅相成的和合性的目的。而从古琴形制命名所借用的社会秩序、等级的名称，可见其制作形制即寓有教化人伦的深意。

古琴造型优美，常见的为伏羲式、仲尼式、连珠式、落霞式、灵机式、蕉叶式、神农式等。主要是依琴体的项、腰形制的不同而有所区分。

琴漆有断纹，它是古琴年代久远的标志。由于长期演奏的振动和木质、漆底的不同，可形成多种断纹，如梅花断、牛毛断、蛇腹断、冰裂断、龟纹等。

我国的琴文化是一种非常个性化的艺术，不同地域、不同师承的琴家的风格彼此都不相同。同一地域、同一师承的琴家的风格也是各有特点而不

听琴图

尽相同。同一曲目，不同的琴家就会有不同的理解，而形成不同的风格。所以，在琴的领域，也同样有流派之说。

琴派的形成，主要因素约可总结为3个，即地域影响、师承影响、传谱不同。所谓地域影响，是指同一地域的琴家，便于寻师访友，相互切磋琴艺，加之民风相近，性格往往相近。如此相互影响，较易形成默契，形成相同或相近的理解和风格，最终形成琴派。

所谓师承影响，是指卓越的琴学家，由于其深厚的造诣，独树一帜，得到大众的仰慕，以致琴人相继随之学习。如此就形成了不同的师承体系。同一师承的琴家，遵循恩师的教导，往往对琴道的理解和演奏的风格相同或相近，最终形成琴派。

所谓传谱不同，是指随着琴谱的普及，不同琴家依照不同的琴谱钻研琴学。学习同一琴谱的琴家，则更易形成相同或相近的理解和风格，最终形成琴派。

川派又称"蜀山古琴派"，简称"蜀派"，蜀山派源远流长，至少有2000多年历史，是我国最具代表性、流传最广泛、内容最丰富的一支古琴流派。古代蜀山琴派名家有司马相如、扬雄、诸葛亮、姜维等。其中以《流水》和《醉渔唱晚》等川派琴曲最为流行。

阅读链接

关于古琴绕梁，还有一个"余音绕梁，三日不绝"的感人故事。这个故事出自先秦时期。相传在东周时期，韩国著名女歌手韩娥去齐国，她路过雍门时断了钱粮。韩娥无奈只得卖唱求食，她那凄婉的歌声在空中回旋，如孤雁长鸣。

韩娥离去三天后，她的歌声仍缠绕回荡在屋梁之间，令人难以忘怀。后来，人们用绕梁给琴命名，足见此琴音色之特点，必然是余音不断。

# 古筝的起源与发展流派

那是在战国时期，西北三秦地区有一种古老乐器名叫瑟。当时有个叫宛无义的人，他弹瑟技艺非常高，他的两个女儿也非常喜欢弹瑟。

有一天，姐妹俩都争着到父亲那里学习弹瑟，姐姐快一步，先把瑟拿到手中。妹妹哪里肯让，她也赶忙跑过去，双手抱住姐姐手中的瑟。两人你拉我扯，互不相让，忽然，"咔嚓"一声，完整的瑟被掰成了两半。

这时，宛无义赶过来，他不由得愣住了，只见大女儿手中的一半瑟是13弦，小女儿手中的一半瑟是12弦。宛无义又急又气，他忙把两个女儿手

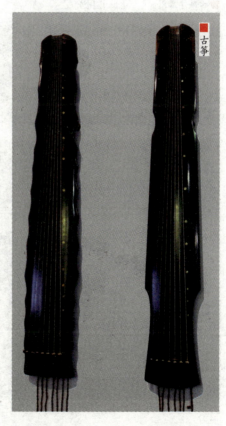

古筝

**瑟** 我国古代弹弦乐器，共有25根弦。古瑟形制大体相同，瑟体多用整木斫成，瑟面稍隆起，体中空，体下嵌底板。瑟面首端有一长岳山，尾端有3个短岳山。尾端装有4个系弦的枘。首尾岳山外侧各有相对应的弦孔。瑟是我国古老乐器中的代表乐器，对我国音乐乐器发展有巨大影响。

中的瑟拿过来。宛无义唉声叹气，左摸摸，右看看，用手指把弦一拨，让他吃惊的是，半边瑟竟然发出了更好听的声音。

宛无义早忘了责备两个女儿，他把半边瑟分别做了一些修缮，结果这半边瑟反而比完整的瑟更加好弹，声音也好听多了！

宛无义欣喜万分，因为这种新乐器的由来是两个女儿争瑟，于是他便把半边瑟叫作筝。从此以后，筝就在我国流传开了。

筝也叫古筝，是我国古老的民族弦乐器，它属于八音分类中的丝类乐器。古筝音色优美，音域宽广，演奏技巧丰富，具有非常好的表现力，因此它深受人们喜爱。

■ 古画弹琴图

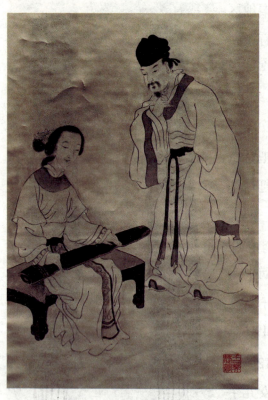

古筝由面板、雁柱、琴弦、前岳山、弦钉、调音盒、琴足、后岳山、侧板、出音口、底板、穿弦孔等结构组成，其形制为长方形木质音箱，弦架"筝柱"可以自由移动，一弦一音，按5声音阶排列，最多拥有25根弦。

古筝历史最早可以追溯到公元前5世纪至公元前3世纪的战国时期，在当时秦国一带广泛流传，所以又叫"秦筝"，它已经有2500多年的历史了。

关于先秦古筝的起源，汉代文学家应邵在他所著的《风俗通义》中记载：

谨按《礼乐记》，五弦，筑身也。今并、凉二州筝形如瑟，不知谁所改作也。或曰蒙恬所造。

从中可知，先秦古筝形制应为"五弦，筑身"，但是应邵也不知道是何人发明古筝的，他还记下了"蒙恬所造"的传闻，这就又为古筝起源添加了一些神秘色彩。

还有，关于先秦古筝命名，自古说法也不一致，一直以来都有两种说法。一种说法认为古筝是先秦时期的瑟分劈而来的；另一种说法是因古筝发音铮铮而得名。后来，宋代文学家丁度在他所著的《集韵》中记载了秦人"分瑟为筝"之说：

精美的古筝

099

扣人心弦

丝类乐器

秦俗薄恶，姐妹有争瑟者，人各其半，当时名为筝。

但是这种说法并不可靠，因为就常识而言，瑟被分开就成了破瑟，怎么能算是一种新乐器呢？即便将破瑟修补成古筝，这恐怕远比制作筝、制作瑟要难很多。

还有，另一种说法是古筝因为其发音性质而得名，这种说法的依

古筝

据是汉代经学家刘熙在他所著的《释名》中记载：

筝，施弦高，筝筝然。

这便是说，先秦古筝因为其发音"筝筝然"而得名，这音色显然是对瑟等乐器音色舒缓而言的，这就把筝与瑟联系起来了。

其实，我国先秦民族乐器可以因为乐器来源命名，也可以因为研制方法命名，更可以因为其音色命名。其中古筝因为音色发音"筝筝然"而得名，这也是很自然的事。

先秦古筝盛行于战国时期的秦地，后来西汉著名史学家司马迁在他所著的《史记·李斯列传》中记载了这件乐器：

夫击瓮，叩缶、弹筝、搏髀，而歌呜呜快耳者。真秦之声也。郑卫桑间，韶虞、武象者，异国之乐也。今弃叩缶、击瓮而就郑卫，退弹筝而取韶虞，若是者何也？快意当前，适观而已矣。

可见，先秦古筝是"真秦之声也"，这也是秦筝之名的由来。在司马迁这篇文章中，古筝与"击瓮、叩缶"一起被列举出来，这显然不是为了文采，而是古筝本来就是先秦乐舞中的重要形式和内容，而秦国民间乐器，也是以古筝为主的。

还有，古筝这种乐器在战国时期是专门用于宫廷音乐中的韶乐演奏的，它最初显然不是民间乐器，因此，古筝最早是宫廷专用乐器，它理当比缶、瓮等古乐器高雅一些。只是后来宫廷中已经开始用韶箫替代了古筝，这时候古筝才不再是宫廷乐器，而是逐渐在先秦民间发扬光大，开花结果。

还有，汉代文学家应邵在他所著的《风俗通义》中说，筝是"五弦筑身"的，但关于筝形制中的"筑身"，历代文献都语焉不详。

后来，人们在长沙马王堆三号汉墓出土了一具先秦古筑明器，这具筑之所以说它是明器，是因为该器虽然被涂上一层黑漆，却是用独木雕成的。这具古筑是实心的，并不能作为乐器使用，因为它不利于产生共鸣，若是用来演奏的话，无法获得足够的音量。此外，该器通长约34厘米，用来演奏显然太短小了。

这些理由都足以证明先秦古筑是件明器，该器犹如有柄的小瑟，筑面首位各钉以横排竹钉，一排5个，这就与《风俗通义》的记载相符，但其若是作为乐器的话，显然是不可靠的。

其实，我国先秦瑟、筑与古筝样式基本雷同，其差

■ 青瓷弹筝俑

别除了音色不同外，还有外在差别。外在差别主要在于弦数，也就是瑟有25～50弦之分，而古筝仅为12弦与13弦两种样式，当时的筑也发展成为12弦与13弦。虽然筑与古筝的弦数相同，但它们也有明显区别。

后来明代科学家、文字学家方以智在《通雅》中记载了筝与筑的区别：

踏步筝用骨爪，是、长寸余，以代指。筑，以竹鼓之也。

筑 古代弦乐器，形似琴，有13弦，弦下有柱。演奏时，左手按弦的一端，右手执竹尺击弦发音。起源于楚地，其声悲亢而激越，先秦时广为流传，自宋代以后失传。

■《松荫会琴图》

如此看来，其实先秦古筝与筑的差别主要在于筝是弹拨乐器，而筑只是一种竹鼓，这便成了筑与古筝形态上的主要差别。

还有，先秦古筝、筑与瑟的关系，既不是分瑟为筝，也不是由筑演变为筝，而很可能是筝筑同源，筝瑟并存的。5弦竹制筝演变为12弦木制筝，很可能是参照了瑟的结构而改革的。

在先秦时期，陕西关中地区是古筝的发源地，这里有丰富多彩的古老民间音乐，其传统惯用乐器更是数不胜数，尤其是在榆林地区，人们用筝作为伴奏乐器，在其民间音乐中被广泛使用。

悠扬飘逸的古乐歌舞

先秦关中风格筝曲的鲜明特色，首先是音律上的特殊性和两个变音的游移性。七声音阶中的四级音偏高，七级音偏低。所谓偏，当然不是半个音。这两个音又游移不定。一般来说，是向下滑动紧靠下一级音的。

还有，在关中筝曲旋律进行中，一般是上行跳进，下行级进的。此外，先秦关中筝曲风格细腻，委婉中多悲怨，激越中也有抒情，代表了先秦关中地区民间音乐风格的特点。此外，在先秦时期，中原地区古筝也相当普及，从史书《史记》中所记载的文字来看，古筝在先秦中原地区已经相当普遍了。

■ 古代乐女图

扣人心弦

丝类乐器

这一时期，秦筝随着秦国影响力的增强而流入中原地区，和当地民间音乐"郑卫之音"融合发展成为后世有名的中州古调。

先秦中原筝派曲调特色鲜明，歌唱性很强，旋律中的四、五、六度的大跳很多，于清新流畅中见顿挫雄壮。其筝派频繁使用的大二、小三度的上下滑音，特别适合中州铿锵抑扬的音乐声调，使先秦筝曲具有朴实、纯正的韵味。

还有，在演奏风格上，先秦中原筝派不管是慢板或是快板，无论曲情欢快与哀伤，都不会着意追求清丽淡雅、纤巧秀美的风格，而以浑厚、淳朴见长，以深沉、内在、慷慨、激昂为其特色。

**中州古调** 俗称"河南板头曲"，流行于河南地区的传统民间器乐曲，原是说唱音乐河南大调曲子的前奏。据说原来有歌词演唱，由于唱词过于文雅，不易被人们接受，也就逐步演变成纯器乐曲子。

先秦时期，著名筝曲有《渔舟唱晚》《高山流水》等。其中，《渔舟唱晚》整首乐曲极富诗情画意，旋律流畅，先慢后快，先松后紧，情绪层层迭进，生动描绘出了夕阳西照下的湖光山色及渔舟竞归、渔人唱和的怡人境界。

《高山流水》曲借伯牙鼓琴遇知音的故事广泛流传于民间。此曲本是古琴曲，音乐浑厚深沉，清澈流畅，形象地描绘了巍巍高山，洋洋流水。

后来，先秦人们将《高山流水》改为古筝弹奏后也别有一番风味，为古筝音色特长提供了广阔的天地。从低音至高音，从高音至低音的演奏手法，惟妙惟肖地托显出涓涓细流、滴滴清泉的奇妙音响，使人仿佛置身于壮丽的大自然美景之中。

在长期的历史发展中，筝逐渐流传到全国不少地方，各自形成了不同的演奏风格和地方流派，如河南筝、山东筝、潮州筝、客家筝等。筝的演奏艺术也有了突飞猛进的发展，经过改革后的几种转调筝，更便于参加合奏和伴奏了。

**阅读链接**

关于古筝的起源，还有一种说法认为，古筝是战国时期一种兵器，它用于竖着挥起打人。因为在战国时期，有一句古话叫"筝横为乐，立地成兵"。

后来，人们在古筝上面加上琴弦，拨动时发出悦耳动听的声音，于是古筝才发展成为一种乐器。随着时间推移，先秦兵器越来越轻便，古筝这种体形庞大、质量不轻的兵器就被淘汰了。

因此，后来人们见到的古筝都是以乐器形式出现的，而不再是一种兵器了。

# 箜篌的种类与发展历史

箜篌是我国十分古老的弹弦乐器，在汉唐非常盛行，除了在宫廷雅乐中使用外，在民间也广泛流传。在唐代有卧箜篌、竖箜篌、凤首箜篌三种形制。

我国最早的记载箜篌是在西汉时期。根据西汉著名史学家司马迁所著的《史记·封神书》中记载：

于是塞南越，祷祠太一，后土，始用乐舞，益召歌儿，作二十五弦及空侯琴瑟自此起。

在汉代，箜篌是由波斯经西域传入我国的一种角形竖琴，其从波斯传入我国

彩绘砖雕弹箜篌者

后，一直被我国人们称为"胡箜篌"，史书《隋书音乐志》中记载：

今曲项琵琶、竖头箜篌之徒，并出自西域，非华夏之乐器。

汉代卧箜篌被作为"华夏正声"的代表乐器列入《清商乐》中。当时有5弦10余柱，以竹为槽，用水拨弹奏，不仅流行于中原和南方一带，还流传到东北和朝鲜。

历史悠久的汉代小箜篌，起源于古代猎弓，具有古代乐弓向古代乐器发展的最初形式。自东汉由波斯经西域传入我国中原后，曾在历代宫廷中应用。

从霍纳代大量演奏图像中所绘的竖箜篌来看，箜篌的音箱设在向上弯曲的曲木上。凤首箜篌形制似与竖箜篌相近，又以凤首为装饰而

悠扬飘逸的古乐歌舞

唐代弹箜篌骑马俑

得名，其音箱设在下方横木的部位，向上的曲木则设有轸或起轸的作用，用以紧弦。正如史书《新唐书》中所记载的"凤首箜篌，有项如轸"一般。

在盛唐时，箜篌演奏技法以多种民族弹拨乐器的演奏技巧为主，并借鉴了竖琴的弹奏手法，采取坐姿，将共鸣箱置于胸前，左右手分别弹奏两侧琴弦。由于左右同音双排弦等于是两架竖琴，在演奏快速旋律和泛音上相当方便。

此外，演奏者还可以左右手同时奏出旋律与伴奏而不相互妨碍，令其和声拥有丰富色彩。

■ 唐代墓室壁画奏乐图

因箜篌通过琴底天平轴和平衡杠杆的联系，左右双排弦张力永远相等，因此还能在中心音域通过左手弹拨，右手运用大幅度揉、滑、压、颤技巧，也可演奏泛音、摇指、轮指及各种音色变化的多种手法。

这样转调使箜篌既有古琴、古筝的韵味，能够出色地表现我国民族音乐的风格特点，又有竖琴的音响效果，甚至还可以演奏各种竖琴曲。

在盛唐时期，我国还出现了一个擅长弹箜篌的著名大师，她的名字叫李凭。

据说唐代大诗人李贺曾经有幸听到了李凭弹奏箜篌，李贺被她美妙的箜篌乐声打动，触景生情，写下了流传千古的诗篇《李凭箜篌引》，诗道：

李贺（790—816），唐代著名诗人，留下了"黑云压城城欲摧""雄鸡一声天下白""天若有情天亦老"等千古佳句。李贺的诗作想象极为丰富，经常应用神话传说来托古寓今，所以后人常称他为"鬼才"，创作的诗文为"鬼仙之辞"。

吴丝蜀桐张高秋，空山凝云颓不流。
江娥啼竹素女愁，李凭中国弹箜篌。

昆山玉碎凤凰叫，芙蓉泣露香兰笑。

十二门前融冷光，二十三丝动紫皇。

女娲炼石补天处，石破天惊逗秋雨。

梦入神山教神妪，老鱼跳波瘦蛟舞。

吴质不眠倚桂树，露脚斜飞湿寒兔。

还有，在音域方面，唐代箜篌超过6个8度，甚至达到7个8度，不过一般的箜篌仍然是5个8度。箜篌的声音好像是从透明的水上发出的，连水面也在微微地震动，比较清亮、浮泛、飘忽。

凤首箜篌在隋唐时期，用于天竺乐、骠国乐和高丽乐中。唐代德宗时，从骠国也传进了凤首箜篌。在唐代皇室乐中，箜篌不仅是不可缺少的，而且在演奏中还是主要的乐器之一。

由于箜篌有数组弦，它不仅能演奏旋律，也能奏出和弦，在独奏或伴奏方面，都比较理想。

但是可惜的是，这种古老的乐器，从14世纪后期便不再流行，以致慢慢消失了，人们只能在以前的壁画和浮雕上看到一些箜篌的图样。

**阅读链接**

箜篌与我国传统乐器古筝类似，但它们在技术上的区别很多，其中比较重要的一点便是是否需要戴假指甲。

弹古筝要戴假指甲，弹箜篌却不需要戴假指甲。这是因为箜篌的共鸣方式、置弦方式和筝不同。弹箜篌时手指触弦的角度也和弹筝不同，所以用裸指较小的力量拨弦就能达到足够的音量，再加上箜篌弦为竖直向，弹奏时常常要用指尖的左右侧面拨弦，戴上假指甲不会对此有什么帮助，反而有所妨碍。

因此弹箜篌像弹古琴一样不用戴假指甲，而是用肉指和指甲直接触弦。

# 琵琶的文化渊源与鼎盛

琵琶，是我国传统弹拨乐器，被称为"民乐之王"，弹拨乐器首座。在我国已有2000多年的历史，最早被称为琵琶的乐器大约是在秦朝时期出现的。

在秦代，琵琶也是汉语里对所有鲁特弹拨乐器的总称。我国琵琶还传到东亚其他地区，发展成后来的日本琵琶、朝鲜琵琶和越南琵琶。

■ 嵌螺钿紫檀五弦琵琶

这一时期的琵琶，并不仅指具有梨形共鸣箱的曲项琵琶，而是多种弹拨乐器，形状类似，大小有别，也包括柳琴、月琴、阮等，都可以说是琵琶类乐器。

琵琶是我国历史悠久的主要弹拨乐器。经历代演奏者的改进，形制统一后的琵琶是6相24品的四弦琵琶。

琵琶乐器音域广阔、演奏技巧为民族器乐之首，表现力更是民乐中最为丰富的乐器。人们在演奏琵琶时，左手各指按弦于相应品位处，右手戴赛璐珞假指甲拨弦发音。

琵琶又称"批把"，最早见于史载的是汉代学者刘熙在他所著的《释名·释乐器》，原文是这样的：

马上所鼓也。推手前曰批，引手却曰把，象其鼓时，因以为名也。

后来到了魏晋时期，"批把"才正式被人们称为"琵琶"。琵琶由历史上的直项琵琶及曲项琵琶演变而来，据史料记载，直项琵琶在我国出现得较早。

秦汉时期的"秦汉子"，是直柄圆形共鸣箱的直项琵琶，它是由秦末的弦鼗发展而来的。"阮咸"或"阮"是直柄木制圆形共鸣箱，4弦12柱，竖抱用手弹奏的琵琶，因为晋代阮咸擅长弹奏这种乐器，所以琵琶才用阮咸和阮的名字相称。

在南北朝时，我国通过丝绸之路与西域进行文化交流，曲项琵琶由波斯经西域传入我国。曲项琵琶是4弦、4相梨形，横抱用拨子弹奏。它盛行于北朝，并在6世纪上半叶传到南方长江流域一带。

在隋唐九部和十部乐中，曲项琵琶已成为主要乐器，对盛唐歌舞艺术发展起了重要作用。从敦煌壁画和云冈石刻中，仍然能见到它在当时乐队中的地位。

到了唐代，琵琶的发展出现了一个高峰。当时上

■ 弹琵琶女砖雕画

刘熙 东汉著名经学家和训诂学家，他官至南安太守，生当汉末桓、灵之世，献帝建安中曾避地交州。据陈寿《三国志》说，吴人程秉、薛综、蜀人许慈都曾向刘熙问学。他著有《释名》和《孟子注》，其中《释名》是我国重要的训诂著作。

至宫廷乐队，下至民间演唱都少不了琵琶。琵琶不仅成为当时非常盛行的乐器，而且在乐队中处于领奏地位。这种盛况在我国古代诗词中有大量的记载。

唐代诗人白居易在他的著名诗篇《琵琶行》中对琵琶演奏及其音响效果非常形象地描写道：

《琵琶行》原作《琵琶引》，作者唐代诗人白居易，选自《白氏长庆集》。行，又叫"歌行"，源于汉魏乐府，是其名曲之一。篇幅较长，句式灵活，平仄不拘，用韵富于变化，可多次换韵。该诗源于汉魏乐府，是乐府曲名之一，后来成为古代诗歌中的一种体裁。

大弦嘈嘈如急雨，小弦切切如私语。
嘈嘈切切错杂弹，大珠小珠落玉盘。

到了唐代后期，琵琶从演奏技法到制作构造上都得到了很大发展。在演奏技法上最突出的改革是由横抱演奏变为竖抱演奏，由手指直接演奏取代了用拨子演奏。

这一时期，琵琶构造方面最明显的改变是由4个音位增至16个，同时它的颈部加宽，下部共鸣箱由宽变窄，便于左手按下部音位。

由于以上这两项改革，琵琶演奏技法得到了空前发展。据说，唐代琵琶的指法共有五六十种。归纳起来，右手指法分两个系统，轮指系统和弹挑系统；左手指法也分两个系统，按指系统和推拉系统。

直至15世纪左右，琵琶乐曲已经拥有一批以《十面埋伏》《霸王卸甲》为代表的武曲及以《月儿

■ 敦煌壁画反弹琵琶

■ 王昭君抱琵琶画

燕乐 隋唐至宋代宫廷宴饮时供娱乐欣赏的艺术性很强的歌舞音乐，又称"宴乐"。隋唐燕乐继承了乐府音乐的成就，是汉族俗乐与境内其他民族以及外来俗乐相融合而成的宫廷新音乐，它在隋唐几位嗜好音乐的皇帝的推动下，得到了很大发展。

高》《思春》《昭君怨》为代表的文曲。

所谓武曲，其特点是以写实和运用右手技法为主；所谓文曲，其特点是以抒情和运用左手技法为主。这些琵琶乐曲已经成为中华民族音乐的瑰宝、琵琶艺术的珍品。

琵琶传统上是五声音阶，后来按照12平均律增加琴码，这时的标准琵琶已有8相30品，琵琶表现力和适应力大大加强，不仅可以演奏传统乐曲，也为后来琵琶的进一步发展创造了条件。

后来，琵琶艺术又有了新的发展。在琵琶制作方面，原来用的丝质弦改成了尼龙钢丝弦，有的甚至采用银弦，加大了琵琶音量和共鸣。

同时在技法上，左手大拇指以及和弦的运用，使琵琶的表现力再次大大提高。这一时期出现了很多琵琶名曲，不少琵琶传统乐曲也受到古人喜爱。

在我国古代，琵琶流派很多，如无锡派、平湖派、浦东派、崇明派、汪派等。一般来说，琵琶分南北两派。

南派，即浙江派，以陈牧夫为代表，用下出轮，擅长的乐曲有《海青》《卸甲》《月儿高》《普庵咒》《将军令》《陈隋》《武林逸韵》等。北派，以王君锡为代表，用上出轮，擅长的乐曲有《十面埋伏》《夕阳箫鼓》《小普庵咒》《燕乐正声》等。

后来，琵琶名家李芳园根据琵琶南北两派编撰了一本《南北二派秘本琵琶谱》，这本书对后世学者影响较大，对人们研究琵琶古谱提供了宝贵资料。

平湖琵琶派以李芳园为代表。李家为琵琶世家，五代操琴，李芳园之父常携琴交游，遍访名家。李芳园在家庭的熏陶下，自誉琵琶癖，不仅技艺超群，且编撰《南北派大曲琵琶新谱》，后人称之为《李氏谱》，由李氏传授的流派称作平湖派。

平湖派以李其钰、李芳园、吴梦飞、吴柏君、朱荇青等世代相传，流传有《南北派十三套大曲琵琶新谱》《怡怡室琵琶谱》《朱英琵琶谱》等。

据说，吴梦飞曾得到李芳园的亲授，后又师从李其钰的学生张子良，常在岭南一带演出，艺术活动相当广泛，对弘扬平湖派做出了积极贡献。

朱荇青师承李芳园高足吴柏君，首创了运用左手大指按托之法，并突破了不用小指按音的禁区。

平湖琵琶派的演奏有文有武，文曲细腻，常配以虚拟舒缓动作加强余音袅袅之感。武曲讲究气势，以下出轮为主。平湖派琵琶对后来琵琶的各种风格的形成有相当影响。

**昭君** 王昭君。我国古代四大美女之一的落雁，晋朝时为避司马昭讳，又称为"明妃"。汉元帝时期的宫女，丈夫是匈奴呼韩邪单于阏氏，昭君出塞的故事千古流传，她远出塞北为大汉和匈奴带来了多年的和平。

■古代琵琶

浦乐派传自鞠士林，以鞠士林、鞠茂堂、陈子敬、倪清泉、沈浩初等师承相传，流传有《鞠士林琵琶谱》《陈子敬琵琶谱》《养正轩琵琶谱》等。

浦东派的锣鼓技法就始于陈子敬，陈子敬的弟子曹静楼最擅长此技。陈子敬还有一个弟子叫倪清泉，他用的琵琶比一般要大要长，叫大套琵琶，很能突出武曲的气势。

后来，陈子敬的再传弟子沈浩初，他精研琵琶古曲，对浦东派的发展做出了重要贡献，培养了大量琵琶演奏家，编纂了一本《养正轩琵琶谱》，对我国琵琶的发展影响很大。

浦东派琵琶的特点是武曲气势雄伟，善用大琵琶，开弓饱满、力度强烈，文曲沉静细腻。其富有特色的传统技法有夹滚、长夹滚、各种夹弹和夹扫、大撤分、飞、双飞、轮滚四条弦、弦数变化、并四条三条二条弦、扫撇、八声的凤点头、多种吟奏、音色变化奏法、锣鼓奏法等。

**阅读链接**

我国古代琵琶流派还有著名的崇明派，该派琵琶可追溯到300余年前的清代康熙年间，那时，北派琵琶传入崇明近邻的通州地区，有白在湄、白彧如父子、樊花坡、杨廷果等人。早期崇明派琵琶，承袭了白在湄的北派琵琶，其风格的演变受当地风土人情的影响。

我国近代国乐大师刘天华随沈氏学习瀛洲古调琵琶曲，并把这些乐曲带到各地演奏，这对推广崇明派琵琶起到了十分积极作用。

崇明派琵琶曲目多为文板小曲，其中著名的《飞花点翠》《昭君怨》等，充满了生活的情趣。

# 土类乐器

　　我国八音中的土类乐器，主要有两种：一个是埙，另一个是缶。

　　埙的历史悠久，目前发现最为古老的埙距今已有7000余年，最初只有一个吹口，有音孔，而后慢慢增加演变为八孔埙、十孔埙和半音埙。埙的音色柔美，音质圆润，颇有高处不胜寒的凄凉美感。

　　缶本是用来装酒的瓦器，敲打起来就算是音乐了。缶的形状很像一个小缸或火钵，是很少见的乐器。

# 陶埙的起源与不断完美

埙

那是很久很久以前，我国中原地区有一个小伙子叫埙，他非常喜欢唱歌，也喜欢吹奏各种乐器。

有一天，埙在街上捡到一个破旧的陶壶，这个陶壶样式非常特别，埙便利用这个陶壶改造成了一件乐器。

埙非常喜欢这个乐器，他觉得这个乐器能抒发自己的情意。埙天天都要吹，凄婉缠绵的乐声在如泣如诉地飘哇飘……。

后来，有一个漂亮姑娘

叫张小红，是张员外家的千金小姐。张小红听到了埙动人的乐声，被这悠扬婉转的乐声所感染，她喜欢上了埙这个聪明的小伙子。

于是，张小红让父亲请来了这个叫埙的小伙子，张员外见这个小伙子相貌英俊却衣衫褴褛，他心中很是不悦，很快叫人把他打发走了。

埙虽然见到了张小红，却被她父亲赶了出去。埙也很喜欢这个漂亮的姑娘，他日思夜想，最后病倒了，口里叫着姑娘的名字离开了人世。

■ 陶埙

据说，埙的心却变成了一颗红宝石，一位过路的匠人看见了这块晶莹剔透的红宝石和那个陶壶乐器，于是他就拾起红宝石，镶嵌在陶壶乐器上，将这件破旧的陶壶乐器打造成一个"心"形的饰物，然后摆在集市里卖。

后来，张小红路过集市，她看见这件乐器，马上就有一种说不出来的亲切感，她想起了埙，于是就买了下来带回家里。

小红姑娘睹物生情，她又想起了埙，她很是伤心，禁不住落下泪来，姑娘的眼泪滴在红心宝石上，这件乐器被姑娘的泪水浸润了以后，忽然碎裂开来。

后来，人们得知了这个故事，为了纪念发明这个

员外　古代指正品官员以外的官员，全称为"员外郎"，也可以指地主豪绅。其实正品官员以外的官员，也就是随着时间的推移和官制的改革，明代以后员外郎成为一种闲职，它不再与科举相关，而渐渐和财富联系在了一起，只要富人肯花银子，他们都可以捐一个员外官职来做，所以一些富豪都可以称为"员外"。

**仰韶文化** 黄河中游地区重要的新石器时代文化。因为是在河南三门峡渑池仰韶地区被发现，故被命名为仰韶文化，但仰韶文化的中心是陕西华山。仰韶文化以陕西华山为中心分布，东起山东，西至甘肃、青海，北到河套内蒙古长城一线，南抵江汉，分布最为密集的地区在陕西关中、陕北一带。仰韶文化的持续时间在公元前5000年至3000年，分布在整个黄河中游。

乐器的埙，便将它称为埙了。

埙是我国最古老的土类乐器，也是我国古代吹奏乐器之一。

相传埙起源于一种叫作"石流星"的田猎工具。远古时候，人们常常用绳子系上一个石球或者泥球，投出去击打鸟兽。有的球体中间是空的，人们抡起来一兜风能发出声音。后来人们觉得挺好玩，就拿来吹，于是这种石流星就慢慢地演变成了埙。

后来，随着社会进步和生产力发展，埙演化为单纯的乐器，并逐渐增加音孔，发展成可以吹奏曲调旋律的乐器。

最早的埙是用石头和骨头制作的，后来发展成为陶制的，形状也有多种，如扁圆形、椭圆形、球形、鱼形和梨形等，其中以梨形最为普遍。

埙上端有吹口，底部呈平面，侧壁开有音孔。埙经历了漫长阶段，在四五千年前，埙由1个音孔发展到2个音孔，能吹3个音。

原始社会的埙，器形多样，比如人们在浙江余姚河姆渡遗址发掘的陶埙，呈椭圆形，只有吹孔，无音孔，约有7000多年的历史。

还有陕西西安半坡村仰韶文化遗址陶哨，其形略如橄榄，也只有一个吹孔，用细泥捏塑而成，是埙的原始形态之一，约有6000多年历史。

到了夏商周时期，埙得到了进一步发展。后来，人们在甘肃玉门火烧沟出土的父系社会晚期的陶埙，有3个音孔，能吹4个音。

商代的埙比原始时期和夏代有了较大的发展，有陶制、石制和骨制的，以陶制最为常见，形体多为平底卵形。战国时期陶埙也为平底卵形，但也有其他形状的。

到了晚商时期，埙发展到5个音孔，能吹6个音。到公元前700多年前的春秋时期，埙已经有6个音孔，能吹出完整的5声音阶和7声音阶了。埙由一个音孔发展到6个音孔，经历了3000多年的漫长岁月。

■唐三彩埙

到了春秋时代，以和为美曾经是一个重要的音乐审美观，"埙唱而篪和"，是儒家"和为贵"的哲学思想在音乐上的集中反映。"和"，是指内容舒缓平和，有助于教化，体现了当时的音乐审美观点。而埙的声音恰恰和谐动听，其音乐功能是显著的。

**田猎** 一项具有军事意义的生产活动，并与祭祀有关。礼法规定，田猎不捕幼兽，不采鸟卵，不杀有孕之兽，不伤未长成的小兽，不破坏鸟巢。另外，围猎捕杀要围而不合，留有余地，不能一网打尽，斩草除根。这些礼法对于保护野生动物资源，维持自然界生态平衡是有积极意义的。

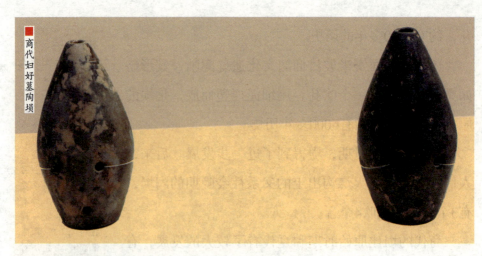

商代妇好墓陶埙

春秋时期人们认为：

埙具治后之德，圣人贵淹。于是，错凡银、借福勃。

这便说明了埙是一种中音吹奏乐器。因为它的音色古朴淳厚，同古人说话时惯用的高频调相比，显得格外柔润，所以，在我国先秦时期，埙特别受到当时人们的推崇和喜爱。

**阅读链接**

埙和埙的演奏，体现着我国传统的儒家礼教文化在历史发展中的地位和作用。埙与篪的组合是古人长期实践得出的一种最佳乐器组合形式。

由于埙篪合奏柔美而不乏高亢，深沉而不乏明亮，两种乐器一唱一和，互补互益，和谐统一，因此被后人比作兄弟和睦之意。

古诗道："天之诱民，如埙如篪"，说的是上天诱导平民，犹如埙篪一样相和。埙篪之交也象征着我国古代文人的一种高尚、和为贵的纯洁、牢不可破的友谊。

# 陶埙的改进与吹奏方法

在我国最早的先秦诗歌总集《诗经》里就有"伯氏吹埙，仲氏吹篪"这样一句话，意思是说兄弟两人，一个吹埙，一个吹篪，表达和睦亲善的手足之情。

后来，人们在考古发掘和传世埙中也偶见一些特殊形制的先秦陶埙或瓷埙。

这时候的埙为便于运指演奏，尽量减少复杂的叉口指法，其音孔按相似于笛子的音孔顺序排列。专业演奏的埙可吹出26个音，包括两个8度内的全部半音和一个泛音。

清代宫廷所用的红漆云龙埙，高8.5厘米，腹径7厘米。埙体有6个音孔，前4后2，通体红漆，描绘金龙和祥云纹。

■ 古代陶埙

悠扬飘逸的古乐歌舞

■ 九孔埙

这一时期，人们改进研制的9孔陶埙，以古制6孔埙为基础，然后扩展其肩部和内胎，以增大音量，音孔增至8个，前6后2，加上吹孔，共为9孔。

到了晚清时期，新型的9孔陶埙，用江苏宜兴的紫陶制成。这种9孔埙既保持了传统埙原有的外形和音色，又增大了音量，扩展了音域，能吹出音阶和半音，使它不仅成为可以转调的乐器，而且音色古朴淳厚、低沉悲壮，极富特色。

另外，由于9孔埙改变了原来不规则的音孔排列，按照人们的吹奏习惯，使演奏更为方便，可以独奏、合奏或伴奏使用。9孔陶埙的面世，标志着我国古埙重新获得了生机。

在我国漫长的历史进程中，埙从一个音孔发展到3个音孔、5个音孔、6个音孔乃至八九个音孔，经历了长达3000多年的漫长岁月，其本身也在不断地进行序列性的发展，由此可见，埙的发展史几乎可以说是我国古代乐器的发展史。

还有，我国埙的种类很多，除了传统的卵形埙外，还有葫芦埙、握埙、鸳鸯埙、子母埙、牛头埙、笔筒埙等多种类型。

葫芦埙带有喉装置，外形像葫芦，制作上需两次做胎，工序复杂。这种埙的近腰处最细，气流经过此

**鸳鸯** 鸟类名，雁形目鸭科鸳鸯属。因为雌雄常在一起，自古以来，在"鸳侣""鸳盟""鸳衾""鸳鸯枕""鸳鸯剑"等词语中，都含有男女情爱的意思，"鸳鸯戏水"更是我国民间常见的年画题材。

处时，可再次引起边棱音效应，使埙的高音区音域得到适当扩展。由于埙体加长，吹奏更为方便省力，音色也比传统的卵形埙柔和。

还有，在我国古代，传统乐器埙的吹奏技巧有长音、气震音、唇震音等，其中长音是埙吹奏技巧的基础，必须饱满圆润，响亮平稳无杂音。

埙的常用技巧汇总起来可分为气、指、舌三大类，包括长音、气震音、指震音、唇震音、颤音、滑音、吐音、打音、空打音、循环换气、双吐循环换气、虚吹音等多种，这些技巧是演奏埙时必须具备的。

在埙的吹奏技巧中，长音是埙气息训练的基础，通过练习长音可以掌握正确的呼吸方法，养成良好的演奏口形以及平稳、饱满、纯正的发音。所以必须每天保持一定时间的练习，练习时可以结合力度共同进行，音色必须饱满圆润，响亮平稳无杂音。

气震音又叫"腹震音"，依靠腹部收缩力量引起的气流颤动而产生。气震音有大小快慢之分，在实际演奏中应根据乐曲内容的需要而定。

比如歌唱性的旋律应采用均匀自如的气震音，激情、悲愤的旋律则采用夸大式的气震音等。气震音可在保证音准的前提下灵活运用，要求均匀流畅。

唇震音是用双手带动埙体，使风门与吹孔快速前后移动而产生的一种特殊的波动音。埙体后移时吹孔变小，音则低；埙体前移时吹孔变大，音则高。这种演奏技巧常在表现神奇、空灵的意境时使用。

形状多样的埙

埙

值得一提的是，在清代晚期，人们根据埙制作出了陶笛。陶笛形状各异，大小各异，因外形、大小、材料的不同，陶笛音色也不同。

这种乐器的音色优美，小的陶笛的声音清脆嘹亮；大的陶笛的声音低沉婉转。陶笛还可以吹半音，转调十分方便。

这种乐器属于晚清大众普及型乐器，简单易学，即使没有音乐基础的人，依照相应的陶笛曲谱，经过短时间练习，也能吹出令人满意的曲子。尽管陶笛属于大众普及型乐器，但它同埙一样，有极强的音乐表现力，其声优美飘逸、低沉凄凉，音乐渲染力与埙相比毫不逊色。

陶笛跟埙两者除了外形上的些许分别外，主要分别还在于前者有哨口，后者没有；共同点是两者都主要是以陶泥烧制而成的闭管式乐器，因此，陶笛在人们印象中，它经常与"埙"混同。但是，陶笛的鼻祖是我国的古埙和泥哨，因为我国早在7000多年前就有了这种乐器。

阅读链接

我国古代还有一种特别的埙，叫作"仕女埙"。仕女埙是空谷乐器，它是以古代仕女形象为主题设计的埙，其埙多采用我国四大名陶之一的坭兴陶制作。

仕女埙尽显雍容华贵大方之气。人们在落叶时分吹仕女埙时，和着哀婉、忧伤的古埙曲，铅华洗净，人们就会忆起遥远的古代，回转于千年绝美惆怅的历史画卷中，仿佛看到古代士人在豪饮间，簪花仕女裙摆袅娜，起舞而歌。

# 缶的发展与传统内涵

公元前279年，秦王派使者约赵王在秦赵边境的渑池相会，声称是促进两国友好。

当时赵王犹豫不决，他不敢去渑池相会秦王。赵国谋臣蔺相如与大将廉颇等考虑再三后，他们主张让赵王赴会。

蔺相如劝谏赵王说："大王，我觉得您还是去吧！如果您不去的话，我们赵国就会被秦国所取笑的。如果您担心有什么变故的话，可以让廉颇将军带兵在边境暗中保护！"

赵王认为蔺相如说得有理，便决定应约去渑池会见秦王，并命令蔺相如

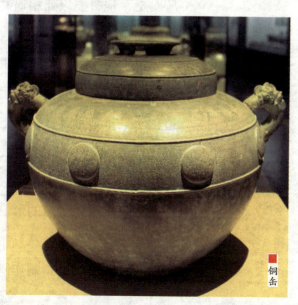

铜缶

随他同行，大将廉颇在边境上布置重兵，以防不测。

在渑池宴会上，秦王盛气凌人，他假装酒醉，旁敲侧击，戏弄赵王，对赵王说："寡人听说赵王善于弹瑟，今日盛会，还请赵王弹上一曲助兴吧。"

赵王不敢不依，他勉强拿出瑟来弹了一曲。哪知，秦国史官很快便把这件事记载下来，史官在竹简上写道："某年某月某日，秦王与赵王喝酒，秦王命令赵王鼓瑟。"

■ 曾侯乙大曾缶

蔺相如见此情景，他非常气愤，上前对秦王说道："赵王听说秦王很会击缶，今日盛会，也请大王击缶助兴。"

秦王不肯，厉色拒绝。蔺相如面不改色，大声呵斥秦王，他誓要以死相逼秦王。众人吓得目瞪口呆，当时局势异常紧张。

秦王为了解除眼前危机，他迫不得已在缶上敲了一下。蔺相如立即命令赵国史官将此事记录下来，写道："某年某月某日，秦王为赵王击缶。"

其实，故事中的缶是我国古代一种土类乐器，其盛行于我国战国时期前后。

关于战国时期缶的形制和用途的文字记载最早可上溯至甲骨卜辞中，从其字形看"缶"字"上从午杵下从器"，本义是指制作陶瓦器。可见，战国"缶"

乐器既可作为瓦器的一种代称，又是其中某些形制相近的陶瓦器具类名。

关于这个"渑池击缶"的故事，最早出自于西汉时期著名史学家司马迁所著的《史记·廉颇蔺相如列传》中，其原文是这样写的：

秦王饮酒，酣，曰："寡人窃闻赵王好音，请奏瑟。"赵王鼓瑟，秦御史前书曰："某年月日，秦王与赵王会饮，令赵王鼓瑟。"蔺相如前曰："赵王窃闻秦王善为秦声，请奉盆缶秦王，以相娱乐。"

秦王怒，不许。于是相如前进缶，因跪请秦王，秦王不肯击缶。相如曰："五步之内，相如请得以颈血溅大王矣。"左右欲刃相如，相如张目叱之，左右皆靡。于是秦王不怿，为一击缶；相如顾召赵御史书曰："某年月日，秦王为赵王击缶。"

此外，在先秦秦国宰相李斯所写的《谏逐客书》中也提到了缶这种乐器，原文是这样写的：

蔺相如（前329—前259），战国时赵国上卿，著名政治家、外交家，根据西汉著名史学家司马迁在他所著的《史记·廉颇蔺相如传》所载，蔺相如生平最重要的事迹有完璧归赵、渑池之会与负荆请罪这三个事件。

■ 曾侯乙墓出土的青铜大樽缶

墨翟（前468—前376），名翟，是春秋末期到战国初期的宋国人，也是春秋战国时期著名的思想家、教育家、科学家、军事家。他是墨家学派的创始人，后来其弟子收集其语录，完成《墨子》一书传世。他提出了"兼爱"和"非攻"等思想，对后世影响很大。

夫击瓮叩缶、弹筝搏髀而歌呼呜呜快耳者，真秦之声也。郑、卫、桑间，韶虞、武象者，异国之乐也。今弃击瓮而就郑卫，退弹筝而取韶虞，若是者何也？快意当前，适观而已矣。

其实，缶这种乐器原本是古代一种陶器，类似瓦罐，形状很像一个小缸，是古代盛酒的器皿。战国时期的缶通常是圆腹形，有盖，肩上有环耳的，也有方形的，其盛行于战国时期。

缶这种酒器能够成为乐器是由于人们在盛大宴会中，喝到兴致处便一边敲打着盛满酒的酒器，一边大声吟唱，所以缶就演化成为土类乐器中的一种。

战国时期的陶"缶"由于易碎，很难保存下来。但是根据史料记载，由于缶这种乐器是由陶土烧制而成的，因此缶属于土类乐器。

此外，在我国传统文化中击缶是具有特别的传统

■铜鉴缶

内涵。战国时期的"击缶"也被人们称为"鼓盆"，其在我国传统文化中有两个主要含义：一是普通百姓们的娱乐乐器；二是战国时期葬礼场合表示悲伤的一种礼节乐器。

战国时期著名文学家墨翟在他所著的《墨子·三辩》中记载：

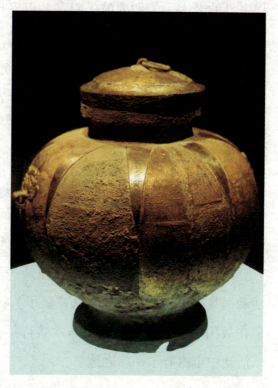

■ 西汉鎏金铜沐缶

　　　昔诸侯倦于听治，
　息于钟鼓之乐；士大夫倦
　于听治，息于竽瑟之乐；
　农夫春耕夏耘，秋敛冬藏，息于瓴缶之乐。

这在一定程度上说明了战国时期森严的等级制度，"击缶""鼓盆"只是处于社会底层普通百姓的娱乐器具。此外，击缶还有另外一种含义，根据周代圣人周文王在他所著的《周易·离》中记载：

　　　日昃之离，不鼓缶而歌，则大耋之嗟，凶。

这便是说，在太阳西沉时的光辉下，不叩击瓦器而歌唱，那么垂暮老人就会嗟叹的，这是一个凶兆。这反映了我国先秦时期一个民间习俗，也就是对即

《周易》也称《易经》或《易》，作者是周代的圣人周文王，该书是我国传统思想文化中自然哲学与伦理实践的根源，是我国最古老的占卜术原著，对我国文化产生了巨大影响。

将去世的老人，人们要鼓缶唱歌，以安抚老人，祝愿将死者能够顺风顺路。

还有，我国战国时期的"缶"既是一种生活器具，又是一种乐器。其中，缶的演奏方式和置放样式非常独特，其在我国古代乐器史上的地位也非常重要。

战国时期的缶形制主要为"敛底而宽上"的盆形，"古缶"有"口向上"和"口朝下"两种置放方式，其演奏方式主要为手击和杖击等多种。其多样化的演奏技艺具有双重社会功能和文化涵义，是其他任何一种乐器所不能比拟的，其重要地位应该得到充分肯定。

还有，战国时期的"缶"首先是一种生活器具，其次才用于音乐活动而具有了乐器的名分。从《墨子》《谏逐客书》等先秦文献上看，早在战国时期，击缶就已经非常盛行了，而"缶"乐器在整个战国音乐活动中也占有了一席之地。

**阅读链接**

2008年8月8日晚，2008尊中国古代打击乐器"缶"发出动人心魄的声音，奥运缶是融合了现代与古代元素的物品，是一个重要的历史符号，是借鉴湖北曾侯墓出土的"青铜鉴缶"融合奥运元素制作而成。

现在，缶的做工、质量和与文物原型的酷似程度并不重要，重要的是作为传统文化的物质载体，奥运缶在开幕式上所承载的历史信息。它以人类都理解的语言，向全世界介绍了华夏文明和物质文化，使人联想到中华源远流长的古代文明。它浓缩了现实的历史和古代的历史，是一个特殊的历史符号。

在我国古代，革类乐器占了大多数，这和先民们的长期狩猎生活、大自然所提供天然的制作材料有着极为密切的关系。

鼓是我国古代一种打击乐器，一般是在坚固的圆桶形鼓身的一面或双面蒙上一块拉紧的皮膜，可以用手或鼓杵敲击出声。

腰鼓是我国汉族古老的民族乐器，它来源于唐代，很好地表现了生活。在唐代，先秦大鼓的传承除了腰鼓以外，还有羯鼓。

羯鼓是一种来自其他民族的鼓类乐器，据说来源于羯族。 羯鼓传入中原之后，受到先秦大鼓的诸多影响，其两面蒙皮，腰部细，用公羊皮做鼓皮。

# 革类乐器

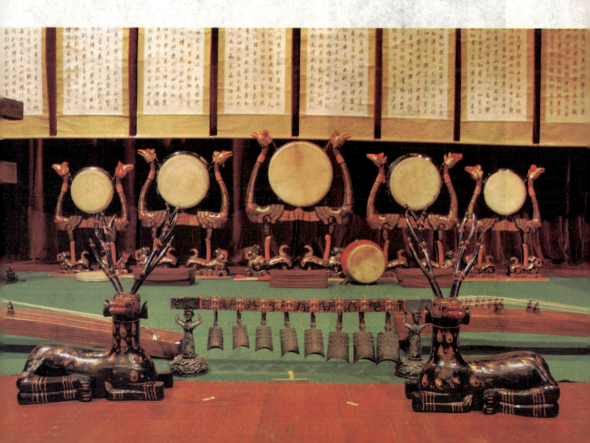

# 鼓的起源与发展历程

彩绘砖雕男击鼓者

那是在远古时期，黄帝身边有个大臣，名叫常先，他发明了很多狩猎工具。

有一次，常先捕杀了一头野牛，把剥下的牛皮随手搭在一个木墩上。这个木墩是空的，有一搂粗。时间一长，常先竟把这件事给忘了，野牛皮经过长时间暴晒后便收缩了，把空木墩裹得紧紧的。

有一天，黄帝正在驯马，他无意间发现了一张野牛皮蒙在木墩上。黄帝伸手随便拍了一拍，谁知这一拍竟发出"咚咚"的响声。

黄帝用劲儿再一拍，声音更大。黄帝觉得好玩，便寻来两根木棒，双手使劲儿擂了起来，结果发出的声音像雷鸣一般。

这时，黄帝的马听到这声音，猛地受了惊，竟冲出了木栏，全部跑掉了。黄帝很是惊奇，他便召集来各个部落首领和大臣，去问大家这是怎么回事。

这时，常先赶来，他问明了情况，这才恍然大悟。原来，黄帝敲的就是常先早先晒的那张野牛皮。

常先赶快把木墩倒过来一看，原来里面是空的。常先也用手拍了拍，同样发出"咚咚"的响声。常先又找来一张大鹿皮，先把木墩的另一头也蒙住，再用木棒一敲，响声比原来更大、更好听。

常先觉得这是个有用的东西，他向黄帝请求要好好研究一下这个东西，重新再做一个，黄帝答应了。

常先选择了一棵木质较好的空心树，他把里边掏大，做成圆形，然后把鹿皮和野羊皮蒙在两头，用一只手就可以拿动。常先又让仓颉给它起了个名字，叫作"鼓"。

谁知道，鹿皮和野羊皮都不结实，用劲儿一敲就打破了，只好改用野牛皮。然而，捕捉野牛并不是一件轻而易举的事，因为野牛是一种异常凶猛的动物。怎样才能搞到野牛皮呢？常先躺在一棵大树下，想了又想，不知不觉便睡着了。

■ 丰台药王庙里的鼓

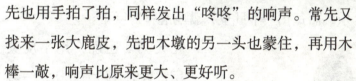

**黄帝** 又名"轩辕帝"，是我中华民族的人文始祖，我国远古时期部落联盟首领。他播百谷草木，大力发展生产，始制衣冠，建造舟车，发明指南车，定算数，制音律，创医学，等等，在此期间有了文字。因为在他统治期间，我国的土地是黄色的，所以称为"黄帝"。

就在这时候，玉皇大帝派九天玄女给黄帝送《兵书》，在路过这棵大树时，九天玄女发现常先正在树底下睡觉，再一看，才知道他原来是为蒙鼓没有适合的皮子而发愁。九天玄女本想叫醒常先，但又一想自己不能随便和凡人说话，她只好托梦给常先。

九天玄女在梦中对常先说，东海有个流坡山，山里有种怪兽，形状如牛，却没有长角，它只有一只脚，身子却大得出奇，平时不太活动，但一出现，海洋上不是刮风便是下雨。

那只怪兽两只眼睛射出的光芒，就像太阳和月亮一样，一怒吼，比雷声还大，这种怪兽名叫雷兽。雷兽整天在海里无忧无虑，喜欢仰面躺卧，以爪击腹为乐，而每拍一下肚皮，就响起一声巨雷。

九天玄女还说，用牛皮蒙鼓，用雷兽的骨作为鼓槌，一敲起来，地动山摇，威力无穷。

常先醒来，他忙把梦里的事告知黄帝。黄帝听罢，马上命令大将应龙派几个会水的能手，入海捉拿怪兽。

不几天，大将应龙就把野牛和雷兽捉拿回来，然后按常先的设计，50天就做成牛皮大鼓800面，做成雷兽鼓槌1600根。

传说在涿鹿大战开始前，黄帝就已经把800面牛皮大鼓埋伏

■ 击鼓俑

在暗处，当蚩尤军队冲向黄帝军队的前沿阵地时，黄帝把手一挥，800面大鼓一齐擂动。蚩尤军队还未交战，就被鼓声震得人仰车翻，耳聋眼花，个个东倒西歪，溃不成军。

黄帝军队乘着鼓声，发起总攻，一举就把蚩尤消灭在涿鹿了。从此，鼓就成为我国古代战争中不可缺少的用具，人们以后就把它叫作"战鼓"。

其实，这只是一个传说故事。在我国古代，革类乐器占了大多数，皮革是在狩猎生活中能经常得到的材料，它除了能供人们制作衣服之外，还能制成多种击奏乐器。这些乐器在地广人稀的生活与生产环境中，以它的洪大声音，起着鼓舞人心、协调动作、传递信息、惊吓野兽等多种作用。

鼓的出现比较早，从发现的出土文物来看，可以确定鼓有3000多年的历史。按汉代学者戴圣所著的《礼记·明堂位》中的记载，远古的伊耆氏时代就有土鼓。传说伊耆氏所制的土鼓，是以陶土为框，以革为两面，用草扎成的鼓槌进行敲击。

鼓在商代是流传非常广泛的乐器，商周以来鼓的种类很多，据《礼记·明堂位》中说："夏后氏之足鼓，殷楹鼓，周悬鼓。"

■ 击鼓说唱俑

九天玄女 原为我国上古神话中的战神，后经道教增饰奉为女仙。虽然她在民俗信仰中的地位并不显赫，但她是一个深谙军事韬略、术法神通的正义之神，形象经常出现在古典小说中，成为扶助英雄铲恶除暴的应命女仙，故而她在道教神仙信仰中的地位异常重要。

■ 唐代的击鼓乐舞
浮雕

足鼓为鼓下带足，商代晚期的双鸟饕餮纹铜鼓即是足鼓，鼓腔两面饰鼍皮纹，鼓腔的下部有四个兽首为足。由于当时的青铜器冶炼技术与铸造技术已经达到很高的水平，因此这些铜鼓的造型非常精美。

在这一时期还出现了一种非常近似于后来民间流行的拨浪鼓似的乐器，不过这时的鼓是穿在木柄上，在鼓框的两边系着两条绳，绳端是小珠，当手摇木柄时，这两个旁耳就会来回敲击鼓面，发出声音。

到了周代，据《周礼·地官司徒》记载，已专门设置了"鼓人"来管理鼓制、击鼓等事。

在《诗经》中所记载的29种乐器中，打击乐器就占21种，其中单是鼓类就包括贲鼓、县鼓、鼍鼓、鼓等。在大射仪乐队中，还使用了建鼓、羯鼓、应鼓、鼓等打击乐器。

春秋时期，铜鼓则非常流行。在这一时期，这些铜鼓还并不是完全作为乐器使用，而是炊具与乐器共存的角色。到了公元前7世纪，才作为专门乐器使用。这时的形制也较为稳定，鼓上还绘有多姿多彩的图饰。铜鼓在当时是统治者权力的象征，后来则多用于战事，也作为祭祀、赏赐和进贡的重器。

**进贡** 我国古代藩属对宗主国或臣民对君主呈献礼品，也是我国古代帝王朝与周边少数民族、附属、附庸国之间的一种贸易形式。各政权或民族带来本地区的土产方物进献给皇帝，谋求政治上的依托与援助，并获得物质利益。

136

悠扬飘逸的古乐歌舞

钟鼓之乐是以编钟和建鼓为主组成的大型管弦乐队，兴起于西周而盛行于春秋战国。后来，人们在湖北随县所发掘的曾侯乙钟鼓乐队是这种音乐形式的实物例证。建鼓此时是作为控制节奏，带有指挥作用的，鼓体用巨大的木柱贯穿其中。

在以打击乐器和吹奏乐器相结合的汉代鼓吹乐中，鼓占有相当重要的地位。例如，排箫与鼓所组成的箫鼓乐队，作为仪仗音乐，巨大的建鼓被置放在鼓车之上，由两个乐工站在车上进行敲击。

汉代的百戏就是盛行于汉代的大型钟鼓乐队，以鼓为主，并配有箫、笙、筑、瑟、编钟以及编磬等乐器，所用的鼓包括建鼓和应鼓。应鼓为应和大鼓的意思，它是一种放置在大鼓旁边的小鼓，另外还有一种鼓，在百戏中起掌控节奏作用，被称为鼓。

到了南北朝时期，由于中原和北方少数民族的战争频繁，使得大量少数民族的打击乐器传入中原，如羯鼓、腰鼓、答腊鼓、都昙鼓、毛员鼓等，这些乐器随后都盛行于唐代，被广泛应用于隋唐的燕乐中。

由于当时的少数民族过着游牧生活，流动性强，因此鼓的形状也变得略小。为了便于携带，将鼓腔的腰间部位进行内缩，用绳索将鼓

■ 商代虎座凤架鼓

**仪仗** 古代用于仪卫的兵仗。是指帝王、官员出行时护卫所持的旗、伞、扇、兵器等。现指国家举行大典或迎接外国首脑时护卫所持的武器，也指游行队伍前列所举的旗帜、标志等。在神农始为仪仗，秦汉始为导护，五代始为宫中导从。

悠扬飘逸的古乐歌舞

■ 唐代宫廷乐器

**同鼓** 我国古代民间流传的较大型的鼓类乐器。堂鼓的一种。广泛流行于苏南一带。同鼓的鼓身呈桶形，中间略宽，鼓高约60厘米，多用椿木、色木、桦木或杨木制作，两面蒙以牛皮，鼓面直径约50厘米。鼓身中部装有三个鼓环，用以穿系鼓带或作悬挂之用。

皮固定，这种鼓被称作细腰鼓，与中原地区凸腹形的大型鼓有所不同。

隋唐时期的燕乐，将少数民族的音乐与外来的音乐，融会于汉民族音乐之中，展现出一种全新的风貌。在隋九部乐与唐十部乐中，出现了节鼓、腰鼓、羯鼓、毛员鼓、都昙鼓、答腊鼓、鸡娄鼓、齐鼓、担鼓、连鼓、革鼓、桴鼓、同鼓、王鼓、正鼓、和鼓、檐鼓等近20种鼓，和汉代以前的鼓已经有所不同。

宋代的教坊大乐，是宫廷燕乐中最盛大的合奏形式，据说当时使用了200面羯鼓、2面大鼓、2座羯鼓，鼓声震天，阵容庞大。

而用于祭祀仪式和朝会仪式的雅乐，则多用建鼓、应鼓及鞉鼓。作为军乐或仪仗使用的鼓吹乐，是以鼓和吹管乐器为主，人数达到数千人。

元代承袭了宋代遗制。在宫廷雅乐中，使用了建鼓、鞉鼓、应鼓、晋鼓、雷鼓、路、雷、路、雅鼓、相鼓、搏拊等12种打击乐器；在宴乐部分，则有杖鼓、扎鼓、渔鼓、和鼓、金鞚鼓、金鞚稍子鼓、花腔稍子鼓等。其中的晋鼓，多用于祭天时用，鼓身高2米多，鼓面直径约4尺，鼓面绘有云龙装饰。

明清以来，鼓的数量与种类不如唐宋时期多，主要是因为当时以戏曲说唱、民歌小调为主，乐队则以拉弦乐器为中心。在这一时期出现的鼓大部分以来自西域的腰鼓为主，包括荸荠鼓、板鼓、堂鼓、缸鼓、腰鼓、书鼓、八角鼓等，作为戏曲、民间音鼓、昆曲、江南丝竹等的伴奏。

在绵延千年的历史长河中，鼓与其他艺术形式不断融合，在不同的民族、不同的地区，展现出不同的形式美感。它们或阳刚，或优美，或威风凛凛，或灵动轻盈，给人强烈的视觉冲击和审美享受。它传达出的信息，从根本上说，就是中华民族生生不息的一种群体精神风貌。

**阅读链接**

关于鼓的起源历史上有4种不同的说法：

圣人制鼓说，《礼记·乐记》："然后圣人作，为、鼓、控、揭、埙、篪，此六者，德之音也。"

伊耆氏制鼓说，《礼记·明堂位》："土鼓、蒉桴、苇龠，伊耆氏之乐也。"

黄帝制鼓说，《山海经·大荒乐经》："乐海中有流波山，其上有兽，状如牛，苍身而无角，一足。其声如雷，其名为夔，黄帝得之，以其皮为鼓，橛以雷兽之骨，声闻五百里，以威天下。"《黄帝内经》亦云："黄帝伐蚩尤，玄女为帝制夔牛鼓八十面，一震五百里，连震三千八百里。"

神农制鼓说，明朝罗欣《物原·乐原》："神农作鼓。"

# 大鼓的传承腰鼓与羯鼓

腰鼓是我国古老的民族乐器，它来源于唐代，是唐代民族槌击膜鸣乐器。在民间广泛流传，独具魅力的安塞腰鼓掀起了黄土地上的狂飙，展示出关中农民朴素而豪放的性格，张扬出独特的艺术性。

腰鼓属打击乐器，形似圆筒，两端略细，中间稍粗，鼓长约34厘米，两面蒙皮，其鼓框上有环，用绸带悬挂在腰间，演奏时双手各执鼓槌击奏。

陕北腰鼓

在唐代，腰鼓在民间十分盛行，人们跳着腰鼓舞，变换队形，或行走，或在一个场地内边舞边敲，同时也用于民间秧歌舞。

腰鼓最初流行于陕西关中地区，后来在全国发展流行，其在表演形式和技巧上，变化极为丰富，在民间流行极为广泛，是唐代人们喜闻乐见的一种表演

形式。

腰鼓源远流长，寻根溯源，还得从鼓说起。鼓是精神的象征，舞是力量的表现，鼓舞结合开舞蹈文化之先河。因此，唐代腰鼓是先秦大鼓的传承和发展。

山西横山地区是我国腰鼓的发祥地之一，也是腰鼓保存最原始和最完整的地方，它保持着腰鼓自古以来的传统。

早在隋唐时期，腰鼓就被驻防将士视同刀枪、弓箭一样不可少的装备。当战士们遇到敌人突袭，他们就击鼓报警，传递讯息，而两军对阵交锋，战士们便击鼓助威。最后征战取得胜利，士卒又击鼓庆贺。

到了唐代，腰鼓从军事用途逐渐发展成为当地民众祈求神灵、祝愿丰收、欢度春节时的一种民俗性舞蹈，从而使腰鼓具有更大的群众性，但在击鼓的风格和表演上，继续保留着某些汉唐将士的勃勃英姿。

后来，人们在延安王庄村发现一座唐代古墓，其中出土了形制、人物造型相同的两块腰鼓画像砖，均是翻模成型后烧制的。

经考古专家鉴定，这是唐代的物品，画像砖上所

关中地区 又称"渭河平原""关中平原"，地处后来的陕西中部。西起宝鸡大散关，东至渭南潼关，南接秦岭，北到陕北黄土高原，东西长300千米，平均海拔约500米，西窄东宽，号称"八百里秦川"。这一地区在秦汉时拥有全国6/10的财富，充分显示关中在我国古代的经济地位。

**画像砖** 就是用拍印和模印方法制成的图像砖。作为我国古代民间美术艺术的一枝奇葩，画像砖艺术主要表现在战国晚期至宋元时期。其间，朝代更迭，人世沧桑，社会面貌和意识形态都发生了巨大变化。画像砖不仅真实形象地记录和反映了这一变化，而且将这一民间美术艺术的发展历程生动地展现了出来。

塑造的打鼓者，腰挎细腰鼓，侧身，头向左后扬起，左脚着地，右腿前跨蹬出，双手一高一低做挥槌击鼓状，左侧一人为敲镲者，双脚跳起，吸左腿，眼看左侧，双手在胸前做打镲状。

击鼓者赤膊，穿灯笼裤，腰系彩带，飘至前下方。尤其是打鼓者的动作和形象，颇似腰鼓中"马步蹬腿"和"前进步"的动作。

这块唐代腰鼓画像砖画面清晰，造型美观，生动地表现了唐代陕北地区的腰鼓表演，对我国腰鼓的历史渊源和发展，提供了珍贵的文物资料。

还有，唐代腰鼓依据不同风格韵律有文武之分。"文腰鼓"轻松愉快、潇洒活泼，动作幅度小，类似秧歌的风格；"武腰鼓"则欢快激烈、粗犷奔放，并有较大的踢打、跳跃和旋转动作，尤其是鼓手的腾空飞跃技巧，给人们以英武、激越的感觉。

后来，文腰鼓、武腰鼓逐渐结合形成新的风格，以安塞地区的腰鼓舞最有特色，它们生动地反映了群众憨厚、淳朴的气质和性格特征。

唐代腰鼓为木制鼓身，两端蒙牛皮或骡马皮。鼓身髹红漆或黑漆。有的腰鼓描绘纹饰，鼓身一侧装置两个鼓环，环上系带，将鼓斜挂于腰际，

■ 腰鼓俑砖雕

双手各执一槌敲击。
大腰鼓长40厘米，鼓面
直径20厘米；小腰鼓长
34厘米，鼓面直径15厘
米。

在唐代，我国西域龟
兹、高昌、疏勒等地区
的居民都曾经使用过羯
鼓。在唐代天宝年间，
羯鼓开始在全国盛行。

据唐代学者南卓所著的《羯鼓录》中记载：

■ 侍女击鼓壁画

如漆桶，山桑木为之，下以小牙床承
之。击用两杖。杖用黄檀、狗骨、花椒等
木。棬用钢铁，钢当精炼，棬当至匀。

羯鼓又称"两杖鼓"，形状比腰鼓小，是用山桑木
围成漆桶形状，下面用床架承放，用两只鼓槌敲击。

羯鼓的声音急促、激烈、响亮，尤其适用于演奏
急快节奏的曲目，既可以在战场上用于战鼓为战士搏
击助威，同时也可在高楼上玩赏风景时演奏，鼓声凌
空可以传得很远，特性与其他鼓类乐器差异很大。

在唐代，羯鼓槌杖一般是用黄檀、狗骨、花椒等
木材制作而成的。木料必须干燥，杜绝潮湿之气，使
其柔韧而滑腻。只有木料干燥，敲出的鼓声才最清脆
响亮，而滑腻可使羯鼓能奏出如同战马奔跑的蹄声。

《羯鼓录》 我
国古代一部音乐史
料，共有一卷，
作者是唐代的学
者南卓。此书保
存了关于唐代乐
器羯鼓的珍贵资
料。羯鼓是一种
古代打击乐器。
南北朝时经西域
传入中原，盛行
于唐开元年间、
天宝年间。唐玄
宗李隆基及宰相
宋璟等，都善于
击羯鼓，以绝技
著称，鼓曲因此
风靡一时。

羯鼓鼓身漆桶时要用刚硬的铁，铁要经过精炼，圈卷时应该均匀。铁如果不刚硬，则鼓边上下不齐，松紧不一，这样的鼓，敲出的声音不会符合音律。宋代学者沈括在他所著的《梦溪笔谈》中，也写到了羯鼓：

吾闻《羯鼓录》，序羯鼓之声云：透空碎远，极异众乐。唐羯鼓曲，今唯有邠州一父老能之，有《大合蝉》《滴滴泉》之曲。余在鄜延时，尚闻其声。泾、原承受公事杨元孙因奏事回，有旨令召此人赴阙。

元孙至邠，而其人已死，羯鼓遗音遂绝。今乐部中所有，但名存而已，透空碎远了无余迹。唐明帝与李龟年论羯鼓云杖之弊者四柜，用力如此，其为艺可知也。

由此可见，在宋代时，羯鼓已经非常流行了。总之，腰鼓和羯鼓都受到了先秦大鼓的影响，它们丰富了古代人们的生活，为我国鼓文化添砖加瓦贡献出了独特的力量，对后来乐器发展影响很大。

**阅读链接**

在唐代时，很多人喜爱且擅长羯鼓。唐玄宗李隆基便是其中之一。李隆基常说："羯鼓是八音的领袖，其他乐器不可与之相比。"

李隆基作鼓曲《秋风高》，每当秋高气爽，即奏此曲。

当时的宰相宋璟深爱声乐，尤其擅长敲击羯鼓，他对玄宗说："击鼓时，如果能够做到'头如青山峰，手如白雨点'，便是击羯鼓的能手。"

这便是说鼓手击鼓时，头稳定不动，而下手急促，就像急雨一样。

我国古代木类乐器主要包括敔、柷和木鼓。我国古代在演奏中和韶乐时，演奏者要立于敔侧，以劈成细茎的籈逆刮敔背上插列的木片使之发出声音，作为中和韶乐的结束音。

在古代，中和韶乐设一架敔，如果仅从音响审视，它并不突出，但它却以奇特的形制和演奏方法而成为宫廷雅乐中的重要乐器之一。

还有，柷是古代木类的打击乐器，它是方形的，以木棒击奏，用于宫廷雅乐，表示乐曲开始，是我国古代重要乐器，曾经流行于全国各地。

到了唐宋，我国木类乐器产生了木鼓。这是我国西南地区佤族的一种木类乐器，佤语称"克罗克"，是佤族乐器和报警器具，更是佤族的象征，是佤族人民崇拜的神圣之物。

余音绕梁

# 木类乐器

# 柷敔的起源传说与形制

　　传说那是在我国上古时期，那时候的柷与敔并不是一种乐器，而是一种祭器，是用作祭祀活动的，是人们祈求神灵保佑五谷丰登，人畜兴旺。

　　据传说，那时候基本上每一个村寨都有一间柷敔房，专门用于放置柷敔。柷敔房也是全村人的宗教祭祀中心，相当于庙宇。当柷与敔这两种祭器旧了，人们就要制作新的柷敔。

　　后来有一天，部落首领决定要做一个新柷敔，他首先要占卜，从卜卦的情况来决定上山选木做柷敔的日子。

　　到了上山选树的这一天，首领再一次看卦，由卦的结果确定到哪个方向选

柷

树。当确定方向后，人们就开始上山选木做枳敔了。

这通常先要选三五棵大杨树，然后将每一棵树的树皮割下一片带回村子。当人们回到村子后，部落首领开始带着全村人拉木做枳敔。

■ 清代敔

在当时，负责主祭户可以是一家，也可以是两三家。人们在做枳敔期间，几家人轮流着杀猪宰牛给全村的人吃。若是主祭户较为困难，则由全寨子的人家提供米、菜、水酒及牛肉，主祭户仅负责操办即可。

到了做枳敔这天，部落首领带着寨子的青壮年来到选定的树下，首先，由首领进行念咒驱灵，其内容是把周围因为砍树而可能伤害到的草灵、小树灵请开，请它们换个地方。然后，还要请树灵和依附在它身上的其他神灵离开。

最后，部落首领围着红毛树向树上撒米、盐之类的祭物，他边撒还要边念祭语，当重复念诵几遍后，周围的人们向树上投镖枪之类的东西，以驱赶对人不利的恶灵，驱赶完毕，人们就开始安心地砍树了。

砍树时，先由部落首领在树上砍下第一刀，然后再由周围的青壮年轮流着把树砍倒。树被砍倒后，部落首领在树桩上放一块石头，并念祭语，请求树神让

占卜　在我国古代，人们用龟壳、铜钱、竹签、纸牌或星象等手段和征兆来推断未来的吉凶祸福的一种手法。"占"意为观察，"卜"是以火灼龟壳，古人认为就龟壳被烧后出现的裂纹形状，可以预测吉凶祸福。它是通过研究观察各种征兆所得到的不完全的依据来判断未知事物或预测将来。

敔（yǔ）：古击乐器，形状似虎，虎背上有个齿形。刷击敔表示祭孔乐曲结束。

■ 打击乐器敔

山神　古人将山岳神化而加以崇拜，从称谓上看，起初是各种鬼怪精灵都依附在山中，最终，各种鬼怪精灵的名称及差异分界都消失了，而互相融合演变成了地区的主要山峰人格化了的山神。传说舜曾经巡祭泰山、衡山、华山和恒山等诸山的山神，而历代天子封禅祭天地，也要对山神进行大祭。

人们顺利地把树拉回寨子。最后由部落首领量好所需要做柷敔的长度，再让青壮年小伙子们砍断，然后拉回村子制作柷敔。

　　制作柷敔的这一天，村子中的人们要穿着盛装早早地来到山上，以表达对山神的感激。制作柷敔前，人们先在树段两端各凿一个洞，用来穿藤绳。

　　等人们制作好柷敔后，部落首领便要在人们的队伍前撒米、水酒等祭品，人们大声唱起劳动号子，步伐整齐地向前走，主祭户在路旁的大青树下用酒、肉招待人们。

　　等到仪式都完成后，人们要把柷敔安放在柷敔房中，这样柷敔就能继续为人们祈求神灵的庇护了。

　　其实，这只是我国古代对柷与敔这两种木类乐器的传说故事。

根据我国古代文献记载及传世实物可知，敔是一种木制乐器，其形状如同老虎，背有锯齿形薄木板，用一支一端劈成数根细茎的竹筒，逆刮虎背的锯齿演奏，它在我国雅乐中，一般用于乐曲终结时，是宫廷雅乐重要组成部分。

古代敔乐器的形制非常特殊，它是木制的，上面雕有伏虎状，髹黄漆，上彩绘黑色斑纹，胸腹部斑纹略杂以白色。伏虎双耳竖立，白额吊睛，红口利齿，其背插列方形木片27片，形如刚鬣，间隔染以靛蓝、绿、红、白等色。

还有，柷是古代木类的打击乐器。有人认为，柷乐器都是夏代帝王启所做的，已经有4000多年的历史，这两种乐器都属古代八音乐器分类法的木类乐器。

在先秦诗歌总集《诗经·周颂·有瞽》中有一句"鞉磬柷圉"，其中的"祝"即柷，由此可见，柷的

启 生卒年不详，夏朝第二任君主，他是治水中立大功劳的禹的儿子，他在位39年，78岁驾崩。他成为我国历史上由"禅让制"变为"世袭制"的第一人。他继位后，击败强有力的有扈氏，消除了华夏族内的反对势力，他最终病死，葬于安邑附近。

■ 击鼓画像石

■ 古代乐器柷

历史至少要追溯到先秦时期。东汉学者许慎的《说文解字》介绍了柷这种乐器：

柷，乐木空也，所以止音为节。

还有我国《旧唐书·音乐志》中记载：

柷，方面各二尺余，傍开员孔，内手于中，击之以举乐。

这说明了柷的样子很像一个方形木箱，上宽下窄，用槌撞其内壁发声，表示乐曲即将起始，一般用于历代宫廷雅乐。

悠扬飘逸的古乐歌舞

《旧唐书》五代后晋史官修的，是我国最早的系统记录唐代历史的一部史籍。它原名"唐书"，后来宋代欧阳修和宋祁等人编写的《新唐书》问世后，才改称"旧唐书"。《旧唐书》共200卷，包括本纪20卷，志30卷，列传150卷。此书具有很高的史实价值。

阅读链接

后来，人们在山西地区出土了一件汉代的敔乐器，由实物可知，敔乐器木座通体髹金漆，绘海水江崖纹，一侧出二耳状托架，以承击敔的籈音。

这件敔乐器的籈为竹管制，长80.5厘米，在长40厘米处锯开，所锯深度为管径的二分之一强，然后顺纵向截去，所留另一半纵劈成24根细茎，另用3根竹丝箍于竹管上以防劈裂。

# 木鼓的渊源与民族风情

到了唐宋时期，还产生出了木鼓。这是我国西南地区佤族的一种木类乐器，佤语称"克罗克"。

佤族人认为，木鼓是"通神之器""通天之鼓""生命靠水，兴旺靠木鼓"。因此，平时不能乱动，只有祭祀报警和节日喜庆等重大集体

古代木鼓

活动时才能敲打。

木鼓是佤族敲击体鸣乐器。其历史久远，形制古朴、发音低沉，应用广泛，一直流行于云贵高原地区。

在唐宋时，佤族木鼓鼓面用牛皮制作而成，鼓面下面有20个木柄环绕鼓身。鼓身内部凿有扁长状音孔，里面有鼓舌和鼓牙，可以制造回音效果。鼓身左右两边有一种中间窄、两头宽的音槽及方形音窗。

佤族木鼓一般长约2米，直径0.5～1米之间。分为公鼓、母鼓两种。其材料、大小和音色都有很大区别。

公鼓和母鼓相比，公鼓音节偏低，音色粗重，用马老鹰树制作，长1.8米，直径66厘米。而母鼓音节较高，音色清脆，用红毛树制作，长1.5米，直径62厘米，比公鼓小一点。

在唐宋时期，佤族人在打木鼓时用的两根鼓槌，长约40厘米，两头粗，中间细。佤族人在打鼓的时候，他们手握着一槌中部，一边跳舞，一边敲击木鼓两侧，木鼓就会发出"咚咚"的声音，可传到几里之外。

有的时候佤族人也可以用右手握一鼓槌，左手拿着竹片，两手配合敲击鼓的中部，发出"咚咚"与"啪啪"的音响，时而统一，时而交错，节奏丰富多彩。

据宋代学者李穆编著的《太平御览》中记载：

呼民人为弥麟，如有所召，取大空材十余丈，以着中庭，又以杵旁之，闻四五里如鼓。民人闻之，皆往驰赴会。

由此可知，木鼓早在唐宋时期就已经在云南地区流行了，被古代佤族人民用于集会号召。后来，清代学者李宗昉在他所著的《黔记》中也写到了这种木鼓：

> 邻近诸寨，共于高坦处建造一楼，名聚堂。用一木杆，长数丈，空其中，以悬于顶，名长鼓。凡有不平之事，登楼击之，各寨相闻。

清代的《佤民风俗图》中也画有佤族男女立于木鼓两旁，手执竹片敲击的图像。在唐宋时期，勤劳智慧的佤族人民能歌善舞，他们聚居在我国西南边陲山高林密的阿佤山区。在每一个佤族村寨里，都至少有一对木鼓，供放在寨中。

在古代佤族人的心目中，他们认为木鼓是通天神器，是最为尊贵而神圣的乐器，还把制作木鼓的日子作为佤族隆重的宗教活动，当作盛大的节日，称为"拉木鼓"。

在这一天，古代佤族人载歌载舞，这欢快热烈的场面，后来便发展成为独具佤族特色的拉木鼓舞。在拉木鼓途中，即使走在平坦的大路上，人们也还是故意放慢脚步，以便大家开怀畅饮、尽兴歌舞。

在这一天，寨子里还要鸣枪、剽牛，使人们尽情享受节日的欢乐。在寨门口还要举行祭祀仪式，然后制成木鼓，作为召集呼唤的信

■库克群岛雕花木鼓

号和大型歌舞活动的打击指挥乐器。

木鼓树是古代佤族人制作木鼓的原材料，佤语称"库洛""克拉"，是用一整段粗大的原木制成，多采用红毛树、椿树或樱桃树等硬质的树干下部为材。

古代佤族木鼓树外表有的剥去树皮，一般通体光滑无饰，有的则在一端雕刻出牛头或人头形，也有的通体刻以三角纹或斜纹等图案为饰。后来，在云南出土了一个古代佤族的木鼓，该鼓长155厘米；粗端直径50厘米；音孔长110厘米；宽10厘米。

木鼓起源于古代佤族世代信仰万物有灵的原始宗教。在佤族，有很多关于木鼓的民间神话和传说，都与先民们的神灵崇拜和祖先崇拜紧密联系，围绕着木鼓而举行的拉木鼓和祭木鼓等一系列活动，构成了古代佤族传统庄重而又热烈的盛大节日活动，是佤族传统音乐的集中体现。

**阅读链接**

据说，在我国古代，佤族人在每年12月中旬都要举行拉木鼓活动，整个过程一般需要10天左右。

这个拉木鼓的活动非常复杂，首先由佤族头领带领部分群众，在黑夜到选定做木鼓的大树下，先献上贡品，鸣枪驱鬼，再由头领念咒祈祷并挥斧砍树数下。

最后佤族人们轮流把树砍倒，再捡3个石头放在树桩上，意为给树鬼的买树钱，然后截一段两米多长的树干，凿出树耳，便是要拉的木鼓了。

悠扬飘逸的
古乐歌舞

# 妙舞长空

## 舞蹈历史与文化内涵

在我国上古神话传说中，有许多关于舞蹈的记录，而舞蹈与我国远古时期三皇五帝也有很多渊源，对当时社会有着很大影响。

夏商时期，舞蹈与其社会总体发展水平是紧密相连的。夏商王朝社会分工的明确，既提高了物质生活水平，也促使乐舞奴隶大量出现，并开始形成了纪功性舞蹈表演。

随着信仰的出现，人们崇尚鬼神，各种巫术占卜活动频繁，逐渐形成了以巫、觋为主体的图腾舞蹈、巫术舞蹈和祭祀舞蹈，这些舞蹈在当时盛行，并且带有宗教色彩。

# 图腾仪式

# 原始舞蹈

# 远古出现干戚舞与图腾舞

那是在我国远古时期，部落联盟首领尧帝执政的时候，此时经常有一些部落之间的战争。

有一天，一个部落首领不服从尧帝领导，尧很生气，他便决定带兵征讨那个部落。那时候，尧帝有个接班人叫作舜，舜娶了尧的两个女儿娥皇与女英。

尧帝彩像

舜非常有智慧，他经常帮尧出谋划策。舜知道出兵之事后，他急忙求见尧帝，并对尧帝说："大王，带兵征讨是不可行的。大王作为首领需要用自己的德行去感化下面的人，如果一味用武力征讨，这是不符合道义的！"

尧帝听后觉得很有道理，他便向舜求教感化人的方法。舜便创作了一套舞蹈，名为"干戚舞"，这是一种宣传武义的舞蹈，就是教人化干戈为玉帛。

尧帝看了很高兴，他便将舜的舞蹈推行到那个不服从他领导的部落中去了。

■ 呼图壁岩画上的群舞和对马原蜡像

过了3年，那个部落全部都学会了《干戚舞》，他们也从《干戚舞》中领悟到了尧帝的仁德，便全部服从尧帝的领导了。

后世很多人认为，远古时期《干戚舞》实际上就是一种军事训练，目的在于提高士兵战斗能力。后来，有人在河南舞阳东部的一处新石器时代早期遗址中发现了16支用兽骨做成的笛子。经过分析测定，这些骨笛竟然是8000年前的杰作。

在我国远古时期，音乐与舞蹈总是互相依赖的。因此，从这支骨笛音阶安排上，大概能够想象那时的舞蹈也该有相当的水准了。还有，在辽宁西部地区牛河梁所出土的5000多年前红山文化遗址中，有祭坛、积石冢群，这构成了女神庙的基本结构。

其中一枚保存完整的雕刻女神像，说明在那时已经有了真正意义上的祭祀活动。虽然那时候的祭祀活动的具体过程和所用形式手段还未能考证，但根据人类历史发展的一般性线索，还是可以认定5000多年前

**尧** 远古五帝之一，姓伊祁，名放勋，史称"唐尧"。他是我国原始社会末期的部落联盟首领。他当上联盟首领后，便在唐县伏城一带建立了第一个都城，后来迁都平阳。他当政时期天下安宁，世风祥和，因此，人们将帝尧的时代视为农耕文化出现飞跃进步的时代。

悠扬飘逸的古乐歌舞

■ 红山先民耕种场景复原蜡像

《尚书》 为一部多体裁文献汇编，长期被认为是我国最早的史书。该书分为《虞书》《夏书》《商书》《周书》，战国时期总称《书》，汉代改称《尚书》，即"上古之书"。因是儒家五经之一，又称《书经》。相传孔子编成《尚书》后，曾把它用作教育学生的教材。在儒家思想中，《尚书》具有重要的地位。

我国远古时期就已经有了比较成形的祭祀性仪式和舞蹈了，或许舞蹈是其中最为主要的表达手段。

在我国最早史书《尚书·益稷》中已经用简明语句写道："击石拊石，百兽率舞。"这描述了祖先们的舞蹈。

后来人们猜测，这是原始部落人们因为各自崇拜着自己的图腾物，或者老虎，或者熊，或者不知名的野兽，所以原始部落人们就披着百兽的皮击打着石头，群起而舞，以表达他们对于这些图腾物的崇拜。

后来，在青海大通孙家寨出土的舞蹈纹饰彩陶盆上，就有一组反映远古的群舞形象。

在5800年以前，说明我国古代人们的舞蹈活动就已经很普遍了。在这个彩陶盆上的舞蹈者共分成两组，一组13人，一组11人，他们都是连臂而舞，舞蹈的姿态也是非常生动的。

还有，后来人们在江苏江凌山良渚文化墓葬中出土了一枚6000多年前的透雕冠状舞蹈纹玉饰，这个玉饰整体造型均衡对称，结构完整，中央处为兽面纹，两侧有对称性的舞人形象。

这些舞人头戴冠帽，两人侧面对峙，表情很是传神。玉饰上还刻有多条流动的阴刻纤细线纹，这些线纹感十足，配合上舞人的头像，似乎是翩翩起舞的流韵，很具有舞蹈的魅力。

原始舞蹈在我国远古氏族社会中已经有了很大的发展，后来图腾信仰的产生，也促使原始舞蹈有了新的发展方向。

以原始宗教活动为重要内容的一种仪式化人类行为，并受到当时社会的高度重视。图腾的形象后来出现在相当多的出土文物、岩画和石刻上。

在陕西的西安，这里不仅是历代的文化名城，而且在西安半坡出土的仰韶文化遗址，据说已经有了

**良渚文化** 分布中心地区在太湖流域的古代文化遗址。它属于新石器时代文化，最大特色是所出土的玉器，挖掘自墓葬中的玉器包含有璧、琮、钺、璜、冠形器、三叉形玉器、玉镯、玉管、柱形玉器、锥形玉器、玉带及环等，是我国远古文化的代表。

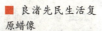
■ 良渚先民生活复原蜡像

■ 人面鱼纹彩陶盆

**上古** 传统说法中的三古之一，属于较早的古代。我国古典哲学《易·系辞》和我国古代重要典章制度书籍《礼记·礼运》中都称伏羲时代前后为上古，也有称上古为夏朝以前的时代，也就是黄帝、女娲、唐尧、虞舜、夏禹等时代。还有的说上古是指夏、商、西周、春秋、战国，即奴隶制社会时代。白寿彝即持此观点。

6000多年的历史，是我国一个主要的文化发源地。

人们一般认为，仰韶文化代表了我国母系氏族公社的繁荣时期，它分布在黄河的中游一带地区。由于仰韶文化多使用纹饰色彩鲜艳的陶器，所以又称为彩陶文化。

后来，人们在这里出土了一件人面鱼纹彩陶盆，这个陶盆就是仰韶文化的代表性文物之一。这种人面鱼纹的形象正是古代人们的一种图腾，它通常是在画面中央部分有一个圆形的人面，两眼细长，两耳部位多画有小鱼，而整个头部都有带毛刺的三角形纹饰。

除了鱼之外，蛙也在我国早期人类的崇拜之列。这或许是人类在渔猎时代常常逐草木丰盛之地而居，青蛙的多少，在一定程度上也暗示着食物是否丰富，而青蛙本身又是多产的象征。

后来，人们在云南苍源发现了岩画上描绘有蛙形的人像，两臂平举，两手上扬，两腿平蹲，与青蛙非常类似。上古大量的蛙形人像在岩画上被描绘出来，这说明了人们对青蛙的崇拜并不是一时之举，而是包含了很多重要的意义。

这些青蛙图腾既可以被看作是图腾崇拜的复写，也可以被有些舞蹈史学家们认为是某种舞姿。在上古青铜时代，这样的人形周围还多画有牛、羊等家畜形象，这充分说明了图腾崇拜与人类社会生产和日常生活极为密切的关系。

我国早期人类的图腾物中，并不一定都局限在人类的食物圈子里。在很多情况下，我们祖先们十分惧怕的，或者景仰的，或者代表着某种超凡力量而很难战胜的动物，也往往在被崇拜之列，如大型食肉动物老虎，就是很多民族的图腾。后来甘肃出土的虎斑纹陶片就是很好的例子。

还有，内蒙古阴山山脉西段的狼山地区，在绵延数百里的范围内，发现了大量的岩画，几乎可以说是一座巨大的画廊。

阴山岩画很早就已经见于文字记载，被称作"画石山"或者"石迹阜"，其中就有很多动物在阴山地区早已绝迹，考古学家们便推断了阴山岩画中早期作品大约开始于青铜时代前后，大量出现则在秦汉时期，一直延续到后来的清代。

这些岩画内容丰富，形象多样，有些被舞蹈史学家们认定为舞者。有一幅画的画面上，三个舞者均作两手搭肩、两腿半蹲、双脚并拢的姿态，头上用动物的角作为装饰，这或许是某种宗教仪式的场面。

除此之外，不带祭祀味道但也同样充满神秘气氛的舞蹈画

青铜时代 是以使用青铜器为标志的人类物质文化发展阶段。我国使用铜的历史年代久远，大约在六七千年以前我们的祖先就发现并开始使用铜，对于先秦中原各国而言，最大的事情莫过于祭祀和对外战争。当时最先进的金属是青铜，也主要用在了祭祀礼仪和战争上，形成了具有我国传统特色的青铜器文化体系。

163

图腾仪式

原始舞蹈

■ 羊图腾

面，也在内蒙古阴山岩画中出现，这引起了人们特别注意。

还有一幅图中，起舞者蒙着兽皮之类的装饰，他们扮作各种鸟兽，模拟着动物动作。这些舞者虽然在一处起舞，但他们动作、队形并不整齐划一，缺乏整体组织，可能更接近于早期原始味道的自然状态。

还有，岩画中其他的人形姿态，与南方某些远古岩画形象遥相呼应，也有两臂平举、手肘上扬、马步蹲裆的形象，有的画面则将这个基本姿态扩展到群体形象，并添加进了新的动物，给后世以很多联想空间。

后来，在新疆康家地区呼图壁岩画上，有许多原始生殖崇拜的巨幅刻画，记录了人们对于生命繁衍的神秘感和崇拜。对于舞蹈来说，最有意义的是有一处刻画图的下方，正有两队舞者在连臂而舞，舞者们似乎在挺胸撅臀，踏地绕行。

可见，当时这样动物的图腾舞蹈，在本质上是一种以综合性的形态动员生命，以律动性本质表现生命，人们以舞蹈的实用性意义来强调生命存在，以舞蹈的社会性功能来保障生命。

因此，远古时期人们认为，舞蹈是对生命情调最直接、最实质、最强烈、最尖锐、最单纯而又最充足的表现，具有某种神秘力量。

**阅读链接**

　　舜帝在位的时候，他在一个荒僻边远的地方，发现了一位非常有音乐天赋的人，他叫夔。舜很赏识夔的才华，把他提拔为乐官，主管乐舞之事。

　　舜还命令夔用狩猎舞去教年轻力壮的武士，让他们模仿狩猎动作，以期他们能够尽快掌握狩猎本领，早日成为合格的猎人，为部落捕获更多的猎物。

# 远古神话传说中的舞蹈

传说中的三皇五帝时期，大约是从公元前2500多年至公元前2140年。由于年代太久远了，已经无法得到那时的舞蹈资料，甚至连有关的出土文物都很少见。不过，形象资料的缺憾仍然可以在一些神话传说中得到补充。

从我国先祖的神话传说中，反映出了人们对于先祖的崇拜心理，其中也有许多关于舞蹈的记录，可以看作是整个华夏文明

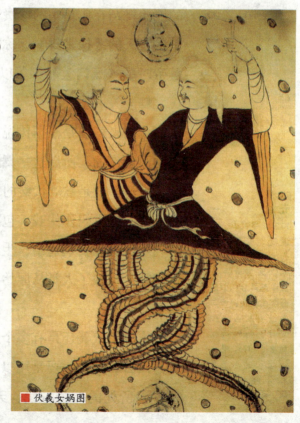

伏羲女娲图

悠扬飘逸的古乐歌舞

■ 伏羲像

元结（719—772），字次山，号漫叟、聱叟，唐代文学家、政治家。天宝六年，应举落第后，归隐商余山。天宝十二年进士及第。代宗时，他任道州刺史，调容州，加封容州都督充本管经略守捉使，政绩颇丰。

的原始舞蹈在典籍中的珍贵记录。其中，著名的有赞美伏羲氏的《扶来舞》、称颂神农氏的《扶犁舞》、黄帝时的《云门大卷舞》以及《防风氏之舞》《葛天氏之舞》等。

《扶来舞》是根据传说中伏羲与女娲一起创造了人类而创作的，所以这一舞蹈才受到历代景仰，其实《扶来舞》就是歌颂伏羲的乐舞。

伏羲，也叫作伏戏、包牺，又称作牺皇、皇羲。传说中伏羲和女娲通婚，生育后代，后来又被禁止，这实际上反映了人类从原始社会的族内婚到族外婚的演变。

传说中伏羲还是有多个发明的人。他的发明之一就是八卦，八卦主要是用以记载和预测世事的工具。在伏羲所处的那个时代，天下的野兽比较多，于是他发明了捕兽的网绳。因此那时候人们才可以用网来捕捉动物以供食用。人们用来歌颂伏羲发明网绳，并在捕猎劳作中表达欢快情感的乐舞，这便就是《扶来舞》了。

《扶来舞》又称作《立本舞》《立基舞》。也有人说这支乐舞的歌词部分才叫作《扶来舞》，而整个乐舞的名应该叫作《荒乐》。这个乐舞内容，讲的就是伏羲氏发明结网，他教会人们以网捕鱼的事迹。当伏羲网绳结成时，大家都为他感到欢欣鼓舞，甚至连美丽的凤凰也飞来庆贺，于是《扶来舞》之"扶"，实际上就是飞来庆贺的"凤凰"。

原始舞蹈举行总是载歌载舞的，虽然那时的人们所唱的歌词早就已经失传了，但是根据人们经常把歌中的衬词或首句当作歌名的做法，人们猜测"扶来"就是歌中的词句，于是人们便把这支舞蹈取名为《扶来舞》。

后来唐代著名诗人元结曾经写过10首《补乐歌》，其中提到了纪念伏羲的这支乐舞名叫《网罟》，诗道：

> 吾人苦兮，水深深；
> 网罟设兮，水不深。
> 吾人苦兮，山幽幽；
> 网罟设兮，山不幽。

这首诗的意思是，由于有了网罟出现，水也不深了，山也不再阴森幽冷，人们劳动生活充满了快乐，人们起舞纪念伏羲，以舞蹈这种生动的方式来说明了结网在渔猎生活中的巨大价值。

实际上，原始社会狩猎生活，在人类历史上曾经占据了很长一段时期，并且还留下了很多的印迹。

■ 原始狩猎岩画

新疆皮山昆仑山口的岩画上就留有许多狩猎图，其中岩画上的人们非常生动，一个个就像跳舞一样。人们在狩猎中得到的动物角、牙齿、骨头和皮毛等，都显示了人类征服自然的能力，所以这些战利品很自然地被用作装饰，并被融合进带有舞蹈意味的形象中，也成了《扶来舞》的基础装饰了。

《扶犁舞》是歌颂传说中的炎帝的，炎帝也被称作神农氏、烈山氏、厉山氏等。据说神农氏姓姜，他生于陕西岐山东面的姜水。

相传在神农氏的时候，人类很多而禽兽很少，所以食物相对不足，还有疾病经常流行。

神农氏发明了农具耒耜，也就是最原始的犁，然后他教会人们农耕技术，大大提高了农业生产的水平，也减轻了人们的劳动强度。

后来，神农氏又遍尝百草，他曾经一日遇到70种

**中草药** 中药主要由植物药、动物药和矿物药组成。因植物药占中药的大多数，所以中药也称中草药。我国是中草药的发源地，人们对中草药的探索经历了几千年的历史。

毒草，但他却不停止对草药的寻找，在他的努力之下，终于掌握了中草药之学，他被奉为药祖。

神农这些功绩受到华夏民族的崇拜，传说中人们纪念神农的乐舞名字就叫"扶犁舞"。

后来，南宋著名学者罗泌在他所著的《路史·后纪》卷三中记载了神农的事迹：

> 枎土鼓以致敬于鬼神，耕桑得利而究年受福，乃命刑天作《扶犁》之乐，制丰年之咏，以荐厘来，是曰《下谋》。

《扶犁舞》，也被称作"扶持舞"，又叫作"下谋舞"。从古代神话记载上来看，这个乐舞与炎帝神农氏的敬鬼神联系在一起，同时又是专门为了农业丰收而作的乐舞。这个乐舞的具体表演情形现在已经无法得知了。在传说里，神农氏使用了一种叫作"土鼓"的乐器。

后来，人们在山西襄汾陶寺出土了一件标为夏代的土鼓，这虽然看似是一件日常用的陶制器皿，类似水罐，但是这个水罐上下都蒙着皮，实际上也可用作"鼓"，它也许就是神农氏所用的土鼓吧！

**阅读链接**

有人认为，远古《扶犁舞》是由神农氏的大臣刑天的《干戚舞》演变出来的。刑天是神话系统中大名鼎鼎的人物，他曾经与天帝争神，他手持干戚进行舞蹈，以表达自己心中的愤慨。

古籍《山海经》中记载了刑天的不屈的精神和"愤怒舞干戚"的情形。当然，刑天的《干戚舞》的动态和《扶犁舞》有较大的区别。但是从刑天的《干戚舞》中，也许能够想象出《扶犁舞》也该有一番健武的气势吧！

# 三皇五帝与舞蹈的渊源

在远古时期，传说中的黄帝，是少典氏之子，又称作缙云氏、帝鸿氏、有熊氏。黄帝娶西陵氏之女嫘祖为正妃，他又以云命名百官，还鼓励了多种发明和创造。比如，黄帝用采首山的铜以制作鼎，做舟以弥补水路不通的缺憾。

黄帝的正妃嫘祖发明了蚕丝的编织，而史官仓颉则发明了文字和书契等。黄帝由此继炎帝神农氏之后被北方各部族尊为天子。

原始时期群舞岩画

由这些传说可以看出，黄帝时期几乎是一个充满了文明创造力的时期，是一个大发明的时期。

在这一时期里，黄帝《云门舞》，也叫作"云门大卷舞"，这个舞蹈与我国古代的祥云图腾有关。

根据南宋罗泌在他所著的
《路史·后纪》卷五中记载：

> 黄帝命大容作《承
> 云》之乐，是为《云门大
> 卷》。今之《咸池》。

对于这个乐舞名称来历，
后来舞蹈史学家们则认为：

■ 舞蹈岩画

> 《承云》之名，可能是由于制作这个乐
> 舞的目的原是为祭祀云图腾而来的。传说黄
> 帝即位时，天上祥云呈祥，便以云纪。
> 作乐祀云，也就是一种图腾崇拜的仪
> 式。《承云》的"承"字可以解作献奉的意
> 思，也可以解作承受的意思。
> 综合起来看，《云门》原来也是黄帝部
> 落的一种图腾舞蹈。

关于这个乐舞的另一个名字《咸池舞》的由来，
大概是和古人的星宿观念紧密相关。古人认为，"咸
池"也就是天上西宫星的名字。

西宫星主管人间五谷。如果西宫星明亮，这一年
庄稼将会获得丰收；如果西宫星晦暗不明，人间就会
颗粒无收，所以我国远古时期人们恭敬地向咸池朝
拜，用来祈求五谷丰登。

仓颉 原姓侯冈，
名颉，号史皇
氏，据说仓颉是
黄帝的史官，汉
字的创造者，被
后人尊为中华文
字始祖，也就是
"造字圣人"。
但普遍认为汉字
由仓颉一人创造
只是传说，不过
他可能是汉字的
整理者。他也是
我国古代官吏制
度及姓氏的草创
人之一。

**图腾** 是原始人群体的亲属、祖先、保护神的标志和象征，是人类历史上最早的一种文化现象。社会生产力的低下和原始民族对自然的无知是图腾产生的基础。图腾就是原始人迷信某种动物或自然物同氏族有血缘关系，因而用来做本氏族的徽号或标志。

黄帝祭祀乐舞都和祥云图腾相关。在农业科学尚不发达的黄帝时期，粮食丰收与"天老爷"旱涝有着最直接的联系。

《云门》作为乐舞举行，在当时应该是一件极其隆重的仪式化行为。它从祥云图腾崇拜到后来的祭祀黄帝，一直都是非常严肃的大事件。后来春秋时期著名道学家庄子在他所著的《庄子·天运》中就曾经记载了《咸池舞》的具体表演过程和它强大的艺术感染力。

从《庄子》的记载中看《咸池舞》，它好像是和祥云图腾崇拜没有什么关系，但是充满了老庄哲学味道，其中难免有庄子借题发挥之处。

但是庄子所形容的《咸池》具有"始闻之惧""复闻之怠"和"卒闻之惑"等特点，倒是和我国原始祭祀舞蹈宗教特征十分吻合，从中也可以领悟一些原始祭祀仪式的神秘力量。

所以《咸池舞》让人看过之后既感到心神不宁，又因为该乐舞表现了世间万物规律运行、阴阳相济和刚柔调和等哲理，所以它又让观者感到安心和舒畅。

最后，《咸池舞》乐舞表现的是或生或死和无声无形的境界，所以这支舞蹈

■ 乐舞岩画

又让人感到迷惑不解。因此，一个人如果能够在《咸池舞》开始的时候感到害怕，这说明他对于灾害是有所警觉的。

继而这个人通过懈怠而懂得逃避，还有最后在迷惑中认清自己本性，这些应该是宣传老庄哲学中"返璞归真"原理。

还有，《六茎舞》与《承云舞》都是歌颂我国三皇五帝之一的高阳氏颛顼的。在传说里高阳氏颛顼是伏羲氏的后裔，也有人说他是黄帝的孙子。

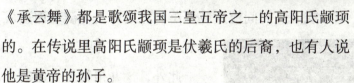
■ 远古的跳舞岩画

颛顼所作的乐舞，就叫《六茎》，也称为《五茎》，不过该舞蹈具体表演情形后人记载极少，也难以考证。

传说中颛顼是个爱好音乐又很聪明的人，他创作乐舞以"调阴阳，享上帝"，而且他能够触景生情地发现乐舞素材。

有一次，颛顼听见天上的风声很是悦耳动听，他就让他的臣子飞龙创作了《承云舞》。其实《承云舞》本来就是黄帝《云门舞》的别名，这说明了《承云舞》其实是对《云门舞》的继承和发展。

在上古时期有关颛顼的故事里，经常可以看到《承云舞》。传说中颛顼是继黄帝之后成为部落联盟

**阴阳** 也叫"阴阳五行学说"，是古代朴素的唯物论和自发的辩证法思想，它认为世界是物质的，物质世界是在阴阳二气作用的推动下孕育而生、发展和变化；此学说认为木、火、土、金、水五种最基本的物质是构成世界不可缺少的元素。这五种物质互相滋生、相互制约，处于不断的运动变化之中。

的首领的。

还有，伏羲是以龙命官的开拓者，黄帝是以云为图腾的创造者，传说中颛顼与他们都有血缘关系，这恰恰反映了古代氏族部落之间文化的互相影响、继承、转化的历史事实。

传说中记载了颛顼时期《承云舞》是由一种叫"鱏"的动物表演的。"鱏"据考证其实就是"鼍"，也就是龙生九子之一的"猪婆龙"。

《承云舞》具体表演动作是人们仰天躺在地上，用自己的假尾巴敲着肚皮而舞，并伴以歌唱。从这一点上看，《承云舞》和《云门舞》演出情形大相径庭，或许是时间流逝或部落联盟之后文化演变而造成了表演的巨大变化吧。

此外，《九招舞》是歌颂五帝中帝喾的，帝喾，号为高辛氏，传说他是黄帝曾孙。帝喾是一个有所作为的首领，他曾经兴修过水利工程而留下治民的好名声。

其舞蹈名便叫作"九招舞"，但是《九招舞》的具体记载简直就是凤毛麟角，只有后来商代卜辞中才记载了帝喾是殷商人的祖先。

后来秦国宰相吕不韦在他主编的《吕氏春秋·仲夏纪·古

■ 颛顼雕塑

乐》中记载：

> 帝喾命咸黑作为声歌《九
> 招》《六列》《六英》，有倕作为
> 鼙鼓、钟、磬、吹苓、管、埙、
> 篪、鼗、椎钟。帝喾乃令人抃，
> 或鼓鼙击钟磬，吹苓展管篪，因
> 令凤鸟天翟舞之。

从这则记载看，帝喾舞蹈是非常
好看和好听的，可谓是钟磬齐鸣，神
采奕奕。文献里是帝喾命令臣子咸黑
创作了《九招》《六列》和《六英》
等乐舞。

还有，帝喾又命人做了鼓、钟、
磬、苓、管、椎钟等乐器。据说，那时候人们进行《九招舞》表演
时，众乐齐鸣，民众观舞情绪高涨，此时甚至就连凤
凰也会合着节拍起舞。这似乎在古籍中也得到了进一
步的证实，原文记载：

■ 帝喾雕塑

> 帝喾高辛氏……代高阳氏王天下，使鼓
> 人拊稗鼓、击钟磬，凤凰鼓翼而舞。

因此，这支舞蹈特点是神鸟"凤凰"也来加入，
这使歌颂天帝和祖先功德的乐舞变得更加神秘和神圣
了。但是，古籍里的传说之舞，或多或少都有着血缘
和继承关系。

**帝喾** 姬姓，出
生于高辛，中国
上古时期一位著
名的部落联盟首
领。《山海经》
等古籍中天帝帝
俊的原型就是帝
喾。他15岁受封
为辛侯，30岁受
禅即位，号高辛
氏。春秋战国后，
被列为"三皇五
帝"中的第三位
帝王，即黄帝的
曾孙，前承炎黄，
后启尧舜，奠定
了华夏根基，是
华夏民族的共同
人文始祖。

传说中与神农氏同时的还有一个在舞蹈方面多有创造的部落，叫作葛天氏。葛天氏歌舞有两种表演形式：一种是三个人手拿着牛尾，脚踏着舞步，他们边歌边舞；另外一种由八个青年人牵着一头牛，然后这些青年人手执牛尾，叩击牛角，踏足歌舞。

后来秦国吕不韦所主编的《吕氏春秋·仲夏纪·古乐》中记载：

昔葛天氏之乐，三人操牛尾，投足以歌八阕：一曰载民，二曰玄鸟，三曰遂草木，四曰奋五谷，五曰敬天常，六曰达帝功，七曰依地德，八曰总万物之极。

从字面上看，这才是真实记录了原始舞蹈具体表演情形的珍贵文字。与此有关的，还有南宋学者罗泌所著的《路史·前纪》卷七中记载：

葛天氏其及乐也，八士捉，投足操尾扣角乱之而歌八终，块柎瓦缶，武噪从之，是谓《广乐》。

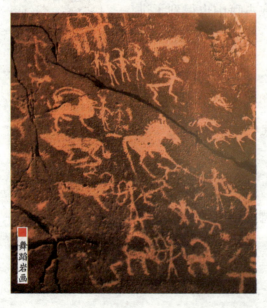

舞蹈岩画

《大章舞》是从原始社会到奴隶社会之间出现的舞蹈，这是一个过渡时期，也就是传说中从黄帝到尧、舜、禹的过渡时期。

传说中关于尧、舜、禹的"禅让制"，在后世传为美谈。这是在部落联盟内推举首领的一种选举制度。从传说内容来看，当时也有乐舞活动，其中尧的乐舞便叫作"大章舞"。

尧是我国古代实行"禅让制"时的一个部落联盟首领。因为他曾经是陶唐氏的首领，所以历史上又叫他唐尧。后来书籍中记载：

> 据说尧仁德如天，智慧若神，百姓依附他就像依附太阳、仰望云彩一样，是曾经为部落发展做出过一定贡献的人物。

> 相传，尧的乐舞叫"大章"，内容是颂尧之德大明于天下的。这个乐舞的创作者是尧的臣子质，质在创作的时候，模仿着山林溪谷间的声音用了曲，以陶鼓、石磬等乐器伴奏。

> 另外又有一老年的盲艺人拿原来的五弦瑟增加成十五弦，就这样演奏起来，于是百兽都跳起舞来了。帝尧就拿这个乐舞来祭祀上帝。

当然，传说中的百兽之舞，当然不是真的有野兽加入了人类的乐舞行列，而是人通过扮作兽形来进行舞蹈的，它其实是原始图腾崇拜舞蹈的标志。关于《大章舞》，还有另外一种传说，有人认为这乐舞也叫作"大咸"，用瑟来伴奏，有人认为：

> 因为它是增修黄帝之乐《咸池》而成

**葛天氏** 远古时期部落首领的名号。被后人尊为乐神的名号，如果说葛天氏单单是发明乐舞的话，而"葛天氏"三字似乎对舞乐没有丝毫含义。其实葛天氏部落不仅是乐舞的发明者，也是织布、穿衣的发明者。由于葛天氏部落首领利用葛这种植物纤维造福部落之民，后人才称之为"葛天氏"。

**禅让制** 禅让制度也就是我国原始社会的部落联盟民主推选首领的制度。据说当部落联盟首领尧年老时，召集了部落联盟会议，推举有才德的舜为继承人。尧对舜经过长期考察后，就把联盟的首领位置让给舜。这种民主推举首领的制度，历史上称为"禅让"制度。

的。不用增修部分的，仍名《大章》。看来，乐舞大概比较粗糙些，于是吸收《咸池》来增修了一下。

增修后，十五弦的瑟增为二十三弦，舞蹈部分改用《咸池》舞，而不再是百兽舞了。

这个传说似乎暗示着原始舞蹈到这一时期已有了继承、发展的关系了。这一现象在原始舞蹈的发展里程上来说，应该说是一个重大的进步标志。

《大章》是歌颂尧的舞蹈。在传说里，尧时期还出现了另外一种民间自娱性、带有游戏性质的活动，叫作"击壤"乐舞，并且古籍中还有这样一则传说：

那是在尧执政的时候。有一天，一个过路人看见很多老头在街上玩"击壤"。他不禁感叹尧治理国家的功绩。

谁知老人们听了很不以为然，就唱着歌回答道："太阳一出我下地，太阳落山我休息；喝水自掘井，吃饭自耕耘。帝德和我啥相干？"

据说玩这"击壤"的时候，人们要顿足、击土而作歌。史学家们认为，这是一条重要的舞蹈史消息，它暗示着原始歌舞，此时已经从单纯的乐舞纪功、歌

悠扬飘逸的古乐歌舞

**击壤** 是汉族民间一项古老的投掷游艺，相传远在帝尧时代已经流行。在远古时代的狩猎生产中，人类会用土块、石块、木棒投击猎物；在原始的部落战争中，这种投击也成为作战技能。为了投击得更准确，平时便要练习。后来，狩猎、作战工具得到改进，有了弹弓和弓箭，不再依靠土块、石块、木棒掷击野兽，这种投击练习便演变成了一种游戏。

**《史记》** 由司马迁撰写的我国第一部纪传体通史，是二十五史的第一部。它记载了上自上古传说中的黄帝时代，下至汉武帝太史元年间共3000多年的历史，是一部优秀的文学著作，在文学史上有重要地位，具有极高的文学价值和历史价值。

颂先祖的状态里产生了某种分化，也就是此时已经开始有了表现地位较低下者的思想感情和生活状态的游戏性舞蹈了。

《箫韶舞》是传说中帝尧暮年时，他传位给了舜。舜曾经是有虞氏的首领，由此他也被称之为虞舜。记载中的舜姓姚，他是颛顼的第七世孙。

舜是我国历史上颇有建树的首领，其乐舞《箫韶》是我国古代非常著名的乐舞。《箫韶》简称《韶》，又叫《九韶》《韶箾》《韶虞》《九辨》《九代》等，"韶"有时又写作"招""韺"等。关于这个乐舞的具体表演情形，古籍中记载：

> 帝舜有虞氏，元年己未帝即位，居冀。作《大韶》之乐。

后来，西汉时期著名史学家司马迁在他所著的《史记·夏本纪》记载：

远古时代舞蹈岩画

> 舜德大明，于是夔行乐，祖考至，群后相让，鸟兽翔舞，箫韶九成，凤凰来仪，百兽率舞。

这里所描写的《箫韶》乐舞，阵容十分可观，"百兽"和"凤凰"是各部落尊奉自己崇拜的图腾形象，或许是人们亲身装扮，亦或是人们高举神兽的模型载歌载舞。

《箫韶》有许多名称，用如此多的名字来称呼一个乐舞，在我国舞蹈史上是不多见的。究其原因，后人的解释也很多。

一种说法是古人用"九"字，有时和"大"字用意相同，因此《九韶》有很多或近似同名的乐舞名称。另外的说法是"九"字代表了《大韶》舞蹈演出时的段落数目，古籍经典《尚书·益稷》中所说的"《箫韶》九成，凤凰来仪"中的"九成"正是这个意思。

■ 舜帝抱瑟塑像

《箫韶》的"箫"字，也许是一种舞竿的名字，所以有舞蹈史学家认为，《大韶》有可能是因为跳舞时舞者需执此竿而舞，人们于是将该舞重新起名，叫作"箾韶"。

古代舞蹈史上此种因舞蹈道具而得名的情况，是经常出现的。《大韶》另外一个名字是"韶虞"。这大概是因为舜曾经是有虞氏首领，因此部落印记打在了乐舞的名称上，当然也有可能暗示着这个乐舞和"有虞族"的某种传衍之舞有关。

以上这些名字，都是指整个乐舞的通称，而《大韶》还有一些异名，梳理它们的来由和含义，也能了解这一乐舞的情况。

比如，《九辩》和《九代》，似乎就和《大韶》有特殊关系。战国时期著名诗人屈原在他所写的《离

**凤凰** 它在远古图腾时代被视为神鸟而予崇拜。是原始社会人们想象中的保护神，据说它头似锦鸡，身如鸳鸯，有大鹏的翅膀，仙鹤的腿，鹦鹉的嘴，孔雀的尾。居百鸟之首，象征美好与和平。也是古代传说中的鸟王，雄的叫凤，雌的叫凰，通称凤，是封建时代吉瑞的象征，也是皇后的代称。

骚》中说："奏《九歌》而舞《韶》兮。"

这说明了《九歌》和《大韶》是同一种音乐舞蹈。另外，如果把《山海经》上一段神话拿来作一对照，还能发现与《九歌》对应的还有《九辩》。

《山海经》中那段神话记载：

夏启到天上去做客，他把《九歌》和《九辩》偷了下来，于是开始在大穆之野演出了《九韶》。

可见，《九歌》和《九辩》一起构成了《九韶》，《九辩》则是演出中的舞蹈专名。《山海经》在《海外西经》中把同一传说写作"大乐之野，夏后启于此舞《九代》"，因此《九代》就是《九辩》。

总之，舞蹈与远古时期三皇五帝都有直接或间接的联系，这也说明了我国舞蹈历史是极其悠久的。

**阅读链接**

据说，有一次黄帝在洞庭湖畔举行了《咸池舞》的演出。有一个叫北门成的人看了这个舞蹈，他先是觉得非常害怕，继而又觉得浑身懈怠。没多久，北门成觉得心神不宁，他恍惚不安，很不自在。北门成看过表演之后，他就去向黄帝询问其中的缘由。

黄帝首先肯定了北门成的感觉，并且他解释了自己的乐舞一开始就犹如雷霆一般，表现出了天地万物周而复始、无始无终、循环往复的规律，然后又表现出了宇宙无头无尾的状态和与之相比下人类生命的短暂，所以北门成才会有那么多的奇怪感受。

# 夏代女乐与享乐性舞蹈

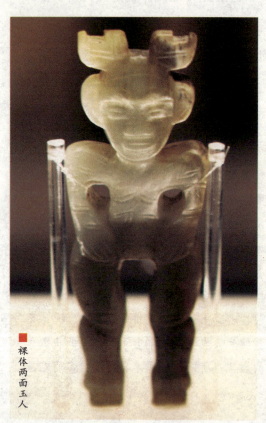

裸体两面玉人

因为夏代舞蹈形象出土很少，而到了商代，由于甲骨文的记录，人们才能够清晰地辨认出"舞"这个字了。

后来，在河南安阳殷墟妇好墓中曾经出土过一件裸体两面玉人，玉人通体圆润，镂刻纹理清晰，神态自然。

商代人们的图腾形象其实是一只大鸟，商代人们认为太阳就是一只飞鸟。

在河南安阳殷墟的妇好墓中出土了另外一件玉凤，虽然所刻羽毛之纹非常简单，但是玉凤的整个造型却是质朴而生动的，如弯弓射月，正待飞翔。

这一图像，能够使人捕捉到一点儿当时的舞蹈动态，并体会到所谓"凤凰来仪"的庄重和典雅。

在夏代的众多乐舞中，有一些被人们明确地记录了下来。

《女乐舞》出现在传说中的夏启时代，夏启是很喜欢女性乐舞的，他曾经在大穆之野举行盛大的乐舞表演会，他命令乐工演奏《九歌》，会上有"万舞翼翼，章闻于天"，可见当时女乐舞蹈已经到了一定的规模了。

夏禹时的《夏龠》又名"大夏"，主要歌颂禹治水有功，属记功的舞蹈。周代仍保留着，表演时舞者头戴皮帽，上身裸露，下着素白裙。

进入奴隶社会的夏代，舞蹈已由群众性、自娱性的活动走向表演艺术。根据史料记载，我国古代乐舞从记功性质向享乐转变，大约就是从夏启开始的。也就是说，夏启已经把乐舞声色的享受当作自己的一种生活方式了。

在《竹书纪年》中记载了夏启十年巡狩时曾舞《九韶》于天穆之野的场景。《山海经·海外西经》中也描绘了夏启观舞时的情景："乘雨龙，云盖三层，左手执翳，右手操环，佩玉璜。"

此外，《万舞》中提到："翼翼，章闻于天，天用弗式。"这里不但谈到夏启以《韶舞》作为个人享乐之用，并创制了《万舞》，该

悠扬飘逸的古乐歌舞

墨子 （前468—前376），名翟，春秋末战国初期宋国人，是战国时期著名的思想家、教育家、科学家、军事家。墨家学派的创始人，后来他的弟子收集其语录，完成《墨子》一书传世。《墨子》一书中体现的墨子的思想在后世仍具有一定影响。

舞红火热烈，旋转如飞，惊动天地，可以想到当时乐舞奴隶的技艺已达到相当高的水平。

春秋时期著名学者墨翟所著的《墨子·非乐》是一篇有名的反对奢侈淫逸之风的文章，其中就曾经拿夏启开刀，原文是这样记载的：

启乃淫溢康乐，野于饮食，将将铭铭，莞磬以力，湛浊于酒，愉食于野，万舞翼翼，章闻于天，天闲弗式。故上者天鬼弗戒，下者万民弗利。

墨子是从人类社会发展的利弊角度看待夏启的乐舞，他认为夏启的享乐是上不利天、下不利民的。

后来的夏桀为他所宠爱的女人妹喜建造了一座

■ 舞蹈岩画

■ 原始舞蹈岩画

"倾宫"，日夜陪伴妹喜，一面品味美酒佳肴，一面观赏数千美女和着音乐翩翩起舞，场面好不壮观！

后来秦国吕不韦所主编的《吕氏春秋·仲夏纪·古乐》中记载：

> 禹立，勤劳天下，日夜不懈，通大川，决雍塞，凿龙门，降通渗水以导河，疏三江五湖，注之东海，以利黔首，于是命皋陶作《夏籥》九成，以昭其功。

对于"女乐"，特别是夏启和夏桀时期的女乐舞蹈，后人曾有很尖锐的批评，人们认为：

> 昔桀女乐充宫室，文绣衣裳。故伊尹高逝游亳，而女乐终废其国。

桀 生卒年不详，是夏朝第十六代君主发之子，在位52年。履癸文武双全，赤手可以把铁钩拉直。商汤在名相伊尹的谋划下起兵伐桀，汤先攻灭了桀的党羽韦国、顾国，击败了昆吾国，然后直逼夏的重镇鸣条，最后又被汤追上俘获放逐。

**陈旸** 宋代宫廷雅乐派的代表人物之一。著有《乐书》，又称为《陈旸乐书》。《乐书》是一部我国古代编撰的大型音乐工具书，它辑录了大量早已散佚的唐宋及以前音乐文献，保存了丰富的音乐资料，对音乐思想、音乐理论、乐器等都有较详尽的说明，是我国古代最重要的音乐文献之一。

还有夏代《奇伟之戏》，说明夏桀不但是一个喜欢庞大表演阵容的帝王，还是个有特殊癖好的人。根据古代典籍《路史》中记载：

昔者桀之时，女乐三万人，
晨噪于端门，乐闻于三衢。

从这条记载中可以看出夏桀时女乐的阵容已经相当庞大，特别是针对当时生产力尚不发达的情况而言，这3万女乐所制造的乐音已经能够传遍宫廷内外的大街小巷，由此可见，女乐在夏桀之时已经发展到可观的程度了。

这里的奇伟之戏，究竟是一种什么样的舞蹈表演，目前还未见具体的材料，但是"奇伟"二字已经透露出了一些信息。古籍《列女传》中记载：

■ 西周舞蹈雕塑

夏桀既弃礼仪，求倡优侏
儒，为奇伟之戏。

后来，宋代学者陈旸所编撰的
《乐书》中也说：

桀既弃礼仪，求四方美人
积之后宫，俳优侏儒而为奇伟
之戏者，取之于房，造烂漫之
乐。

乐舞画像石

从这些文献来看，这"奇伟"之戏与那些身材特殊的侏儒有关。
后世杂技史学家们认为，夏代舞蹈也可能包含某种早期杂技的因素。

由于夏代乐舞中有了很多娱乐成分，夏桀以及他周围的首领们以
奇形怪状的演员和怪里怪气的动作来求取刺激，甚至在其中内含某些
戏谑的成分。

阅
读
链
接

严格地说，夏代的"女乐"并不是一个舞蹈种类，而是泛
指女性奴隶中善于表演歌舞的那些人。

在古代文献资料中，"女乐"一词在夏代还没出现呢。这
一称谓最初见于春秋时期著名学者左丘明所著的《左传·襄公
十一年》，原文是："郑人贿晋侯，女乐二八。"

这便是说在春秋时期，郑国有人向晋侯奉献了16个"女
乐"，这便是我国古代女乐舞蹈的最早出处了。

# 商汤令伊尹作《大濩》

那是在商代时期，商汤刚刚建国不久，中原地区就遇到了一场大旱。这次天旱竟然一直旱了整整7年，真旱得河干井涸，草木枯焦。人民叫苦连天，商汤也用尽方法，却总是不能得到霖雨。

商汤画像

那时候，在伊水河畔离商都不远的地方，出了一位名叫伊尹的贤能之士。伊尹是个聪明勤奋且具有心计的人，他虽然祖祖辈辈当奴隶，地位卑贱，可是他肯动脑筋，有志气、有抱负。

伊尹很注意研究三皇五帝、大禹等英明君王的施政之道，他也擅长对当时社会深刻的观察和分析。

商汤屡次求雨不成，他见

伊尹很有智慧，便想试探一下伊尹的智慧，他先向伊尹求教治国之道。伊尹说："做菜既不能太咸，也不能太淡，要调好佐料才行。治理国家如同做菜，既不能操之过急，也不能松弛懈怠，只有恰到好处，才能把事情办好。"

商汤听了，很受启发。商汤觉得伊尹很有智慧，便虚心向伊尹求教解决大旱的办法。伊尹便提出来教人民在田头的地方开井，来灌溉农田，补救灾旱，但是这只能解决局部的旱情，对大面积旱情收效甚微。

■ 伊尹雕塑

商朝生产力很低，那本来就是很迷信的时代，因为人类知识还不能够明了自然界的各种现象，人们便以为都是有神存在的，特别认为神是万物的主宰，和地上的天子一般。

商汤既然没有求到雨，他便只有祈求天神了，但是天神又是不能说话的，他只有请教一种专门会传达鬼神意思的人，这种人就是巫师了。

商代的巫师大多数都是男性，只有一些个别部分还用女巫。那时候，人们在祭祀的时候，通常先由巫师用占卜的方法，来求问天神的意思。

最早是用传说中的野兽"夔"的一片骨头，后来

**伊尹** 出身奴隶，生于伊水边。为我国商朝初年著名丞相、政治家，是中华厨祖、中原菜系创始人。约公元前1600年，他辅助商汤灭夏朝，为商朝的建立立下汗马功劳。他任丞相期间，整顿吏治，洞察民情，使商朝初年经济比较繁荣，政治比较清明，商朝国力迅速强盛。

悠扬飘逸的古乐歌舞

**商汤** （？—约前1588），子姓，名履，庙号太祖，为商太祖，河南商丘人。商朝的创建者，公元前1617年至公元前1588年在位，在位30年，其中17年为夏朝商国诸侯，13年为商朝国王。今人多称商汤，又称武汤、天乙、成汤、成唐，甲骨文称唐、大乙，又称高祖乙，商人部落首领。

大多是用牛的胛骨。再后来人们也不用牛骨了，只用龟的腹甲。人们把乌龟的甲壳用牛血涂过，用刀刮光，外面的胶质鳞片都磨刮干净，又把龟圻的裂纹都刮平，太高太厚的地方也凿磨得光滑如玉。

在占卜的时候，人们在龟甲里面先钻出一个凹穴，人们再用凿子凿出了一道形如"卜"字，最后用火在凹的地方烧灼。因为受热，龟甲的正面便裂成纹，爆裂声卜卜作响，所以称这种占术为"占卜"。

巫师详细看了龟壳裂纹的样子，他们来断定所卜之事是凶的，巫师便告诉商汤说："大王，这次占卜并不吉利，恐怕是求不到雨了！大王如果真的想让天神降下甘露，就请大王亲自以歌舞娱神吧！"

商汤无奈，他只能同意了，他带着群臣和百姓一起载歌载舞，他想通过这样的方式让天上的神仙高兴。但是这些事都举行过了，天还是不下雨。

■ 古代龟壳占卜

巫师又提议说："大王，这次旱得这般厉害，一定是一种叫作旱'魃'妖魔在作祟。我们可以打扮成旱魃的样子，晒在太阳底下，或是用火来烧他，这样旱魃就害怕了，他就会离开这里，这里也就会下雨了。"

商汤依从他的话，巫师便装扮得像旱魃一般，来举行曝巫的仪式，可结果还是没有下雨。

等到什么法子都用完了，还是没下雨。商汤只得亲自到野外祈求下雨。商汤沐浴清洁，他剪去指甲，恭敬祈祷说："上天降灾，一定是我做得不好的缘故。我愿意自己领罪，不要因为我一个人的不好，害了百姓的性命。是不是因为我的宫室造得太高太美呢？是不是因为小人谗言盛行呢？"

■ 商汤雕塑

商汤用自己责备自己的方法，得到了百姓们的同情。后来不久，天果然就下了雨。人们便认为必定是商汤感动了上天。百姓因为对于大旱的痛苦，又看见商汤这般尽心祈祷祭告，他们只有感激，并不怨恨。

后来，商汤命令伊尹作了乐舞，取名叫作"大濩"，用来纪念这次野外求雨成功的事情。

其实，夏商原始社会生产力的提高，终于促成了生产资料私有制的形成。财富的增长，使得社会出现了阶级分化，原始公社过渡到奴隶社会成为历史的必

**旱魃** 传说中引起旱灾的怪物。旱魃的传说起源很早，如《诗经》里就有"旱魃为虐，如惔如焚"的诗句。我国幅员辽阔，自古以来旱涝等自然灾害频繁发生。古时人们将许多自然现象归之于鬼神的支配，如干旱就被认为是"旱魃"作怪。

商代舞俑

然。最终奴隶制代替了氏族制，诞生了第一个奴隶制国家，也就是大夏王朝。

后来，商汤灭夏后，又开启了一个全新王朝。

商代是夏朝之后的另一个引人注目的王朝，它创造了灿烂的青铜文化，为中华文明大发展奠定了坚实基础，舞蹈在这一时期也得到了充分发展。

商汤命令伊尹作了乐舞，取名叫作"大濩"，这说明夏商舞蹈与其社会总体发展水平紧密相连。在夏商时期，开始形成了娱人和娱神同一的表演行为，也体现出了夏商舞蹈多是一些歌功颂德的舞蹈。

在那时，以乐舞为生的奴隶将舞蹈的表现范围和技巧提高到了一个新的水平线上。从内容上看，尽管一些乐舞被用在了政治斗争上，但是有一些乐舞尚保留着先民们淳朴的生活风气。

悠扬飘逸的古乐歌舞

**阅读链接**

在商代，还有一种叫作"夏龠"的舞蹈，这与商汤的《大濩》一样，也是传说中歌颂首领的纪功性乐舞。

传说禹是黄帝的玄孙。在尧之时，天下洪水滔天，舜帝举荐大禹治水。禹劳心尽力13年，三过家门而不入，最终治理了水灾，做出了非常巨大的贡献。

人们为了感谢大禹，便创作出了歌颂大禹的乐舞《夏龠》，又叫《大夏》。《夏龠》的名称源自表演时的道具，舞时手里拿着"龠"，也就是一种样子像箫的古代乐器。

# 礼乐歌舞

西周周公旦制礼作乐，这实际上完成了我国历史上第一次乐舞大整理，形成了周代祭祀乐舞的《六代舞》，对后世舞蹈发展影响很大。

由于先秦时期民间歌谣大都是载歌载舞的，歌词和舞蹈是紧密相连的，所以《诗经》中的很多诗歌都可以看作是那一时期民间乐舞的变相记录。

在春秋战国时期，列国之间所进行的"女乐"歌舞互相赠送的情况一时成风，这也在一定程度上促进了列国乐舞文化的融合与发展，而中原之外的少数民族舞蹈也已经受到了人们的注意。

# 周代礼乐舞蹈与六代舞

那是在先秦时的周代初期，历史上著名的圣人周公旦，他是周文王的次子，周武王的弟弟。周公旦很有仁德，在当时享誉九州，百姓们都很信服他。

周成王画像

后来，周武王驾崩了，新继承的周成王还在襁褓中，根本无法管理国家。周公旦担心天下没人管理会出现祸乱，他就代替周成王掌政了。

后来，有人在国都散布谣言说："周公旦将要对周成王不利了，他想自己做天子!"

周公旦知道后，他便召集百官和百姓们，他说："我之所以不避嫌代理朝政，就是因为我哥哥早逝，我的侄儿年幼，我担心天下会出现战乱，那我将无法回报我的哥哥和父亲了。"

于是他得到了百官和百姓们的信任，人们便不再理会那些流言蜚语，周公旦也继续代替周成王执政，帮助他管理天下。

没多久，周成王得了重病，病情不断加重，很快就奄奄一息了。周公旦知道后非常着急，他就剪掉自己的指甲沉到黄河中，他率领百官们载歌载舞，创造了一种礼乐舞蹈。

周公旦祈祷河神说："我的侄儿年幼还不懂事，触犯神命的人是我周公旦啊！请天神降罪于我，千万不要伤及我的小侄儿！"

■ 周公庙周公雕像

周公旦将祈祷册文封好，他又率领百官们载歌载舞，为天神娱乐。果然，周成王的病很快就痊愈了。

后来，周成王长大了，周公旦就将政权交还给周成王，从此，他严谨地服侍周成王，为他出谋划策。后来，有人在周成王面前诬告周公旦，周公旦就逃到了楚国去避难。

没过几天，周成王听说了自己年幼时，周公旦创作礼乐舞蹈为天神娱乐，并祈祷自己的重病痊愈的事情，他又见到了周公旦祈祷河神的书册。周成王责问史官说："为什么我不知道这件事呢？"

**周武王**（约前1087—前1043），姬发，西周王朝开国君主，周文王次子。因其兄伯邑考被商纣王所杀，故得以继位。他继承父亲遗志，于公元前11世纪消灭商朝，夺取全国政权，建立了西周王朝，表现出卓越的军事、政治才能，成了我国历史上的一代明君。死后谥号"武"，史称周武王。

■ 古代舞蹈岩画

史官们回答："这件事是千真万确的，当年周公旦命令我们不要说出去，我们才严守这个秘密的！"

周成王这才知道了周公的一片义胆忠心，他感动得哭了起来，他哭道："从此以后，都不会再有这么虔诚的舞蹈和占卜了！这都是我的过错啊！"

周成王知道自己误会了周公旦，他便马上派人去楚国请周公旦回来。后来，周成王命令百官将周公旦创作的礼乐舞蹈演化成一种礼仪，这才逐渐形成了我国的礼乐文化。还有，这种礼乐舞蹈世代流传，对我国后来的舞蹈发展也有很大影响。

其实，商纣王朝的覆灭，源自一个因果的恶性循环。而西周王朝是我国历史上占有非常重要地位的一个朝代。

周人的祖先，原本是居住和活动于大河西部的岐山部族，所以又被称为来自西方的部族。周文化逐渐兴盛，到了周武王歼灭商纣王以后，他就把黄河东西部更加紧密地联系在一起，在各种条件的促进下，形成了古代历史上空前强盛的周王朝了。

《六代舞》据说是周公旦依据周国原来的制度，参照殷礼而制作的一种舞蹈。周公旦通过一系列重大的举措，对上古氏族祭祀乐舞进行了一次大规模整理，这样不但树立了周朝权威，也表达了对祖先敬畏之心。

周公旦提倡了制礼作乐，并且将此作为头等重要的大事来做。所谓的"制礼"，也就是制订各种典章制度，几乎涉及了敬奉神灵、政治、经济、军事、刑法、人们的言谈举止等社会生活的所有方面，从行为规矩到祭祀祖先，从婚丧嫁娶到日常用语，而"礼"作为一种"规矩"在我国周代是无所不在的。

具体地说，"礼"主要又分五类。第一是"吉礼"，是周王朝祭祀和敬奉邦国鬼神的礼仪；第二是"凶礼"，是周王朝哀伤忧患和丧亡殡葬的礼仪；第三是"宾礼"，是关于朝聘盟会的礼仪；第四是"军礼"，是周王朝关于兴师动众的礼仪；第五是"嘉

**周成王**（前1055—前1021）。姓姬，名诵，周武王之子，西周第二代天子，谥号成王。继位时年幼，由周公旦辅政。他亲政后，营造新都洛邑、大封诸侯，还命周公东征、编写礼乐，加强了西周王朝的统治。公元前1021年驾崩，享年35岁。周成王与其子周康王统治期间，社会安定、百姓和睦，被誉为成康之治。

197

歌舞翩翩

礼乐歌舞

■ 歌舞俑

■ 制礼作乐群像

礼"，就是周王朝用于婚姻宴饮的一种礼仪。

所谓的"作乐"，主要就是指每逢用到礼仪时，就要用"乐舞"来配合这些礼仪的规矩。西周人所说的"乐"，其实就是音乐和舞蹈的统称，特指那些配合着不同的礼仪而采用的不同音乐和舞蹈动作。所以，西周的礼仪是用来区别贵贱和判断是非的。

西周乐舞用来缓和上下，整合人心。周代礼乐制度，是政治和艺术教养的结合，讲求礼乐的相互配合、相互支持，以便充分起到巩固统治和调和人心的作用。

周公旦制礼作乐在实际上完成了历史上第一次乐舞的大整理，形成了周代祭祀乐舞《六代舞》。《六代舞》，又称《六乐》《六舞》或者《六大舞》等，它是周代帝王们用于祭祀的6个乐舞。

传说是周武王弟弟周公旦率领文臣乐工在前朝乐舞基础上修订编成的。

根据古籍《周礼·春官·大司乐》中记载：

《六代舞》即黄帝的《云门》、尧帝的《咸池》舜帝的《大韶》、禹帝的《大夏》和商汤的《大濩》与周武王的《大武》。

据说以文德得天下的帝王就必须用"文舞"来祭祀，而以武功得天下者就可以享受"武舞"。因此，前4个舞属"文舞"，而后2个舞则属于"武舞"。

《六代舞》是周代礼乐制度的重要组成部分，《六代舞》被历代封建统治者奉为乐舞典范，实际上综合了许多文化成果。

周代人们建立了庞大的乐舞机构"大司乐"，人

周礼 《周礼》是儒家经典，西周时期的著名政治家、思想家、文学家、军事家周公旦所著，从其思想内容分析，则说明儒家思想发展到战国后期，融合道、法、阴阳等家思想，堪称为上古文化史之宝库。

■ 周公与群臣商议制礼乐图

悠扬飘逸的古乐歌舞

■ 岩画上古代舞蹈

**大韶** 是舜的乐舞，也是古代著名的六代乐舞之一，用于泛指美妙的仙乐。传说为乐师夔所作。《大韶》乐舞内容是歌颂舜帝能继承并发扬光大尧的功德，而它的表现形式则是"击石拊石"，是"凤凰来仪，百兽率舞"，可见它原来也是氏族社会中的原始舞蹈。

们在举行大祭时，通常是由大司乐率领贵族子弟跳《六代舞》，还有，在不同场合需要演奏不同的乐舞。每一个乐舞都有明确的功能，分别用作祭祀天地、四方山川和祖先的。

根据古籍《周礼》中的记载：

舞《云门》时奏黄钟、歌大吕，用以祀天神；舞《咸池》时奏太簇、歌应钟，用以祭山川；舞《大韶》时奏姑洗、歌南吕以祭四望。

舞《大夏》时奏宾、歌函钟，祭祀山川；舞《大濩》时奏夷则、歌小吕，用以享妣；舞《大武》时奏无射、歌夹钟，用以享先祖。

　　表演这6个舞蹈的都是王室和贵族的子弟，乐舞人数更有严格的规定，体现了周礼的等级制本质。其中，《大韶》和《云门大卷》是西周雅乐舞中以黄帝《云门大卷》为开首之乐，用以祭祀天神。

　　周代人们将《云门大卷》列为"六大舞"之一，足可以见到它的重要程度。黄帝是中原各族的共同祖先，文德武功兼备。

　　虽然传说中黄帝因为阪泉之野的大战而战胜蚩尤得以服天下，但他更是文德昭彰。所以，西汉皇叔刘向在他所主编的《淮南子·览冥训》中记载：

　　　　昔者黄帝治天下……使强不掩弱，众不暴寡……百官正而无私……道不拾遗，市不豫贾。

**淮南子** 又名"淮南鸿烈""刘安子"，是西汉时期创作的一部论文集，为西汉皇族淮南王刘安主持撰写。该书在继承先秦道家思想的基础上，综合了诸子百家学说中的精华部分，它对后世研究秦汉时期文化起到了不可替代的作用，是研究黄老思想的极其宝贵而丰富的资料。

■ 黄帝战蚩尤壁画

悠扬飘逸的古乐歌舞

蚩尤 中华始祖之一。上古时代九黎族部落首长，约在4600多年以前，黄帝战胜炎帝后，在涿鹿展开了与蚩尤部落的战争，后来蚩尤战死，东夷和九黎等部族融入了炎黄部族，形成了后来中华民族的最早主体。

传说中黄帝号有熊氏，又号轩辕氏、缙云氏，一般认为这是把我国北方许多氏族的称谓融合于一身的结果。

相传黄帝曾经为了同蚩尤作战而训练熊、罴、貅、虎、貔、貅等6种野兽。据专家考证，这些野兽为部落图腾。黄帝统一了各部落，才得到了广泛推崇。后人尊其为始祖神，也与他"统一"大业有关。

周代将《云门大卷》作为"制礼作乐"的祭祀天神的舞蹈，这说明了黄帝在战胜蚩尤之后，在周代已经不仅是民间传说里的统一之王，而且已经上升为神的代表，这是有比较深刻的含义的。

还有，《大章舞》作为周代的祭祀性乐舞，《大章》祭祀的对象是"地祇"，也就是地神。

《大章》原本是唐尧时代记功性乐舞，根据传说它的内容原本是为祭祀上帝，并由尧的臣子质所创作，后来秦国吕不韦在他所主编的《吕氏春秋·仲夏纪·古乐》中记载：

> 帝尧立，乃命质为乐。质乃效山林溪谷之音以歌，乃以麋置缶而鼓之，乃拊石击石，以像上帝玉磬之音，以致舞百兽。
>
> 瞽叟乃拌五弦之瑟，作以为十五弦之瑟，命之曰《大章》，以祭上帝。

周代的《六代舞》也有把这一乐舞称之为《大咸》的。根据古籍《周礼·春官宗伯下·大司乐》中的记载，祭祀唐尧的乐舞《咸池》，原本祭祀的对象是黄帝。

到了唐尧时代，如果有所"增修"，那也就是在

■ 周代乐手抚琴

**吕不韦**（前292—前235），战国末期卫国的著名商人，就是后来的秦国丞相，著名的政治家、思想家。他以奇货可居闻名于世，曾经辅佐秦庄襄王登上王位，他的门客有3000多人。他还组织门客编写了《吕氏春秋》。

■ 舜帝塑像

基本保持原名的基础上改叫《大咸》。

如果"乐体"没有什么变化，就把原名改掉，叫作《大章》。

据此可以看出，周代将《大章》列入《六代舞》，大约是更多地保留了唐尧时代乐舞的面貌。

还有，《大韶舞》是传说中祭奠帝舜的乐舞。舜是古代的贤明君主，古籍《尚书·舜典》记载他曾经巡行四方，咨询四岳，善选贤人。

因此，周代以此舞祭祀"四望"，也就是四方，还有的说是指名山大川，或者是日月星海的。

传说舜命夔以乐舞教育贵族子弟，因此这既是帝舜文德，又被后人提炼为中庸之德，大约《大韶》乐舞也具有"中庸"为美的特点。

对此，史籍中多有记载。如古籍《尚书·尧典》记载《韶》时用"八音克谐、毋相夺伦，神人以和"，这便是说人们用器乐音律之间的配合，来达到人神沟通、协调的作用。

南宋学者罗泌在《路史·后纪》中记载：

韶者，舜之遗音也，温润以和。

《大韶》先经过了周代确立，又经历了历代传衍，最终它成了"文舞"代表作。除去享受了皇家王朝尊敬之外，还受到了民间喜爱。

湖南湘潭的韶山，就流传着古时舜帝曾在此演奏过《韶》乐，以致吸引了凤凰飞翔，麒麟欢舞，韶山这个地名由此得来也与它有一定的渊源。

广东韶关附近有一块巨石，名为"韶石"，传说这就是当年舜帝曾经巡游此地。舜帝曾经在这里演出过《韶》乐。

如果联想到《大韶》举行往往是"拊石击石，致舞百兽"的情形，似乎这《大韶》之乐与石制的乐器有关，也许石头也是乐舞表演时的神圣道具吧？

**罗泌**（1131—1189），南宋史学家。他自幼生而颖迈，弱冠好读书，精于诗文，一生无意于科举考试，却著作了一本《路史》，为后世研究上古史、特别上古神话传说提供了丰富的资料。《路史》不失为一部具有研究和参考价值的史书。

■ 舞蹈岩画

《大韶》不仅有隆重的祭祀意义，在长期发展中也逐渐丰满，达到内容和形式的相对有机统一，具有很高的艺术欣赏价值。

据后来的春秋时期著名学者左丘明所著的《左传·襄公二十九年》中记载：

吴国公子季札曾经游历卫、郑、徐等国。到达鲁国时，自然要求观赏周代乐舞。他对《韶》是极力推崇：德至矣哉，大矣！如天之无不帱也，如地之无不载也，叹为观止。

据《论语·述而》记载，孔子曾经在欣赏《韶》乐之后"三月不知肉味"，孔子称赞这支乐舞是尽善

**九州** 是我国的别称之一。古代人将全国划分为9个区域，也就是所谓的九州。根据《尚书·禹贡》记载，九州分别是徐州、冀州、兖州、青州、扬州、荆州、梁州、雍州和豫州。

■ 舞蹈岩画

尽美的，可见人们对它评价之高。

还有，《大夏》原本是人们歌颂夏禹的乐舞，后来周代人们把《大夏》用来祭祀九州山川，大概是因为禹是古代以治理洪水而传颂后世的。古籍《尚书·大禹谟》中记载：

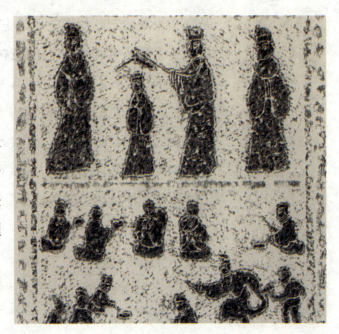

207

■ 周公辅成王乐舞画像石

禹克勤于邦，克俭于家，敬承尧舜，外布文德。

还有，根据秦国宰相吕不韦所主编的《吕氏春秋·仲夏纪·古乐》中记载：

禹立，勤劳天下，日夜不懈，通大川，决壅塞，凿龙门，降通漻水以导河，疏三江五湖，注之东海，以利黔首，于是命皋陶作为《夏籥》九成，以昭其功。

这便是歌颂大禹的乐舞，原名是"夏籥"，到了周代主要用《大夏》这个名字，反映了周人尊重自然之神力的态度，更从制订乐舞的角度反映了周人善于

左丘明（约前502—约前422），姓左，名丘明。春秋末期鲁国人。春秋时史学家。汉代太史司马迁称其为"鲁君子"。著有《左传》和《国语》。两书记录了很多西周、春秋的重要史事，保存了具有很高价值的原始资料。

悠扬飘逸的古乐歌舞

**桑林** 本是我国商代一种大型的、国家级的祭祀活动，性质与祭社相同。直至春秋的墨子时代"桑林"仍是万人瞩目的盛大祭祀活动。"桑林"之祭所用的乐舞，也就沿用其祭名，称为《桑林》了。它的动作、节奏、音响"莫不中音，因此《桑林》乐舞既强而有力"，又轻捷灵巧，而且音乐震撼人心。

从江山一统的宏阔规模中寻找王朝社稷基业的精神追求。《大夏》乐舞的确立正是这一文化精神的反映。

关于《大濩》这个乐舞，有人认为是周武王打败商纣王之后，周代人们才把殷商的《濩》作为本朝的《六代舞》之一，由此得知周人气量大。这一支乐舞原本是纪念商代君王伐桀的乐舞，歌颂了商汤的功劳。

古籍《周礼》中记载：

承衰而起，讨伐夏桀，救护万民，以宽治民除其害……救护万民得其所也。

这便是说商汤救护万民，因此这支舞蹈也被称为《大护》。商代的《大濩》主要是用于祭祀先王，到了周代，该乐舞主要祭祀对象却转换为祖先。

这一点与《大濩》表演主要在"桑林"之地举行有关。桑林之地乐舞具有祈祷多子多孙的功能，也是人类生产力低下、人类社会还处于低级水平时对于母性力量崇拜的结果。

还有，《大武》简称为《武》的乐舞，是自周代起就被列为《六代舞》之一，可见周人把自己的功业与传说中

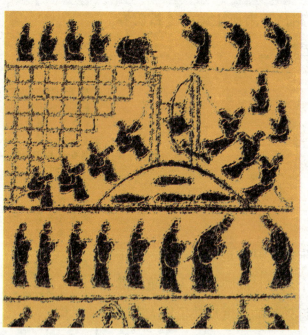

■ 周公辅成王画像石

的祖先们相提并论，气魄是很大的。

《大武》是周代乐舞的标志性成果，这是为了纪念周武王克商而创造出来的乐舞，根据历史记载它的创作者便是周公旦了。《大武》舞蹈内容表现了周武王克商的功绩。根据孔子所见，它的演出情形是：

乐舞开始，先奏响一段鼓声，舞队手执兵器，屹立戒备，接着，徐缓、绵长的歌声唱起，表现出决战的心情。然后，舞蹈展开了战斗场景，共分为六段。

第一段舞蹈队由北面上场，描写出兵的情形；第二段表现除灭商朝；第三段继续向南进军；第四段表现平定了南方的边疆部落；第五段舞队分列，表示周、召二公的英明统治；第六段舞队再次整齐集合，表达对周武王的崇敬。

后来的舞蹈史学家们认为：

■ 舞蹈岩画

悠扬飘逸的古乐歌舞

从这段描述来看，这个舞蹈的动作、队形变化都是表现具体情节的。据孔子的分析，所表现的就是，武王之事太公之志。

当然，这实际上也是一种夸耀，显示自己的武力强盛，以此来威慑诸侯和人民，所以主张仁义的孔子对这个舞蹈的评价是"尽美矣，未尽善也"。虽然赞美舞的艺术表现，但是对它的内容评判则有所保留。

《大武》根据春秋时期著名史学家左丘明所著的《左传·宣公十二年》记楚庄王的话：

> 武王克商……又作《武》，其卒章曰：耆定尔功。……其六曰：绥万邦，屡丰年。

尚父（前1156—前1017），即姜尚，字子牙，俗称姜太公。曾先后辅佐了6位周王。西周初年，被姬昌封为"太师"，尊为"师尚父"。后辅佐周武王灭商。因功封于齐，成为周代齐国的始祖。他是我国历史上最享盛名的政治家、军事家和谋略家。

《大武》舞蹈分为以上六段，同时都配以歌章。由于年代久远，有些歌词已经难以追溯。其中的《武》《桓》等，却被保存在《诗经·周颂》中。

如《赍》的最后一句是"敷时绎思，我徂维求定"；又比如《桓》的首句是"绥万邦，屡丰年"。

根据先秦诗歌总集《诗经》中记载，《大武》之诗共有7句：

> 于皇武王，无竞维烈。
>
> 允文文王，克开厥后。
>
> 嗣武受之，胜殷遏刘，
>
> 耆定尔功。

这一诗章大意是：伟大的武王啊！建立了无可比拟的丰功伟绩。文德洋洋的文王，为后人开创了基业。武王继承文王的遗志，战胜殷商，遏制了杀戮，终于完成了伟大的功业。

武王克商，是当时一件惊天动地的大事，因为商纣王曾以70万兵抗拒周人。结果是武王以师尚父为先锋，依靠巴师的锐勇，驾车冲入朝歌城外商纣王之阵，"歌舞以凌殷人"便是这个意思。

《大武》就是为歌颂这一伟大胜利而创作的。也许是受了宏大历史气魄的影响，也是为了真实地表现出战争的残酷和壮烈。

**阅读链接**

据说，周代人们曾经用《大武》来祭祀祖先，这支乐舞有着很深的用意，其中最主要的恐怕就是"天子"概念的确立。

自西周开始，周武王就已经将自己的争战称霸的伟业说成是受天帝之命，人间的英雄开始在赞美声中上升为领受了"天命"的人，这就是天子了。

周武王因有着超越常人的天赋和才能，他能够代替普通人与天神沟通，因此他应该得到黎民百姓的崇拜。既然西周的统治者已经是"天子"，他当然也就不需要和常人一样朝拜神灵，而是既可以领导众人祭祀祖先上苍，又可以代天受礼，这即是周代《大武》舞蹈的渊源了。

# 周代乐舞教育与六小舞

西周的《六代舞》体现了周人乐舞制度核心"礼"，它鲜明地体现了西周政治制度和血族制度的原则精神。礼不但在政治、思想、文化等方面得到尊重和体现，还通过教育手段灌输给贵族的青年子弟们，使西周形成了以尊礼为目标的礼乐教育体系。

贵族青年们学习的内容，除了礼仪射御之外，舞蹈方面也有"大舞""小舞"等，音乐方面有歌唱和乐器演奏，此外还有有关乐舞的理论知识，舞蹈教育是其中的重要部分。

而周代礼乐教育对象，是宫廷王室成员和贵族子弟。礼乐舞蹈的学习一般是从13岁开始，到20余岁达到成熟，而学习的阶段划分则是按照年龄大小安排的。

在13岁开始后，贵族子弟主要学习内容是"小舞"、音乐和朗诵诗，偏重于学"文"；15岁以后主要学《象舞》、射箭和驾车等，偏重于习武；20岁的时候，主要学习"大舞"及各项祭祀礼仪。这些内容假定各用3年学完，到22岁"礼成"，要经过10年左右的磨炼。

周代用6个"小舞"作为乐舞教育的"教材"，也就是《帔舞》《人舞》《皇舞》《羽舞》《旄舞》《干舞》这六支舞蹈。

六小舞的名称是对照着六大舞而命名的。正像"大舞"一样，"小舞"也是祭祀性乐舞。关于这六个"小舞"的具体表演形式、祭祀对象等问题历来众说纷纭，后代的儒家学者也勾画了一个大概的轮廓。其中，《帔舞》传说是祭祀后稷的乐舞，其根源是黄帝部落祭祀"云"图腾的乐舞。舞者手持"帔"而舞。"帔"一种说法是五彩缯，也就是用丝绸长条组织起来挑在竿上的道具，但也有说是用鸟羽制成的。

《人舞》传说是祭祀宗庙或星辰的舞蹈，它不用道具，而以手袖为"威仪"。有一种说法是它原本可能来自模仿鸟兽动作的手势。后来在河南出土了一件周代女舞人泥俑，她两袖垂落，两手略抬，似乎正在祷告，这个女舞人神态很是肃穆。

另外还有一件周代玉舞人，她是双人造型，长袖飞扬，身姿有了明显的曲线，或许已经在手袖的"威仪"之外加入了娱神观念。这两件舞人形象虽然不能肯定就是《人舞》的记录，却可以提供一些周代袖舞的印象。

■ 周代乐手击编钟浮雕

**宫廷** 封建帝王居住的地方。为了显示皇家至高无上的地位和统领天下的威严，宫廷建筑都追求雄伟壮观和富丽华贵。在2000多年的封建历史中，古代宫廷文化不断发展，形成了完备的礼仪制度和艺术文化。

■ 舞蹈俑

《皇舞》是一个求雨乐舞，传说源自上古先民们蒙着鸟羽祈求神灵降雨。殷商时期已经有求雨性的"小舞"了。

据说贵族子弟在学习和表演该舞时，要身披五彩羽毛，如凤凰之色，头戴羽毛制作的帽子，衣服上缀着翡翠色的羽饰。这样看起来，它该是一个很好看的乐舞，这也证明周人继承了殷商的商羊祭雨仪式，甚至比殷商人还要崇拜了。

《羽舞》舞者持白色鸟羽而舞，祭祀的是四方。其源起当与殷商的求雨之舞有一定关系。另外还有一种说法是人们在跳舞时手执雉尾，也就是五彩鸟羽。

《旄舞》是用于周代大学的祭祀礼仪。舞者执牦牛尾而舞。有舞蹈史学家认为，该舞所用的道具有可能是用牛尾装饰的舞具而非真正的牛尾。

《旄舞》由来一说是"葛天氏之乐"，也就是古籍中记载的"操牛尾投足以歌八阕"的乐舞。殷商时代有《隶舞》，也是持着牛尾，用来祈雨、祈神、祭祖先的。周代《旄舞》当与此有渊源关系吧！

《干舞》舞者持盾牌作舞，用以祭山川。

周代教育贵族子弟性质的乐舞，还有《舞勺》《舞象》等。根据古籍《周礼·乐师》中记载：

**葛天氏** 远古时期部落首领的名号。被后人尊为乐神的名号，如果说葛天氏单单是发明乐舞的话，而"葛天氏"三字似乎对舞乐没有丝毫含义。其实葛天氏部落不仅是乐舞的发明者，也是织布、穿衣的发明者。由于葛天氏部落首领利用葛这种植物纤维造福部落之民，后人才称之为"葛天氏"。

悠扬飘逸的古乐歌舞

谓以年幼少时教之舞，《内则》曰：十三舞勺，成童舞
象，二十舞《大夏》。

这段文献说明，《舞勺》与祭祀舜帝的《大韶》一字同音。后来
清代一幅《舞勺舞象图》也证实了这一点。在这一幅图上，有两个童
子生动起舞。其中一人手握"龠"，他顿步踏节，姿态生动。

这恰恰说明了舞勺是一种持"龠"而舞的文舞，而舞象者手持一
把类似戈的武器，偏头抬腿，似躲又停的样子，与手持乐器的"舞勺
者"形成了姿态上的呼应。这说明了《舞勺》《舞象》是周代分别用于
教育13岁和15岁以上贵族少年子弟的文舞和武舞。

《舞象》也是周代一个比较重要的祭祀舞蹈。据说东周末期，吴
国公子季札在鲁国观看周乐，第一个出场的乐舞叫《象箾》，据考证
这个《象箾》就是《舞象》。

因为"箾"是一种舞竿，它与《舞象》所持道具是一样的。但是
《舞象》目的历来说法不一。有一种说法认为《舞象》源自周文王的
乐舞，也有人说它和《大武》是同一乐舞。

**阅读链接**

关于《舞象》的内容，其说法有很多种。一种说法是表现
武王伐纣的事情，另外也有人说是商人善于驱使大象作战，但
是聪明的周公还是打败了商纣王。《舞象》便是借此来宣扬自
己的武功。

不过这后一种说法是把《舞象》之"象"与历史传说做了
文字上的比照。如果根据文武两舞来区分的话，《舞象》的道
具应该是一种武器，而且表演时没有关于《舞象》是模仿"驱
象作战"动作和姿态的记录。

尽管关于《舞象》的说法不一，但它是一种象征周代人们
武功的武舞，这在周代的文献记载上却有一致的说法。

# 周代礼乐舞蹈与腊祭舞蹈

"礼乐"是西周舞蹈文化核心内容。"礼"规定了"乐"的种种表现形式和内容，而"乐"必须配合"礼"的等级制度，这些都特别体现在周代人们对乐舞祭祀对象和所用乐队人数上。

例如，周代的"六小舞"祭祀对象按照古籍《周礼·地官》所记载的是：

> 舞师掌教兵舞，帅而舞山川之祭祀；教帔舞，帅而舞社稷之祭祀；教羽舞，帅而舞四方之祭祀；教皇舞，帅而舞旱暵之事。凡野舞，则皆教之；凡小祭祀，则不兴舞。

其实，周代宫廷的祭祀舞蹈，在人数上的规定带有鲜明的等级制度烙印。例如，周代人们在乐队的使用方面，规定天子用四面乐队，称作"宫悬"；诸侯用三面乐队，叫作"轩悬"；士大夫用两面乐队为"判悬"；士兵和平民百姓只能用一面乐队叫"特悬"。

■ 周代击铃铠者浮雕

　　还有，周代在舞队方面，还规定了天子用"八佾"，诸侯用"六佾"，大夫用"四佾"，士兵用"两佾"。一般来说，每一佾便是一个舞蹈队列，一个舞蹈队列总共有8个人，所以天子舞蹈队就是64人。

　　周代的"六大舞"和"六小舞"犹如一个完整的乐舞体系，它们开创了古代舞蹈史上继承与发展的篇章。在继承方面，周代是它前代乐舞的集大成者；在发展方面，周代是乐舞制度的发明者。

　　另外，自周代开始，舞蹈史"文以昭德"和"武以象功"的文舞、武舞两大乐舞分类也已经完成了。特别是用记功性乐舞来完成祭祀天神和人神的任务。

　　周代人们用乐舞来象征、体现、说明、表彰统治者的功劳，礼配合乐，乐辅助礼，礼乐结合，这些对于后来的舞蹈，特别是雅乐舞蹈体系影响深远。

　　周代人们节令祭祀性的乐舞很多，在两周时代，

**士大夫** 旧时指官吏或较有声望、地位的知识分子，在古代，通过竞争性考试选拔官吏的人事体制是我国所独有，因而形成了一个特殊的士大夫阶层。也就是专门为做官而读书考试的知识分子阶层。它是我国社会特有的产物，在我国历史上形成一个特殊的集团。

人们还没有形成完整的宗教观念，但是原始的图腾信仰仍然是十分活跃的，祭祀活动兴盛而受到帝王和普通人的高度重视，并且已经充分礼仪化了。

周代原始巫术活动的"歌舞事神"的特点在两周时代更加明显了，并且周代舞蹈在仪式化的过程里形成了固定的程式，在特定的地点和时间内达到举国齐动的程度。其舞蹈形象多为庄严肃穆，还透出一种神圣仪式的威势。

还有，蜡祭是周代非常古老的祭祀仪式之一。古人靠田猎为生，又崇尚神灵。因此，在周代每当岁末的时候，人们以捕获的猎物为牺牲品来祭祀祖先，这就叫作"蜡祭"。

由于蜡祭是用禽兽来祭祀的，所以大多是用有"虫"的"蜡"字，但有时又写作腊月的"腊"，字形中有"肉"也能形象地说明祭祀的形式。后来人们根据岁终时举行的活动叫作"蜡祭"，所以人们又把一年最后的一个月称作"蜡月"，在周代时已经发展成了祭祀百神的盛大仪式了。

古籍《周礼·春官》中记载：

国祭蜡则和幽颂，击土鼓，以息老物。

这里说的周代国祭"蜡"，就是一种庆祝丰收、报谢神灵的祭祀仪式。蜡祭的祭祀对象共有8种：

第一是先啬，也就是神农氏，他是创造我国农耕文明的始祖神；第二是司啬，也就是后稷，他是管理农耕的神；第三类对象是农，他是农夫之神；第四是邮，也称作表、啜，也就是茅棚神、地头神和井神；第五类是猫虎，也就是猫神和虎神，因为猫能捕食田鼠，老虎能捕食野猪，因而它们也获得兽神的地位；第六类对象是坊，也就是水

堤之神；第七类是水庸，也就是河道之神；第八类是
百种，也就是百谷之神。

关于周代第八类祭祀舞蹈的对象，还有一种说法
是指昆虫之神，因为这个神仙管理百种昆虫而获得很
高的地位。

这八种神灵，说明了蜡祭产生于周代农耕社会初
期，当时人们无法确切知晓自然的道理，人们就赋予
万物以灵性，祈求神灵给自己帮助，也通过祭祀来表
达自己希望的结果，甚至人们幻想着通过自己的行为
改造自然，蜡祭舞蹈便由此产生了。

周代的蜡祭舞蹈，在每年的农历十二月里举行。
因为蜡祭的神主要是8位，而且是全国上下都参加的

**百谷** 古代对谷类
的总称。"百"
就是众多的意
思，出自于西汉
时期著名史学家
司马迁所著的
《史记·五帝本
纪》："时播百
谷草木，淳化鸟
兽虫蛾，旁罗日
月星辰水波土石
金玉，劳勤心力
耳目，节用水火
材物。"

■ 《西周舞伎画像砖》

活动，所以也叫"大蜡八"。

周代蜡祭舞蹈的形式有原始祭祀的味道，因为乐队的乐器很少，大约主要用短笛和打土鼓，并且有演出《兵舞》和《帗舞》的。古籍《礼记·郊特牲》中记载：

> 大蜡八，伊耆氏始为蜡。蜡也者，索也。岁十二月，合聚万物而索飨之也。蜡之祭也，主先啬而祭司啬也，祭百种以报啬也。

因此，周代人们在跳祭祀舞蹈时，穿着素色的衣服，一边挥舞着榛木做成的棒子，一边歌唱：

> 土反其宅，水归其壑；昆虫毋作，草木归其泽！

■ 周代吹排箫者浮雕

这歌词的大意是"土啊，安定在你的原位；水啊，回到你的河道去；昆虫们，不准兴风作浪；野草杂木，长到洼地去！

这显然是周代农民们面对农作物自然生长过程中，对最重要的水土保持和难以预料的自然灾害所发出的呼唤，明显带有浓厚的原始巫术咒语的性质。它形象地传达了当时的农业社会生活中，自然灾害所带来的心理忧患。

■ 舞蹈图

蜡祭舞蹈从周代确立之后，就一直流传在2000多年来的传统文化里。就连后来的孔子都曾经带着自己的学生子贡去观看蜡祭舞蹈，子贡并不理解举行蜡祭时人们全然投入的内心冲动，作为一个旁观者他发出了疑问。结果孔子说：

百日之蜡，一日之泽，非尔所知也。张而不弛，文武弗能也；弛而弗张，文武弗为也。一张一弛，文武之道。

孔子从百姓一年四季的辛勤劳作和轮次休养生息的现象里，总结出一个深刻的道理，这个道理就是传统文化中的文武之道。

当然，除了蜡祭，两周时期还有不少其他祭祀性乐舞，比如著名的祭祀舞蹈《雩祭》。在古代文献中有关"雩"的文献记载很多。

每逢干旱不下雨的时候，周代人们就要举行祭祀仪式，人们通过这些向上天祈雨。后来春秋时期著名史学家左丘明在所著《左传·桓公五年》中就有"龙见而雩"的记载。

从文献记载中看，古代的《雩祭》舞蹈在两周时期已经发展成内容更加广泛的祭祀活动，它主要是驱逐水旱灾害的舞蹈仪式。

古籍《礼记·祭法》中记载：

■ 舞蹈岩画

雩宗，祭水旱也。郑玄注释说：宗，皆
当为禜字之误。……雩禜，亦谓水旱坛也。
雩之言吁嗟也。

**秦穆公**（？—前621），春秋时代秦国的国君。他在位39年。在《史记》中他被认定为春秋五霸之一。他非常重视人才，在任内获得了百里奚、蹇叔、由余、孟明视、西乞术、白乙丙等众多贤臣良将的辅佐，曾经协助晋文公回到晋国夺取君位，他为400年后秦统一六国奠定了基石。

这些话说明了两周时期的雩祭不仅有求雨的意思，还有登上祭坛而用隆重祭祀来驱逐水旱灾害之意。如果祭祀总是不见结果的时候，甚至还有"曝巫""焚巫"的举措。

如东周鲁僖公二十一年夏天，那时恰逢天旱，鲁国的君主想要焚巫，但是被大臣文仲劝止了。还有东周末期秦穆公也曾经有过天旱祭祀活动中"曝巫"的打算，但也被劝阻了。因此，曝巫、焚巫的事情在两周时期还是时有发生的。

两周时期的《高禖》舞蹈也很流行，《高禖》又称作《郊禖》，它是周人求祈子嗣繁盛的祭祀舞蹈。

后来西汉著名学者戴德在他所著的《礼记·月令》中记载：

> 仲春之月……玄鸟至，至之日，以太牢祀于高禖。天子亲往，后妃帅九嫔御。

这便说明了周代人们在仲春之月令男女自由相会，这正是原始社会中群婚制度的遗风，其间还有"见大人迹而履之生后稷"以及"吞卵生汤"等神奇的传说。

在周代，人们在传统的春天郊外进行男女约会舞蹈的习俗，逐渐转变为神圣的祭祀女性祖先的舞蹈仪式活动。那时有盛大的歌舞场面，有美味食品，并且还有明确的祭祀对象，也就是周人的女性祖先姜嫄，这些都说明了周代的祭祀舞蹈是非常流行的。

周代还有一种《巫舞》，这是一种除去《蜡祭舞》《傩舞》《雩舞》《高禖舞》之外的著名祭祀乐舞。

据考证，两周时期的巫舞广泛流传于南北各地的各民族生活中，其形式多样，渊源大抵是周代原始的巫术舞蹈活动。在周代末期的巫舞中，楚国的祀神歌舞是很有名的，如先秦诗歌总集《诗经·国语·楚语》中记载："夫人作享，家为巫史。"

**阅读链接**

在周代，巫舞的祭祀对象主体是祀神歌舞，这一点可以从伟大爱国诗人屈原加工创作过的《九歌》得知其演出的大致情况，而《九歌》正是流行于楚国的祀神歌舞。

《九歌》的全篇都很美丽，其中充满了对于大自然的感情和对自然之神的崇拜之情。当然，其中也不乏慷慨悲歌之词，如《国殇》中"身既死兮神以灵，魂魄毅兮为鬼雄"等诗句，既是屈原对于保家卫国英烈们的告慰，又是对忠勇精神的热烈而深沉的赞颂。

# 西施响屐舞与先秦乐舞

西施雕像

那是在春秋时期，有一个著名的美女舞师，她的名字叫西施，出生于浙江诸暨的苎萝山村。西施是我国古代四大美人之一，又称西子，她天生丽质，是当时最有名的舞师。

越王勾践在国难当头之际，他忍辱负重，想以身救国。当时，越王勾践退守会稽山，受到吴军围攻，他被迫向吴国求和，勾践入吴为人质。勾践释归后卧薪尝胆，图谋复国的计谋。

大夫范蠡针对吴王的弱点，献给了勾践灭吴的9种策略，其

中最毒辣的便是美人计了。大
夫范蠡便奉命巡行全国，去勘
察美女舞师了。

一天，范蠡来到苎萝村，
他遇到了郑旦和西施这一对姊
妹花，他将郑旦和西施带回会
稽，教习她们歌舞，准备献给
吴王夫差。

当时，越王勾践认为真正
的美人必须具备三个条件：一
是美貌；二是善歌舞；三是体
态。但西施只具备了两个条
件，她还缺乏善歌舞这个最重
要的条件。于是，越王勾践花了3年时间，派人专门
教导西施歌舞、步履、礼仪等，终于将西施培养成一
个实至名随的舞女。

西施每日发愤苦练，她在悠扬的乐曲中翩跹起
舞，姿态极其婀娜迷人。后来西施被训练礼节姿态，
她逐渐由一位民间的浣纱女成为修养有素的舞女，她
举手投足之间，均显出摄人的体态美，待人接物也十
分得体。

最后，勾践又给她制作华丽适体的宫装，这才将
她进献给吴王夫差。当时，西施款款而来，在金碧辉
煌的圆形舞台上，吴王兴起，为她亲自吹箫伴奏。

后来，四周帘幕微垂，灯挑炉暖，西施开始像细
水一般动了起来，轻如薄纱的裙，像丝，像纱，像一

■ 范蠡雕像

225

歌舞翩翩
礼乐歌舞

**西施** 春秋末期出
生于浙江诸暨。
她天生丽质，是
我国古代四大美
女之首，她是美
的化身和代名
词。"闭月羞花
之貌，沉鱼落雁
之容"中的"沉
鱼"，讲的就是
西施浣纱的经典
传说。她与王昭
君、貂蝉、杨玉
环并称为我国古
代四大美女，其
中西施居首。

**夫差** （？—前473），春秋时期吴国末代国君，吴王阖闾之子，前495年—前473年在位。公元前494年于夫椒之战大败越国，攻破越都，使越国屈服。此后，他又于艾陵之战打败齐国。公元前482年，于黄池之会与中原各诸侯歃血为盟。夫差执政时期，吴国极其好战，连年兴师动众，造成了吴国国力空虚。

种飘然的感觉，从远而近，由近而远。

西施轻盈的舞步，四座惊起，周围之人，时而叹息，时而激动不已。夫差见到西施腰如水蛇，面若红粉，纤纤细手，无比动人。

吴王夫差欣赏了西施的歌舞后，十分高兴。夫差在姑苏建造春宵宫，修筑了大池，池中设青龙舟，他每日与西施为水戏，后来他又为西施建造了表演歌舞和欢宴的馆娃阁、灵馆等。

西施最擅长跳一种叫"响屐舞"的舞蹈了，夫差又专门为她筑"响屐廊"，他用数以百计的大缸，上铺木板。西施穿木屐起舞，裙系小铃，动起来，铃声和大缸的回响声，"铮铮嗒嗒"交织在一起，使夫差如醉如痴。

后来，勾践成功利用西施牵制住了吴王夫差，他卧薪尝胆，奋发图强，最终打败了吴国。

其实，春秋时期是政治多元化的时代，也是西周分封制度发展的必然结果。周代诸侯大国此时发展趋于缓慢，而异姓诸侯则势力崛起，形成春秋争霸、争战纷乱的壮阔历史场面。

西周初期分封的

■ 西施舞蹈雕像

"八百诸侯"，到了春秋时期并为170多个大小侯国。一些小国又成为大国的附庸，大国争强称霸，形成了春秋时期5个大国争强的情形，史称"春秋五霸"。

根据孔子所著的《春秋》一书记载：公元前242年以前，诸侯列国间的战争总共有483次，朝聘会盟有450次。这在我国历史上都是罕见的，由此，周王室的权势被大大削弱了，"礼崩乐坏"开始成了历史大的趋势，王朝没有权威，从而"礼乐征伐自诸侯出"了。

东周时期，不但是政治生活中动荡变化极多的时代，也是经济和文化发展速度加快而非常精彩的时期。社会生活中的宗教、礼制、军制、刑法等，都在不断变化之中。

西施浣纱图

西周王朝的集中权力被列国瓜分，从春秋至战国时期，在700余年间形成了"诸侯争霸""儒道问世""合纵连横""百家争鸣""诸子立说"以及"士阶层崛起"等历史场面。

这些事件影响了东周列国的乐舞艺术，舞蹈也在这等多变而多姿的社会政治、军事和宫廷日常生活里，扮演了多重角色，其中有些为我国舞蹈史留下了色彩斑斓的册页。

在春秋战国时期，随着封建制度解放了的社会生产力的增长，开始出现了庶民阶层。农业、手工业都获得了发展，人们的商品意识增强了，社会生活中言论的自由和思想的平等成为时代潮流。这一切都为春秋战国时期民间歌舞活动的繁荣奠定了基础。

人们除了归纳前人乐舞，还在这一基础上创建了很多融入了礼乐制度的舞蹈，这时就已经开始制订了"采诗"制度，也就是采集民间诗歌、音乐、舞蹈之风等。

因为春秋战国时期人们已经注意到"诗风""乐风"和"舞风"里有民情和民声，因此人们通过这一时期的乐舞来观察民间隐情，了解民怨和民生。

另一方面，诸侯们的"采诗"也为充实宫廷乐舞开辟了新的来源，因此"采诗"自周代起就成了一种带有制度性的措施，并为历代朝廷所仿效，才演化成了先秦的诗歌总集《诗经》。《诗经》中所收入的诗歌总共305篇，时间跨度正是西周初年至春秋中叶各地的民间歌舞。

由于那时的民间歌谣大都是载歌载舞，歌词和舞蹈紧密相连，所以"国风"中的很多歌诗都可以看作是周代民间乐舞的记录，《诗经·王风·君子阳阳》中记载：

君子阳阳，左执簧，右招我由房。其乐只且。
君子陶陶，左执翿，右招我由敖。其乐只且。

这篇诗歌的大意是：君子喜气洋洋，左手执着芦笙，右手招我走出住房，这是多么快乐逍遥啊！君子欢乐陶陶，左手执着羽毛，右手招我同游，这是多么快乐逍遥啊！

芦笙、羽毛都是当时流行的乐舞道具。这是一首表现爱情欢乐的诗歌，也十分生动地表现了民间舞蹈的美妙。

悠扬飘逸的古乐歌舞

还有，采集于后来河南淮阳一带的《诗经·陈风·宛丘》中也有介绍先秦舞蹈的诗句，诗道：

子之汤兮，宛丘之上兮。

洵有情兮，而无望兮。

坎其击鼓，宛丘之下。

无冬无夏，值其鹭羽。

坎其击缶，宛丘之道。

无冬无夏，值其鹭翿。

这首诗歌的大意是：在宛丘之上，姑娘轻盈地跳起舞，虽然有情却没有希望。宛丘之下，咚咚地敲着鼓，虽然没有冬夏，但姑娘手执鹭羽也很是酣畅。嘣嘣地击打着缶，虽然没有冬夏，但挥起鹭羽跳着舞也很欢畅。

这也是一种有乐器伴奏、手执道具的民间歌舞活动。歌中颇有对于爱情难得的慨叹之意，却在无休止

《诗经》

的歌舞中寻求到了某种解脱。

后来，在山西侯马晋国遗址中出土的一个春秋时期的击鼓舞人纹陶片，该陶片是用纤细的纹线刻画了一个细腰长裙、侧身击鼓的女舞者，其舞姿非常富于动感。

还有陶片上画的旁侧小树似乎也暗示了舞蹈与自然的某种联系，场面中那种自然发生的抒情气氛，也多少使人联想到《诗经》中的美丽词句。

在春秋战国时期，我国民间歌舞活动相当繁盛，并且得到了长足的发展。而《诗经》恰恰是大圣人孔子所整理的。

据说，孔子还能认识春秋时期人们一般不懂得的歌舞名称呢。有一次，齐侯看见一只脚的鸟落在庭前跳舞，他非常疑惑，就去求教孔子。

孔子说："那是《商羊舞》。商羊是传说中的一

悠扬飘逸的古乐歌舞

■ 春秋舞乐者像

■ 战国青铜编钟

种鸟，它只有一只脚，一旦出现，天将下大雨。"

齐侯听完以后，他赶紧准备防涝，结果在各个诸侯国中唯独齐国躲过了这场灾难。

传说中春秋时期就有孩子们表演的《商羊舞》，大致的情形是两个人牵起手来，互相勾着抬起一只脚，用另一只脚在地上跳，嘴中还唱着："天将大雨，商羊起舞。"

从这种舞蹈的动作上看，大概是一种模仿鸟的舞蹈，或许是从远古时人们的祈雨之舞演变而来的。

后来在湖北曾侯乙墓出土的木雕漆绘乐舞鸳鸯盒上，就有一个描绘短矮的人在敲击建鼓的形象，他似乎扮装成了某种动物。另一幅图上，暗红色的漆画上有动物装扮的巫师正在敲击编钟，整个气氛肃穆庄严，而画面线条中透露出质朴和怪诞。

还有，春秋战国时期宫廷中还设有《四裔乐》，

**雕漆** 把天然漆料先在胎上涂抹出一定厚度，再用刀在堆起的平面漆胎上雕刻花纹的技法。是我国传统民族艺术，至少有1400余年历史。历经唐、宋、元、明、清五朝，在明清两朝还是皇家宫廷工艺器物，历来具有崇高的社会地位和艺术价值。

其乐舞机构中有"旄人"，也就是专门掌管散乐和夷乐的人，这说明了中原之外的少数民族舞蹈，也已经受到人们的注意了。

春秋战国时期乐舞交流是很多的，可以说，各个民族之间的乐舞交流从很早的时候起就已经开始了。自从周代制订的《六大舞》，实际上就已经是华夏各地各个部落之乐舞的一次大融合。

春秋战国时期，列国之间所进行的女乐歌舞互相赠送的情况，一时成了时尚，同时在一定程度上促进了列国乐舞文化的融合。

在春秋战国时期，还有一个叫《旋怀》的舞蹈，这是形容舞者在跳这种舞时，柔软灵动的体态旋转不停，仿佛可以在怀中环绕一般。当舞者跳《旋怀》舞时，如果地面上铺着四五寸厚的香屑，舞者舞罢之后，竟然可以连个脚印都不留下，可见这种《旋怀》舞真是轻盈至极了。这里虽然有些传说的夸张成分，但也生动地反映了春秋战国时期舞蹈发展已经有了一定规模。

悠扬飘逸的古乐歌舞

阅读链接

春秋时期西施的舞蹈，最早见于东汉学者赵晔在《吴越春秋》一书中的记载："越王勾践得苎萝山鬻薪之女曰西施郑旦，饰以罗縠，教以容步，习于土城。"

其中的"罗縠"是一种轻盈柔美的丝麻织品，这也是最适合裁制舞衣的丝织品了，可见西施当年在土城习舞时，她就已经穿上了这种精美的舞衣了。

后来，唐代大诗人元稹在他所写的《冬白纻歌》一诗中，将西施的舞蹈描写得更为有声有色，诗道："吴宫夜长宫漏款，帘幕四垂灯焰暖。西施自舞王自管，雪纻翻翻鹤翎散，促节牵繁舞腰懒。舞腰懒，王罢饮，盖覆西施凤花锦。"

# 曲舞生辉

　　在秦汉时期，人们不断创造出新的歌舞形式，并废弃了周人制定的礼乐，他们把周代雅乐舞教育机构推翻而建立了"乐府"，这个机构专门搜集民间乐舞，对后来的古代乐舞发展有着深刻的影响。

　　《相和大曲》是另一种歌舞并重、内容丰富的表演形式，它是汉代大型歌舞曲。宴饮自娱之舞，在汉代社交生活呈现出活跃态势，上至宫廷里皇室贵戚，下至一般官吏甚至普通大户人家，都有在宴饮中礼节性互相邀舞的习俗。

　　在汉代，人们热爱舞蹈，并有歌舞自娱的习俗，是当时人们淳朴品性的具体表现。

# 秦代《巴渝舞》与《长袖舞》

那是在秦始皇战胜六国，统一天下之后，他下令丞相李斯要整顿关中地区的民兵，规定了一个月后要进行阅军大典，其间重点检阅民兵的训练成果。

秦始皇蜡像

■ 李斯塑像

李斯接到命令后非常为难，因为秦始皇当时已经收缴了各国民间的武器，只有秦始皇的正规军队才有正式的武器，关中地区的民兵是没有武器可供训练的。

李斯非常着急，他冥思苦想却一筹莫展。后来，李斯在首都咸阳城的街上看到两个大汉正在摔跤，他灵机一动，这才想到用摔跤的方式去训练民兵，然后用摔跤舞的形式通过秦始皇的检阅。

于是，李斯马上下令民兵们日夜苦练摔跤技巧，并且将当时流传很广的《巴渝舞》加以改编，将摔跤这一体育方式融入了《巴渝舞》中，逐渐演绎成一种摔跤舞蹈，他为这种舞蹈取名为"角抵舞"。

一个月后，秦始皇进行阅军大典，他看到民兵们互相摔跤搏斗，并跳着一种非常特别的摔跤《巴渝舞》，广场中所有民兵动作一致，人们姿势非常整

咸阳 地处"八百里秦川"腹地，是陕西省第三大城市，我国著名古都之一，为我国第一帝都。位于关中平原中部，渭河北岸，九嵕山之南，因山南水北俱为阳，故名咸阳。秦始皇统一全国后，咸阳成为全国政治、经济、交通和文化中心。

悠扬飘逸的古乐歌舞

■ 秦朝编钟

巴国 先秦时期位处中原西南面、信封盆地东部的一个地方政权。始于先夏时期，于夏初加入夏王朝，成为其中一个诸侯国，在周武王伐纣时有功，被封为子国。因为首领为巴子，而叫巴子国，简称巴国。

齐，很是威武雄壮。

秦始皇非常高兴，他重赏了李斯，并且宣布这种《巴渝舞》成为以后的军队大典中重点礼仪。

其实，在秦始皇兼并六国，统一天下后，虽然秦代的历史非常短暂，但秦始皇却做了一些至关重要的事情，如确立了国家版图，逐步消除了周代分封制度下诸侯贵族和普通民众之间的天壤差距，还建立了"书同文、车同轨"的统一体系，形成了大一统的意识和传统。

秦始皇摒弃了周王朝的乐舞传统，他用非常严厉的手段，废弃了周人制定的礼乐舞蹈，并且把周代的雅乐舞教育机构推翻而建立了"乐府"，专门搜集民间乐舞以自娱。

后来在秦始皇陵墓出土了一件错金的银钮钟，上面刻有"乐府"两字，这是秦代乐舞自此创建的最好证明。这一切，都对后来古代乐舞发展有着深刻的影响。

《巴渝舞》，是西南少数民族的一种舞蹈。因为他们居住在四川周边的巴渝地区，所以这种舞蹈被命名为"巴渝舞"。

在四川古城阆中，这里曾经是先秦巴国的别都，在这里形成一种具有鲜明地方特色的民俗文化，成为阆中历史文化的重要组成部分。

《巴渝舞》是古巴人在同猛兽、部族斗争中发展起来的一种集体武舞。武王伐纣的"牧野之战"，就是由巴人组成的"龙贲"军，他们执着梃杖，前歌后舞，"凌殷人倒戈"，从而取得胜利。

在秦末时期，阆中巴人领袖范目率七姓巴人帮助汉高祖"还定三秦"，他们在冲锋陷阵中非常勇猛。《巴渝舞》也起到了重要作用。

根据后来东晋著名学者常璩在他的《华阳国

237

争奇斗艳

曲舞生辉

■ 巴渝舞伴奏

汉哀帝（前25—前1），西汉第十三位皇帝，他在位7年。他即位后认为乐府的音乐都是不正经的乐歌，他便下令约束乐府，裁了共414位乐工，占总乐工数的一多半，对汉代音乐舞蹈的发展影响很大。

志·巴志》中记载：

> 阆中有渝水，民多居水左右，天生劲勇，数为汉前锋陷阵，锐气喜舞，便进入了皇室宫廷。

因此，《巴渝舞》是从西南地区賨人那里传来的舞蹈。汉高祖刘邦在平定三秦时，招募了一批賨人作前锋，賨人勇猛善战，其风俗又善舞，刘邦便命乐工学习和改编了他们的舞蹈，因为賨人生活于巴郡渝水一带，所以就称此种舞蹈为《巴渝舞》。

后来，《巴渝舞》传入宫廷之后，成为宫廷舞蹈，用来在宫廷宴会上表演军旅战斗的场面，歌颂帝王功德，是当时著名舞蹈。

《巴渝舞》在表演时，舞者们自披盔甲，手持矛、弩箭，口中唱着賨人古老的战歌，乐舞交作，边歌边舞，舞者有36人，这是一种群舞。

由于这种舞蹈是武乐舞蹈，据说后来汉代汉哀帝罢乐府后，他对巴渝舞员36人仍很是留恋，他认为不可罢掉《巴渝舞》，而是将《巴渝舞》交由大乐领属，将它列入雅乐舞蹈的系统。

《巴渝舞》伴奏乐器以

■ 巴渝舞

■ 秦朝长袖舞

铜鼓为主，配合击磬、摇鼗、抚琴，舞曲有《矛渝本歌曲》《安弩渝本歌曲》《安台本歌曲》《行辞本歌曲》4篇。

《巴渝舞》发展到魏晋时期，已经完全变成庙堂祭祀性质的舞蹈。因此，《巴渝舞》在古代舞蹈艺术中占有较重要的地位。

后来，《八仙鼓舞》，其实就是《巴渝舞》历经演变的一种表现形式。

"八仙鼓"是长柄双面的兽皮鼓，鼓面绘有八仙或图腾图案，直径略窄，鼓柄较宽。

《八仙鼓舞》多为10人以上的群舞，它适宜在广场中表演。人们在表演八仙鼓时，通常沙锣手先走，然后鼓手随后，人们一面击鼓，一面呐喊，不断变换队形，浩浩荡荡，威武雄壮。

八仙 指民间广为流传的道教八位神仙。明代著名文学家吴元泰写了一本《八仙出处东游记》，从这时定八仙为铁拐李、汉钟离、张果老、蓝采和、何仙姑、吕洞宾、韩湘子、曹国舅八人。传说八仙分别代表着男、女、老、少、富、贵、贫、贱，是我国道教神仙系统的重要组成部分。

薅草锣鼓舞

秦代的《巴渝舞》在民间也被称为《渝儿舞》，这名字在后来唐代唐太宗大历年间仍然广为流传。

后来唐代诗人韩翃在千山口所写《送巴州杨使君》诗中就留下了《巴渝舞》的踪影，诗道：

万里歌钟相庆时，巴童声节渝儿舞。

其中，诗里面的"万里歌钟"就是指辽阔的巴州，那里的百姓唱歌击锣鼓。这首诗的大意是：杨使君到巴州整饬防务取得成绩后，巴州人民定会载歌载舞为其庆贺。这说明了秦代《巴渝舞》在后来唐代时仍然在巴州广为流传。

秦代的《巴渝舞》后来还逐渐演变成一种新兴的舞蹈，名为"薅草锣鼓舞"，这也是流传于大巴山南麓巴中米仓山区的一种舞蹈，多是当地人们在薅包谷草时演唱的大型连套体山歌，所用锣鼓伴奏源于《巴渝舞》的伴奏乐器锣和鼓。

根据地方志《巴州志·风俗篇》中记载：

春田插秧，选歌郎二人击鼓鸣钲于陇上，曼声而歌，更唱迭合，丽丽可听，使耕者忘其疲，以齐功力。

**丝绸** 就是蚕丝，以桑蚕丝为主，也包括少量的柞蚕丝和木薯蚕丝的纺织品。我国古代汉族劳动人民是首先发明并大规模生产使用丝绸的民族，其制作的丝绸制品更是开启了世界历史上第一次东西方大规模的商贸交流，史称"丝绸之路"。从汉代起，我国的丝绸不断大批地运往国外。

根据这段记载，《薅草锣鼓舞》确实是秦代巴渝地区人们集体劳作时的歌舞，它的目的与古战舞《巴渝舞》其实是一致的。

除了《巴渝舞》之外，秦代还有另外一种舞蹈非常盛行，名叫《长袖舞》，是当时人们非常喜爱的一种舞蹈。古人常说的"长袖善舞，多钱善贾"，其实就是源自秦代时的这一舞蹈。

《长袖舞》从侧面说明了我国是一个丝绸大国，也证明以长袖为特征的舞蹈早就流传于华夏大地。秦代的《长袖舞》有多方面佐证。如河南南阳石桥镇画像石上有一个舞人施展长袖，翩翩起舞的图像。

这个舞人扬起一手在上，拖曳一手在下，然后一只腿抬起，似乎在做着侧向的跳跃动作，她的舞姿非常的洒脱，也很豪放。

类似形象在后来汉代的画像中具有一定典型意义。当然，长袖之舞是由于服装特点而发展出来的乐舞，而秦代服

■ 秦代厨师陶俑

饰中的女性裙装下摆宽大而长，有时反而更要通过手袖的动作加强舞蹈的动势。

值得注意的是，这样动人的演出，有时是在相当开阔的地带，有时是在室内，有精美的帷幕作为装饰。更为重要的是，秦代《长袖舞》表演其实是带乐队的。

秦代《长袖舞》乐手们数量有多有少，甚至有时只有一个人，而当时《长袖舞》伴奏的乐器有箫、鼓、鼗、笙、埙、铙等，在很多情形下，还有歌者为《长袖舞》舞蹈家们伴唱。

秦代女子《长袖舞》有时还以双人对舞的形式出现，如江苏栖山的画像石中，就可以见到两个女子舞者甩袖而对舞的生动情况。她们身体倾斜，两袖对称，腰肢柔曼，袖长及地而挥舞不乱。在她们的周围，有乐手伴奏，旁边还有两人似乎在拍手歌唱。

"对舞"的形式说明了《长袖舞》经常是作为小型节目演出的，由于个体表演，所以这种《长袖舞》的水平自然应该是高于集体舞蹈的，这样才能被欣赏者所注意。

**阅读链接**

秦代的《长袖舞》，在总体舞蹈风格上有着自己的鲜明特色，其中最主要的特点就是所谓的"翘袖折腰"了。

据说，在秦代，每年农历十月十五秦始皇都要在宫中歌舞祭神。秦始皇命令乐工们歌唱《上灵之曲》，然后吹奏竹笛，击筑而舞，而那些乐工们跳的就是这种《长袖舞》。

秦代人们在跳《长袖舞》时，通常都是由一些女性舞者们将手臂相连，然后在地上踩踏作为节拍。舞女们在跳《长袖舞》时还要唱一种叫作《赤凤来》的歌曲，数百名舞女一起跳《长袖舞》唱歌，声音能直彻云霄，非常壮观。

# 汉代《巾舞》及各种变体

  《巾舞》是起源于汉代的一种民间舞蹈，后来在四川羊子山出土的乐舞画像砖问世后，人们对这种乐舞的传播和影响有了深刻认识。

  这个画像砖的右下角有一个女性舞者，她手持长巾，飞跑似的要离席而去，旁边一个胖胖的男性舞者呈现出恋恋不舍的样子，表情非常的生动。

■ 汉代乐舞画像砖

《隋书》 本书由
多人共同编撰，
分为两阶段成
书，从草创到全
部修完共历时35
年。共85卷，其
中帝纪5卷，列传
50卷，志30卷。
是最早的隋史专
著。《隋书》的
作者都是饱学之
士，具有很高的
修史水平。

汉代的《巾舞》是当时著名杂舞之一，这些《巾舞》的舞者手中持巾而舞。《巾舞》表演者多为女性，她们所持的"巾"，有长短之分，多用绸条制成。

人们在跳《巾舞》的时候，表演者在"巾"下面裹一个小木棍，然后带动绸条挥舞。后来在山东出土的一方画像石上，就有《巾舞》的典型形象。

在画像石中，一个高髻细腰的女子，下身穿着分成四片的舞裙，裙子长得拖在地上，看不见双足。裙衩开得极高，从腰部就开始分片。

《巾舞》的舞人手舞双巾，双巾在身体两旁转环飞舞，舞人上身略向后仰，头稍偏于一侧，双手抱在胸前，似是做曲线退步的绕巾动作，身段优美，姿态生动，表现出了舞蹈的韵律感。

从汉代开始，这种《巾舞》就广为流传了，逐

悠扬飘逸的古乐歌舞

■ 汉代拂舞画像石

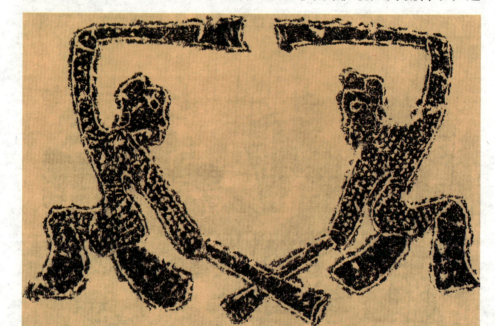

渐形成了《四舞》，也就是《拂舞》《鼙舞》《铎舞》和《巾舞》4种乐舞。

后来史书《隋书·音乐志》中记载：

牛弘请存鞞、铎、巾、拂四舞，与新伎并陈。因称四舞。

■ 汉代巾舞画像砖

争奇斗艳

曲舞生辉

《拂舞》是一种舞女手中拿着"拂子"而舞的舞蹈表演。"拂子"又被叫作"拂尘"，"拂子"多用动物的尾毛捆扎在把柄上做成的。

《拂舞》也是汉代末期江南流行的一种舞蹈，也有人称之为《白符舞》，或者《白凫鸠舞》。

后来晋代有一首乐舞诗《白鸠篇》就写到了这种舞蹈，诗道：

翩翩白鸠，载飞载鸣。
怀我君德，来集君庭。

到了唐代，大诗人李白也有一首《白鸠拂舞辞》的诗，专门写到了这种《拂舞》，诗道：

铿鸣钟，考朗鼓。歌白鸠，引拂舞。
白鸠之白谁与邻，霜衣雪襟诚可珍。

李白（701—762），唐代浪漫主义诗人，被后人誉为"诗仙"。他因道士吴筠的推荐，被召至长安，做了供奉翰林，因他不能见容于权贵，仅两年半，就赐金放还而去，然后过着飘荡四方的漫游生活。他的诗歌反映了时代的繁荣景象，表现出他蔑视权贵，反抗传统束缚，追求自由和理想的积极精神。

从以上诗词描述中，可以得知《拂舞》用的是一种很清雅的舞蹈动作，而且舞中是配歌的，歌舞相伴，《拂舞》内容大都是歌颂当时有君德或高尚品质的人。

《鞞舞》也是当时的一种名舞，"鞞"通"鼙"，因此也叫《鼙舞》，从"鼙"的字形上即可看出它与鼓的关系。其实至少在周代就已经有了鞞鼓的存在，古籍《礼记·月令》中曾经记载："是月也，命乐师修靯鞞鼓。"

可见，这种鼓是周代鼓师们用来祭祀鼓神，类似于后来的雷鼓。到了汉代，鞞鼓成为军中乐器。汉代蔡琰那首著名的《胡笳十八拍》中就有这样的句子，诗道：

鞞鼓喧兮，从夜达明。

风浩浩兮，暗塞昏营。

所以汉代著名文字学家许慎在他所著的《说文解字》中把"鞞"字解释为"骑鼓也"。这是说鞞舞已成为当时一种礼仪制度，因此《鞞舞》的起源应该在汉代时期。

还有，《铎舞》中的铎，其实早在周代就已经是非常重要的一种礼器了。古籍《周礼·地官·鼓人》中记载"以金铎通鼓"，也就是

悠扬飘逸的古乐歌舞

汉代歌舞俑

说"铎"可以和鼓相配合来完成礼乐的仪式。

汉代《铎舞》具体表演情形，已经很难去考证了，不过"铎"和"鞞"一样，在两汉时期都是军中的一种器物。

后来晋代著名学者傅玄所作的《铎舞》歌词《云门篇》中，就形容了《铎舞》表演者的生动形态，原文是这样记载的：

汉代击鼓俑

身不虚动，手不徒举，
应节合度，周其叙时。

因此，《铎舞》舞姿和舞态已经充分仪式化了。

**阅读链接**

汉代的"铎"形状如同大铃，中间有一个舌头似的东西，它摇晃起来阵阵作响。所以，它也是古时有权势的人召集聚会的工具。

根据古人记载，如果秦代人们聚会讨论的是文事，他们就用木铎来召集，也就是木舌之铎。如果他们要讨论的是关于战争之事，那么他们就用铁舌做成的"金铎"来召集。

由此可见，汉代的铎已经是非常普及的了，这种《铎舞》也是当时非常流行的一种舞蹈了。

# 汉代舞蹈名家与优美舞蹈

西汉时期，长安宫廷里出了一个舞技绝伦的女子，她叫赵飞燕，原名宜主，是西汉汉成帝的皇后和汉哀帝时的皇太后。她因为容貌姣好，舞技出色，所以深受汉成帝刘骜的专宠，贵倾后宫。

赵飞燕父亲赵曼是汉代官府的家奴，日子过得穷困潦倒。赵飞燕生下来后，赵曼因为无力抚养，他便将赵飞燕送给别人家抚养。当天晚上，赵曼总是梦见婴儿在哭。赵曼不忍心，他又把赵飞燕抱回家中勉强养活。而赵飞燕因为家穷，很小去阳阿公主家做了一名歌舞伎。赵飞燕天资聪明过人，她练就迷人的歌喉和高超的舞技。

汉成帝刘骜喜欢游乐，他经常与富平侯张放出外游乐。有一次，汉成帝在阳阿公主家见到赵飞燕后，大为欢喜，很快就召赵飞燕入宫，封为婕妤。汉成帝极为宠爱赵飞燕，没多久就立赵飞燕为皇后，从此赵飞燕开始显赫一时了。

赵飞燕的秀丽姿容和出众的舞技，使得她在后宫嫔妃中鹤立鸡群。赵飞燕表演的一种舞步，手如拈花颤动，身形似风轻移，令汉成帝十分着迷。

当时，长安宫廷中有一湾清水，叫作"太液池"，中间有一个小岛，叫作"瀛洲"。汉成帝命人在上面筑起一个高约13米的台子。

有一次，赵飞燕身穿美丽透明的薄纱在瀛洲台子上跳舞，下面有乐队伴奏。汉成帝亲自指挥，看着高台上的赵飞燕飘飘欲仙的样子，汉成帝格外高兴。

■ 赵飞燕舞蹈图

赵飞燕玩得正在兴头上的时候，忽然一阵大风袭来，赵飞燕薄薄的衣袖就随风飘舞起来了，好像她也要随风飘去一般。

汉成帝很是着急，他赶忙命人用力拉住赵飞燕的衣裙。自此以后，汉成帝怕大风把赵飞燕带走，他特意为赵飞燕建造了一个名为"七宝避风台"的住所。

还有，因为那一次意外，待到风停舞罢后，赵飞燕的裙子被人抓出了皱褶，从此以后，后宫中开始流行一种有皱褶的舞裙，名为"留仙裙"。

甚至，汉成帝还为赵飞燕特制了一个水晶盘，他命令宫人托起盘子，让赵飞燕在盘子上起舞，这样倍增飘逸轻盈之美。赵飞燕还擅走一种特别的舞步，这种舞步叫作"踽步"，她走起来花枝颤然，姿势非常优美。

赵飞燕（前45—前1），原名宜主，号飞燕，出身平民之家，家境贫穷，后在阳阿公主处学舞，为汉成帝刘骜第二任皇后。在我国历史上，她以美貌著称。"环肥燕瘦"讲的便是她和杨玉环，而燕瘦也通常用以比喻体态轻盈瘦弱的美女。同时她也因美貌而成为淫惑皇帝的一个代表性人物。

汉代彩绘舞俑

悠扬飘逸的古乐歌舞

李延年 西汉音乐家，汉武帝宠妃李夫人的哥哥。他原本负责饲养宫中的狗，后因擅长音律，故颇得武帝喜爱。后来他的妹妹入宫，称李夫人，因为李夫人生下了昌邑王刘髆，李延年也得以被封"协律都尉"，负责管理皇宫的乐器，极得汉武帝宠爱。

汉代宫廷舞女除了赵飞燕以外，还有一个舞技高超的女子李夫人。李夫人出身于世代从事音乐歌舞的乐人家庭，李延年是李夫人的哥哥。后来李延年因为擅长歌舞受到汉武帝喜爱。

有一次，李延年在汉武帝酒宴前献歌道：

北方有佳人，绝世而独立，一顾倾人城，再顾倾人国。宁不知倾城与倾国，佳人难再得。

汉武帝听了后叹息说："好歌！但是世上真的有这样的绝色佳人吗？"

李延年便将自己的妹妹李氏引荐给汉武帝。于是汉武帝便召见李延年的妹妹，他发现李夫人果真妙丽善舞，舞技高超绝伦。汉武帝非常喜欢李氏的歌舞，便立她为夫人了。

后来，汉武帝在宫中时时欣赏李夫人的高超舞技，他也越发喜欢这个绝代佳人了。

但是好景不长，几年后李夫人去世，汉武帝无比怀念李夫人的舞技，于是他命令画师将李夫人生前的形象画下来，然后将画像挂在甘泉宫，这样他就可以时时回忆起李夫人昔日美妙的歌舞表演了。

汉代还盛行一种《剑舞》。从春秋战国到秦汉之际，中原大地纷争不断，因此习武之风盛行。那时由于金属冶炼技术的不断提高，剑也越来越受到人们的爱戴。

汉代人们大多佩剑，这也逐渐成为一代代文人武士的必备行头，在这种社会背景之下，《剑舞》流行于汉代就是理所当然的事了。

记载汉代《剑舞》表演情形的史籍中，最有名的当数西汉史学家司马迁所著的《史记》了，其中《项羽本纪》就讲述了"鸿门宴"的故事，原文是这样描写的：

范增数目项王，举所佩玉玦以示之者三，项王默然不应。

汉武帝 （前156年—前87年），是刘彻的谥号，西汉的第七位皇帝，西汉杰出的政治家、战略家、诗人。16岁时登基，为巩固皇权，他在地方设置刺史，开创察举制选拔人才，又颁行"推恩令"，开拓了汉朝最大版图，功业可谓是辉煌无比。

251

争奇斗艳

曲舞生辉

■ 汉代拂袖舞陶俑

■ 项庄和项伯舞剑
浮雕

范增起，出召项庄，谓曰："君王为
人不忍，若入前为寿，寿毕，请以剑舞，因
击沛公于坐，杀之。不者，若属皆且为所
虏。"庄则入为寿，寿毕，曰："君王与沛
公饮，军中无以为乐，请以剑舞。"

项王曰："诺。"项庄拔剑起舞，项伯
亦拔剑起舞，常以身翼蔽沛王，庄不得击。

**项羽**（前232—前202），历史上最为勇猛的著名武将。他是我国军事思想"勇战派"的代表人物，与"谋战派"孙武、韩信等人齐名。他在秦亡后被尊称为西楚霸王，后与刘邦争夺天下，于公元前202年兵败，在乌江边自刎。

后来出土的画像石上也有关于此事的具体刻画，在汉代，也许是剑器原本就充满了动作性，也许是汉代乐舞的表演者们对舞剑有特别的偏好，所以《剑舞》形象在出土的画像石上所见极多。

在河南出土的一块画像砖上，就有3人共同舞剑的生动景象。左侧一人坐胯虚步，右臂扬起，剑锋向下，似乎正在做出击准备。中间一人身形硕大，立掌待势。更加精彩的是画面右侧的舞剑者，手挥双剑，大弓步，与中间一人对峙，极富动感。

其他《剑舞》的形象，有横剑马步蹲裆者，也有平剑蓄势待发者，还有拔剑怒目而立者，这些形象各显神气，有的《剑舞》表演者手持一把剑，还有的表演者舞动双剑。

汉代的《干戚舞》，也被称为"盾牌舞"，这种流传于上古大神刑天的舞蹈在汉代也非常著名。后来山东微山出土的画像石上，就记录了这种盾牌之舞。

在画像右方有一对舞人左手执盾牌，右手执刀，做蹲裆步姿势，两人一攻一守，一进一退，正在对峙比武。两人的盾牌高近1米，宽约0.3米，为长方形。

右方舞人，头挽椎髻，精神抖擞，盾牌移在左侧，露出大半个身体，好像要进攻一样；而左方的舞人戴着面具，他拿着盾牌掩护，身体后躲，刀竖身后，明显他已经呈现败势了。

还有，汉代《建鼓舞》形象也非常多，除了《建鼓舞》之外，多数鼓舞都没有特定的名称，但是在后来出土画像中却极为常见。

《建鼓舞》也称作"应鼓舞"，是汉代当权者召集号令以及开府问事时礼仪所用的鼓，这些鼓既代表着某种礼乐规格，又象征着使用者的权势地位。根据古籍《礼仪·大射》中记载：

汉代舞女蜡像

《建鼓舞》舞者有的是在建鼓伴奏下起舞，也有边击打建鼓边作舞姿。后来出土的画像砖石上与建鼓一起出现的舞者，大多数都是男性，这也许能够说明《建鼓舞》是一种很有阳刚之气的舞蹈表演吧！

《建鼓舞》的舞姿也是各种各样，有骑马蹲裆式，有大弓箭步的，有跨步跳击的，有击打之后向后折腰的。后来山东微山出土的画像石上，就有古人骑兽击鼓的形象，人们所击的鼓都是建鼓。

河南南阳出土的一幅《建鼓舞》画像中，舞者大跨步向前击鼓，鼓身架在一虎形基座上，并装饰着动物的长角，场面非常壮观。

建鼓与舞蹈的结合，早在春秋战国时期就有，但那时多见乐人伫立击鼓，而舞人独自作舞的。从汉代起才可以看到舞者同时击鼓和舞蹈的形象。

**阅读链接**

据说，西汉时期赵飞燕天生丽质，舞艺超群，因而她得到汉成帝的宠爱，以至于被封为皇后，从此赵飞燕的舞蹈技艺也久久被人传颂。

赵飞燕可能算是古代最为杰出的著名舞蹈家了，而她又是身材最为苗条，姿容最为秀丽的绝色美人。后来唐代大诗人李白在应唐玄宗之诏创制"清平调三章"歌颂杨贵妃的艳美时，其中就有"借问汉宫谁得似，可怜飞燕倚新妆"之句。虽然在大诗人李白心中，赵飞燕是靠新妆取胜的，但是美人地位是不能动摇的。历代文人学士在吟诗作赋时也多提到赵飞燕的名字，唐代诗人徐凝作《汉宫曲》题写了："水色帘前流玉霜，赵家飞燕侍昭阳。掌中舞罢箫声绝，三十六宫秋夜长。"

# 百戏对汉代舞蹈的影响

汉代"杂舞"这一称谓，其实就是汉代"百戏"对舞蹈的直接影响，这主要见于两汉时期的文献，如汉代《乐府诗集》中曾经有这样的记载：

汉代乐手奏乐蜡像

悠扬飘逸的古乐歌舞

■ 乐舞百戏图

杂舞者，《公莫》《巴渝》《盘舞》《鞞舞》《铎舞》《拂舞》《白纻》之类是也。

汉代各地方的杂舞、散乐，都是多种乐舞的总称，特别是指那些在宫廷中演出的民间乐舞，相对于宫廷雅乐而言，它们的种类繁多，历史上非常有名的也不少。

《百戏》是汉代多种杂技性乐舞节目的总和。比如《乌获扛鼎》《都卢寻橦》《冲狭燕濯》《胸突铦锋》等。

汉代比较有名的《曼延之戏》舞蹈，其中"曼延"有两种解释，古籍中"巨兽百寻，是为曼延"中的"曼延"两字是形容巨兽的长而大的。

而"鱼龙曼延"则是鱼龙变化的意思。这两种"曼延"都属于"曼延之戏"。这种舞蹈可能是古代图腾舞蹈的遗制，在表演时还保留一些神秘的气氛。

龙 在古代的神话与传说中，它是一种神异的动物，具有九种动物合而为一的形象，传说它能显能隐，能细能巨，能短能长。在我国封建时代，它是帝王的象征，也用来指至高的权力和帝王的东西，它还与白虎、朱雀、玄武一起并称"四神兽"，与凤、麒麟并称"三灵兽"。

后来在山东沂南的一幅汉代画像石上有人与巨兽
同时出现的场面，其形象充满了怪诞、风趣和惊险的
意味。这被称作"曼延之戏"，其表演在汉代乐舞中
也十分精彩。古籍中描绘道：

> 巨兽百寻，是为曼延。神仙崔巍，欻从
> 背见。熊虎升而挐攫，猿猱超而高援。怪兽
> 陆梁，大雀踆踆。
>
> 白象行孕，垂鼻磷囷。海鳞变而成龙，
> 状蜿蜿以蟺蟺。含利，化为仙车。骊驾四
> 鹿，芝盖九葩。蟾蜍与龟，水人弄蛇。奇幻
> 倏忽，易貌分形。

**画像石** 汉代地
下墓室、墓地祠
堂、墓阙和庙阙
等建筑上雕刻画
像的建筑构石。
所属建筑，绝大
多数为丧葬礼制
性建筑，因此，
本质上汉画像石
是一种祭祀性丧
葬艺术。画像石
不仅是汉代以前
古典美术艺术发
展的巅峰，而且
对汉代以后的美
术艺术也产生了
深远的影响，在
我国美术史上占
有承前启后的重
要地位。

257

争奇斗艳

曲舞生辉

汉代《曼延之戏》舞蹈显得很有层次，但是每一
种表演之间又没有当然的逻辑关系。

首先，一只熊和一只虎在巍峨的山中相遇，它们

■ 汉代舞乐画像砖

一见面就互相搏斗起来。

然后是一群猿猴跳跃追逐、登高攀缘的情形，很快一只怪兽出现了，它把大雀吓得缩首缩尾，东躲西藏。紧接着出现的倒是和平景象，大白象带着小白象漫步缓行，大白象甩着大鼻子，小白象边走边悠闲地喝着大象的奶水。

接着表演进入了高潮，也就是鱼龙相变，当大鱼忽然变成了长龙以后，它开始蜿蜒舞动起来了，给人以惊喜和美的享受。

然而，变化还没有到此结束。一只猞猁兽，一开一合地张着嘴，转眼之间变成了一辆驾着四匹鹿的仙车，车上有华盖。蟾蜍、大龟紧接着相继出场。

因此，《曼延之戏》不仅有奇形怪兽的舞蹈，而且还加上了"易貌分形"的幻术表演。从中可以得出以下结论，也就是《曼延之戏》中巨大的假形表演，是由群体舞蹈配合完成的，但是也有单个人完成的舞蹈表演。

汉代四人舞蹈俑

■ 百戏画像砖

这些表演，在汉代古籍中被描写为：

今富者祈名岳，望山川，椎牛击鼓，戏
倡舞象。

那些戴着面具、扮装假形跳着鱼、虾、牛、狮子
之舞的表演者们，有时候也被叫作"象人"。后来在
湖南马王堆一号墓出土的彩棺上，也有"扮兽舞人"
的形象出现，其动作形态更加诡秘莫测了。

《东海黄公》是汉代乐舞中非常著名的一出舞蹈
节目，这个节目在晋代学者葛洪所著的《西京杂记》
中有比较仔细的记载：

余所知有鞠道龙善为幻术，向余说古
时事：有东海人黄公，少时为术，能制御蛇
虎，佩赤金刀，以绛缯束发，立兴云雾，坐

葛洪 （284—
364），东晋著
名炼丹家、医药
学家。三国方士
葛玄的侄孙，世
称"小仙翁"。
他曾受封为关内
侯，后来在罗浮
山隐居炼丹。他
的著作有《神仙
传》《抱朴子》
《肘后备急方》
《西京杂记》等。

成山河。

及衰老，气力羸惫，饮酒过度，不能复行其术。秦末，有白虎见于东海，黄公乃以赤刀往厌之，术既不行，遂为虎所杀。

三辅人俗用以为戏，汉帝亦取以为角抵之戏焉。

后来在东汉著名文学家张衡所写的《西京赋》里也曾经有过简单记载，原文是：

吞刀吐火，云雾杳冥。

画地成川，流渭通泾。

东海黄公，赤刀粤祝。

冀厌白虎，卒不能救。

挟邪作蛊，于是不售。

悠扬飘逸的古乐歌舞

■ 表演相和大曲鎏金铜八人扣饰

　　以上两段记载，故事的情节内容基本上相同，大约都是说东海黄公原本是个能"立兴云雾，坐成山河"的人，他力大无比，能够"制御蛇虎"。但是他到了老年，气力衰竭，法术不灵，遇到白虎以后被虎所吃。

　　有史学家指出，两段文献不同处是对这个歌舞戏的评语，也就是《西京赋》中认为东海黄公是"挟邪作蛊，于是不售"，意思是他不过是个走江湖的骗子而已。

　　而《西京杂记》却认为东海黄公在年轻力壮时，确有制御蛇虎的法术，只是因为年迈力衰，饮酒过度才使得法术失灵，葬身于虎口。从黄公葬身虎口来看，这可以说是一个讽刺剧。

　　后来山东临沂汉画像砖中有表现《东海黄公》故事的一幅图，画像中黄公头戴面具，执刀而立，并且徒手抓住老虎的一条后腿，使其欲逃不得。老虎回头向黄公做张口怒吼之状，也颇为传神。

　　汉代《东海黄公》的出现，引起舞蹈史学家们的注意，更引起了戏剧史家和古代美学研究者的注意。于是人们开始将杂技、杂要、乐舞等多种表演手段融合起来表现一定的故事情节，因此《东海黄公》常常被人看作是我国戏剧史的发端作品。

有了《东海黄公》这样的戏剧因素，是汉代乐舞发展的重要特点之一。它预示着古代乐舞发展的新方向，也就是乐舞艺术中戏剧性的增强，或者说带有武术性的舞蹈动作开始与特定故事内容相结合。

这也正是汉代舞蹈超越两周舞蹈的地方，当然，在角抵戏名分下，还有一些以技巧取胜的节目，如《侲僮程材》。

《侲僮程材》中的"僮程"，也就是年纪幼小的孩童，因为体轻，所以可被举在高平台上做各种惊险的动作。在表演时，成年人驾着马车，策动而进。

有时车中设有4人乐队，车中央竖立起一根长竿，竿顶再叠架起一个小平台，那正是孩子们施展本领之处。其中技巧高超者，不仅能做出徒手倒立等动作，甚至还能表演弯弓射箭、上下攀缘的内容。

东汉文学家张衡《西京赋》描写的正是这样的戏车，原文记载：

尔乃建戏车，树修游。侲僮程材，上下翩翩。突倒投而跟絓，譬陨绝而复联。百马同辔，骋足并驰。橦末之伎，态不可弥。弯弓射乎西羌，又顾发乎鲜卑。

阅读链接

在汉代，舞蹈与百戏必然在品位上互相渗透，在表现方式上互相影响，其结果一方面是舞蹈与杂技、武术血缘交融；另一方面是戏剧从其发生之日起就和舞蹈联系在一起。

像汉代的《总会仙倡》《曼延之戏》《东海黄公》等都有比较多的舞蹈成分，而其中的舞蹈又与汉代人们的戏剧观念有着不解之缘。

# 汉代相和大曲与宫廷宴舞

汉代是生产力高速发展的一个阶段，特别是从汉武帝起，锐意革新，谋兴礼乐，罢黜百家，独尊儒术，并且施行了一系列政治、经济的有力措施，很快使西汉走向强盛。

汉代舞伎

■ 表演相和大曲的
陶俑

《宋书》 记述
南朝刘宋一代历
史的纪传体史书。
作者是梁代的沈
约，该书含本纪
10卷、志30卷、
列传60卷，共100
卷。它收录当时
的诏令奏议、书
札、文章等各种文
献较多，保存了
原始史料，有利
于后代的研究。
该书篇幅大，一
个重要原因是很
注重为当时的豪
门士族立传。

对于舞蹈发展来说，汉代财富积累也意味着汉代
舞蹈环境的有利因素在增大。两汉时期，后宫女乐发
展迅速，有时多至数千人。

西汉时期虽然更多了平民意识，连原来只有诸侯
才能担任的"相国"之职也可以由非贵族出身的人出
任，但是诸侯豢养女乐风气却越来越强劲了，汉代女
乐舞蹈由此而进入了表演水平大提高的时期。

汉代《相和大曲》则是另外一种歌舞并重、内容
丰富的表演形式。它是汉代民间的大型歌舞曲。

史书《宋书·乐志》记载：

但歌，四曲，出自汉世。无弦节，作伎

最先唱，一人唱，三人和。

也就是说，《相和大曲》最初由一人唱，三人
和，名为"但歌"。原本无伴奏的"但歌"在加入了

弦管伴奏之后，并有一人执"节"而击打节拍歌唱，所以名为"相和歌"，汉代人们配合着舞蹈动作，并在形式结构上形成特色。

《相和大曲》在表演结束之前那种千音错落、万器鸣奏的场面，形成了歌舞大曲表演的高潮。这种歌舞大曲的形式及其结构，对后世歌舞的发展产生了重大影响。

在历史上汉武帝是一个很有作为的皇帝，其政绩早有定论。同时，他还是一位在促进乐舞发展方面有贡献的皇帝，角抵舞蹈的兴盛，与他的爱好有关。根据《汉书·西域传》中记载，他在招待四夷宾客之时，常常举行盛大的演出：

作巴俞、都卢、海中、砀极、漫衍、鱼龙、角抵之戏。

汉代乐舞，除去充满了戏剧性的角抵百戏之外，宫廷乐舞也有较大发展。其原因是社会生产力有了较大提高，手工业、制铁业、纺织业等进入高速发展时期。安定的社会生活，自然促使审美和娱乐享受之风渐渐兴起。

宫廷里对于歌舞艺术的喜爱，对于民俗艺术的重视，也是舞业兴旺发达的重要条件。在这样的情形之下，汉代乐舞发展形成强势之状态，成名的舞人增多，一些舞种开始了流传。

后来在河南荥阳出土的"彩绘陶仓乐舞图"，就十分生动地记载了汉代人们日常生活里的舞蹈情形。正面一幅有两层，下层有乐人演奏，且舞步正酣。该图侧面还有更加生动的两个舞姿，而且从画工所用浓烈的红色来看，舞蹈的情绪大概也相当的热烈。

汉代宴饮自娱的舞蹈很多，因为汉代人们的社交生活呈现出了活跃的态势，上至宫廷里的皇室贵戚，下至一般的官吏甚至普通大户人家，都有在宴饮中礼节性的互相邀舞的习俗。如《汉书》中记载：

田园极膏腴，而市买郡县器物相属于道。前堂罗钟鼓，立曲旃；后房妇女以百数。诸侯奉金玉狗马玩好，不可胜数。

还有《后汉书·蔡邕传》中记载有蔡邕参加五原太守王智为他饯行而举行的一次宴会，跳了这种"以舞相属"的舞蹈：

邕自徙及归，凡九月焉。将就还路，五原太守王智饯之。酒酣，智起舞属邕，邕不为报。智者，中常侍王甫弟也，素贵骄，惭于宾客；诟邕曰：徒敢轻我！

邕拂衣而去。智衔之，密告邕怨于囚放，谤讪朝廷。

邕虑卒不免祸，乃亡命江海，远迹吴会。

这种互相邀属的舞蹈，究竟怎样跳法，已经无从考证了。或许它原本就没有一定之规，多少有即兴起舞的意思，并可以根据当时心情而定。

汉代自娱性舞蹈，并不一定是在宴饮时或在宴会以后进行的。但是，在宴饮时或在宴后起舞，却是最通常的习惯。在起舞之前，往往先开始歌唱，然后继之以舞，以歌和舞抒发思想感情。

**阅读链接**

据说，汉高祖刘邦在击败西楚霸王项羽后，他率军路过沛地。刘邦与父老乡亲们饮宴，他乘兴唱出了那首千古名歌："大风起兮云飞扬，威加海内兮归故乡，安得猛士兮守四方！"

在这首歌中，汉高祖刘邦让120个儿童随他而唱，并且他高兴地跳起舞来。这段歌舞，概括了刘邦这样一个君临天下者的宏阔胸襟。

# 广天妙舞

唐代乐舞，在魏晋南北朝的基础上有了进一步发展，是古代乐舞极盛时期。唐代舞蹈以它独立的艺术品格把中华民族舞蹈艺术推向了顶峰，它是当之无愧的。

宋代的宫廷乐舞并没有完全继承唐代的乐舞，而是在保留一些著名的表演性舞蹈的基础上有所变化，并形成了自身独特的舞蹈表演形式。后来明清时期的舞蹈，大致可分为三类，也就是宫廷队舞、戏曲舞蹈和民间舞蹈。

总之，唐宋至明清的诸多舞蹈，不仅具有古典舞蹈特色，并且保存了古代舞蹈精粹，这对打开古典舞蹈宝库，研究古代舞蹈发展规律，有着重要作用。

# 魏晋时期女乐舞蹈的风靡

■ 魏晋时期的服饰

晋代时期的洛阳城非常繁华，到处是廊亭楼阁。在众多廊亭楼阁中，最为吸引人的要数洛阳城外的金谷园了。

金谷园是晋代大臣石崇的府邸。石崇非常富有，几乎是富可敌国。石崇在金谷园中养了很多美貌的舞女，其中最为有名的要数绿珠姑娘了。

绿珠非常喜欢跳清商乐舞，她的清商乐舞技也是高超绝伦的。

每当绿珠开始跳清商乐舞时，所有人都屏息凝神把目光聚集在她身上，无论是石崇，还是底下那些多么高贵的名门望族，无论他们文采武功多么的出众，无论仪容举止多么的优美，此时都只能跪坐着仰视绿珠，像膜拜神明一样仰视翻飞起舞的绿珠。

女乐壁画

绿珠站在这样光辉耀眼的舞台上，让她莫名的兴奋。而底下那些人的目光有惊艳的，有迷恋的，也有痴醉的，绿珠每日被这些目光交织的网所包围着，她觉得自己是所有人瞩目的唯一焦点，这也让她心里暖和，让她觉得踏实而且心满意足。

这也使绿珠更加疯狂地爱上了清商乐舞。只有当绿珠长袖流转的时候，她才感到无比的安宁快乐，后来，她也因为舞技被石崇百般宠爱，深得石崇的欢心。

以绿珠为代表的古代女乐舞蹈在魏晋南北朝时期非常风靡，这一时期几乎是古代舞蹈史上女乐舞蹈最为发达的阶段。

因为《清商乐》中有许多女乐舞蹈流传后世的节目，这些节目大都是由女乐表演的舞蹈，是被"采集"之后收入宫廷才成为宫廷艺术的一部分。

也可以这样说，如果当时没有发达的女乐舞蹈，也就没有《清商乐》从民间俗乐到都市宫廷乐舞的转换，宫廷的女乐舞蹈因为它的地位而得到了记录于史册，或者随墓葬而被后人认识的机会。

在魏晋时期，权贵们的喜爱，是女乐舞蹈风靡的直接原因。曹魏时期，女乐非常兴盛，《三国志·魏书·武帝纪》中记载：

太祖为人佻易无威重，好音乐，倡优在侧，常以日达夕。

悠扬飘逸的古乐歌舞

曹丕（187—226），曹魏高祖文皇帝，三国时期著名的政治家和文学家，建安文学代表者之一，曹魏的开国皇帝，220年至226年在位。他的著作有《典论》，是文学史上第一部有系统的文学批评专论作品。

曹操好女乐歌舞，在历史上是有名的。他本人以及他的儿子们都精通乐律，为女乐歌舞写了很多歌词，有时甚至自己作曲。

《魏书》中记载：

> 太祖登高必赋，乃造新诗，被之管弦，皆成乐章。

曹操、曹丕、曹植三父子的歌诗贡献，与他们的性情有关，也和他们的歌舞才能紧密相关。他们依照《清商乐》的曲调填写了许多诗歌，流传后世的也不少，而在当时这些歌诗都是可以咏唱和舞蹈一番的。

所以南朝的王僧虔在论述前代《清商乐》时说：

> 今之清商，实由铜雀，魏氏三祖，风流

■ 女乐画像砖

可怀。京洛相高，江左弥重。

"清商乐"舞女

这番话道出了南朝女乐的风靡直接来源于曹魏时代。因为北魏的都城洛阳，也就是女乐舞蹈的集散之地，有众多女乐歌舞艺人居住，北魏学者杨衒之所著的《洛阳伽蓝记》中记载：

出西阳门外四里，御道南有洛阳大市，周回八里……市南有调音、乐肆二里，里内之人，丝竹讴歌填，天下妙伎出焉，有田僧超者善吹筛，能为《壮士歌》《项羽吟》，征西将军崔延伯甚爱之。

后代的舞蹈史学家认为，这段文献中的"乐肆"两字原本应该是"乐律"，并且他们认为"调音里"和"乐律里"的区分，也说明了"天下妙伎"的数量自然很可观，而擅长丝竹歌舞的妙伎，正适应了当时

**杨衒之** 北魏散文家，他曾经担任北魏的抚军府司马、秘书监、期城郡太守等职。他博学能文，精通佛教经典。547年，他行经北魏旧都洛阳，目睹贵族王公耗费巨资所建之佛寺已多成废墟，深有所感，乃著《洛阳伽蓝记》一书，具有史料价值。

曹魏帝王对歌舞伎人大量的需要。

在魏晋时期，"人生及时行乐"成为时代的风气，也造成了女乐歌舞的畸形发展。

《梁书·羊侃传》中记载：

> 梁朝大臣羊侃曾得到武帝赏赐的鼓吹一部，府中姬妾侍列，穷极奢靡，有弹筝人陆太喜，著鹿角爪长七寸。
>
> 舞人张净琬，腰围一尺六寸，则人咸推能掌上舞。又有孙荆玉，能反身帖地，衔得席上玉簪。

一次，他宴请昔日的同窗，

> 宾客三百余人，器皆金玉杂宝，奏三部女乐，至夕，侍婢百余人，俱执金花烛。

到了陈朝武帝以后，社会经济和文化元气渐渐恢复了。到陈后主陈叔宝即位以后，人民生活趋于安定，宫廷生活随之走向奢靡。

一时间艳词传播，低吟浅唱，柔媚无骨。陈后主常常在姬妾张贵妃、孔贵人的拥坐

悠扬飘逸的古乐歌舞

**羊侃** 南朝梁末的著名大将。因为他所率领部众南归梁朝，被授予徐州刺史，封高昌县侯。他忠于梁王朝，其军事才能卓越，在保卫建康的战斗中起了重要作用。后来不得志的羊侃平时只好以歌舞自娱，生活豪华奢侈。他善于音律，自己谱了两首新曲，就是《采莲》与《棹歌》，都十分美妙。

■ 魏晋时期《伎乐天》雕塑

里，一起谱写艳诗歌曲，大奏
《玉树后庭花》《伤春乐》等
曲目，君臣酣歌，通宵达旦。

魏晋南北朝时期的女乐舞
蹈，在历史上留下一些精工细
作的歌词。由此可见，女乐舞
蹈的本质并不是创作，而是享
乐中的声色之举，对于后世舞
蹈发展的影响也比较小，远远
比不上这一时期中原和其他地
区的乐舞交流影响深刻。

魏晋时期，在声色迷离的
宫廷乐舞之外，各地域的民间乐舞活动也十分活跃。

■ 魏晋乐舞陶俑

后来在内蒙古五塔寺上就有浅浮雕的乐舞图像，
一个北方服饰装扮的舞人正在弓步回头，逗引一只狮
子，这显然是魏晋时期著名的《狮子舞》。

还有，《白纻舞》是魏晋时期最著名的舞蹈，这
个舞蹈常在宫廷夜宴中表演，布景和服饰方面都极尽
奢华。舞人穿轻罗洁白舞衣，长宽舞袖，身佩玉缨瑶
珰，脚踏珠靴，腰系翠带，舞尽艳姿，容似娥婉。

《白纻舞》舞袖技巧和轻盈步态以及眉目神情的
运用，成为《白纻舞》最大特征。在南北朝早期，此
舞带有朴素清新的民间歌舞风貌。到了南朝梁以后，
《白纻舞》在宫廷贵族夜宴中，日趋绮靡妖艳。

由于魏晋时期战乱不断，人们普遍尚武，习武风
气很盛，也直接影响了乐舞艺术。在后来三国时期的

**陈朝** 是南北朝时
期南朝的最后一
个朝代，陈霸先
代梁所建立，其
都城在建康。陈
国控制了江陵以
东、长江以南的
大部分地区。陈
朝建立时已经出
现南朝转弱、北
朝转强的局面，
陈朝刚建立时就
面临北方政权的
入侵，形势十分
危急。陈朝开国
皇帝陈霸先带领
军队一举击败敌
军，形势有所
好转。

曹植（192—232），三国曹魏著名文学家，建安文学代表人物。魏武帝曹操之子，魏文帝曹丕之弟，他文学上的造诣与曹操、曹丕合称为"三曹"，他在我国文学史上堪称"仙才"。

王粲（177—217），东汉末年著名文学家，"建安七子"之一。由于他文才出众，被人们称为"建安七子之首"。他曾经做过曹操的幕府，由于他的特殊经历和贡献，也使他成了我国古代幕府中的一名俊俊者。

文物上就能够见到儿童对舞花棍的形象。特别是南北朝时期，西域乐舞的东传影响了古代舞蹈的发展。

一般认为，张骞开通西域，也就是汉武帝时期，是中原地区和外域进行乐舞文化交流的起始时期。其实当时李延年根据西域传来的乐曲创作"新声"二十八解，才被当作西域乐曲正式传入的标志。

在南北朝时期，偏安江南的王室豪家，大多拥有众多歌姬舞人。这些王室府内所养的胡人伎乐越多，奢侈豪华的场面也越大。"胡戏"和"戎乐"的名称也受到了当时人们的注意，而且在长期的流传中形成了一些有代表性的品目。

《五椎锻》是魏晋时期一种以手拍打身体的动作的锻炼方法，这是一种舞蹈，同时又是体育性的修炼活动。魏晋时期著名文学家曹植就是此中的高手。

根据史书《三国志·魏书·王粲传》中记载，曹植是非常热爱表演《五椎锻》的艺术家，他在洗浴后，很喜欢表演胡舞的《五椎锻》。

在魏晋时期，西南地区有以拍打身体为手段的体育锻炼，有的地方叫作"拍张"。如果这种锻炼配以音乐或自唱歌曲，并为宾客表演娱乐，这便是乐舞性的《五椎锻》了。而根据史书记载，曹植作这些举动时还要化妆，这俨然是有表演意义的舞蹈了。

魏晋时期的人们还有"弄丸""击剑"等舞蹈，当然这些都是需要有相当熟练技巧的，可见这是当时常用的体育锻炼方式，又是一种身体文化的修养。当时的胡乐、胡舞对汉民族日常生活的影响，由此可见一斑。

魏晋南北朝，是乐舞文化大交流的时期。后来在山西大同北魏墓葬中出土的镏金铜杯上的舞人纹饰，就是汉人的装束，但其中的胡舞体态的婀娜秀美，令人赞叹不已。

在魏晋时期，甚至人们在佛像塑造中，也有极为世俗的乐舞形象出现。后来山西出土的北魏佛像周围的装饰浮雕上，就有杂技百戏和胡舞的生动画面。

**镏金** 古代金属工艺装饰技法之一。亦称"涂金""镀金""度金""流金"，是金和水银合成的金汞剂，涂在铜器表层，加热使水银蒸发，使金牢固地附在铜器表面不脱落的技术。春秋战国时已经出现。汉代称"金涂"或"黄涂"。近代称"火镀金"。

■ 魏晋舞蹈雕塑

女乐舞壁画

即使在民用品上，也可以找到很多类似胡人乐舞的形象。石窟造像中有日常普通民众生活的影子，反过来说，就是在日常生活中也可以看到宗教艺术的影响。

后来在甘肃酒泉丁家闸就曾经出土了一座魏晋墓，墓主人便是世俗社会的成员。但是在他死后，就在自己的墓穴里绘制飞天形象，同一墓穴当中，当然也绘有日常人类生活里享受乐舞的情形。

这说明了，魏晋时期社会环境虽然从某一个方面看不利于乐舞的发展，但是人口的迁徙，各民族间的贸易往来，战争活动中的对于乐舞艺人特别是才艺出众的女乐舞伎的掠夺和转送，都给乐舞的融合、变异、创新提供了前所未有的时代条件。

**阅读链接**

西晋时期的女乐仍旧呈现发展的态势，曹丕所创建的管理女乐的"清商署"，在西晋时期仍然保留着，女乐也受到西晋皇帝的喜爱。

例如晋武帝就是其中之一，他仅仅在一次平复吴地的战争之后，就接受了吴地的女乐几千人。女乐艺人在一地的数量就如此之大，可见当时风气之盛。

晋代司马氏在统一后促进了社会经济的发展，也形成了严格的社会等级制度，而西晋贵族女乐歌舞享乐的生活在历史上也是非常有名的。

# 唐代舞蹈的种类与发展

　　唐代乐舞，在南北朝的基础上有了进一步的发展，在唐代，燕乐是宫廷宴享典礼活动中，所用的大型"宴乐"乐舞，它具有娱乐欣赏和礼仪性双重作用。

■唐代乐舞图

盛唐时期，宫廷集中整理了南北朝以来的中外各种乐舞，制定宫廷"燕乐"，称为《十部乐》。

此外，唐代宫廷将乐舞节目的水准高低，按演出形制划分为"坐部伎""立部伎"。室内厅堂表演和堂上坐奏的，叫"坐部伎"；室外广场庭院演出，堂下立奏的叫"立部伎"。

"坐部伎"是人数较少的小型表演舞蹈。"立部伎"人数众多，这种舞蹈通常有上百人表演。坐、立部伎的舞蹈节目都比较精致，艺术水平较高。在当时，以"坐部伎"艺人水平为最高，"立部伎"次之，雅乐则更次之。

坐、立部伎具有较高艺术性和欣赏价值，"坐部伎"乐舞节目有《景云乐》《庆善乐》《破阵乐》《承天乐》《长授乐》《天授乐》《鸟歌万岁乐》《龙池乐》等。

"立部伎"包括的乐舞节目有《安乐》《太平乐》《破阵乐》《庆善乐》《大定乐》《上元乐》《圣寿乐》《光圣乐》等。

在唐代，《柘枝》有独舞、双人舞和群舞形式，腰身技巧和舞袖动作是《柘枝》最大的艺术特点。这个舞蹈婉转绰约与矫健奔放相结合，服饰华美，表情动人，有鼓声和乐声相伴，是唐代舞蹈的精品。

悠扬飘逸的古乐歌舞

唐宫伎乐陶俑

唐代有专业《柘枝》艺人，比如唐玄宗时的舞伎那胡等。

唐代《剑器》是舞人执剑的一种舞蹈。唐代著名剑舞艺人有公孙大娘、李十二娘等。唐代将军裴旻的舞剑曾经被人们誉为当时的"三绝"之一，可见《剑器》是一个非常著名的舞蹈。唐代著名的诗人杜甫对此舞有生动描写，诗道：

　　熀如羿射九日落，矫如群帝骖龙翔。
　　来如雷霆收震怒，罢如江海凝清光。

■ 公孙大娘舞剑雕塑

唐代《绿腰》舞具有中原传统舞蹈特点，它以舞袖和腰身动作见长，与魏晋的《白纻舞》类似。有诗描绘"翩如兰苕翠，宛如游龙举。低回莲破浪，凌乱雪萦风"，正是此舞的姿态情貌。

还有，《胡旋舞》是唐代的民间舞，该舞蹈以旋转为主，所以名为《胡旋舞》。白居易所作《胡旋女》一诗，生动地描写了这个舞蹈特色，诗道：

　　胡旋女，胡旋女，心应弦，手应鼓。
　　弦鼓一声双袖举，回雪飘摇转蓬舞。
　　左旋右转不知疲，千匝万周无已时。
　　人间物类无可比，奔车轮缓旋风迟。

**公孙大娘** 唐代开元盛世时的第一舞人，舞姿惊动天下。以舞《剑器》而闻名于世。她在民间献艺，观者如山。应邀到宫廷表演，无人能比。她在继承传统剑舞的基础上，创造了多种《剑器》舞，如《西河剑器》《剑器浑脱》等。

■ 唐代"破阵乐"

从此诗中可以看出，胡旋女舞蹈动作和姿态以及她内心情感都和伴奏音乐旋律、节奏紧密地结合在一起。

她旋转时双袖举起，轻如雪花飘摇，又像蓬草迎风转舞。她的旋转，时而左，时而右，好像永不知疲劳。

在千万个旋转动作中，都难以分辨出脸面和身体，旋转的速度，似乎都要超过飞奔的车轮和迅疾的旋风。

还有，《踏谣娘》是唐代盛行的民间歌舞，据唐代学者崔令钦所著的《教坊记》中记载：

> 北齐有人姓苏，鼻包鼻，实不仕，而自号为郎中。嗜饮酗酒，每醉辄殴其妻。妻衔悲，诉于邻里。时人弄之。丈夫着妇人衣，徐步入场行歌，每一叠，旁人齐声和之云："踏谣和来！踏谣娘苦和来！"以其且步且歌，故谓之"踏谣"，以其称冤，故言"苦"。及其夫至，则作殴斗之状，以为笑乐。

从这个记载中，说明了《踏谣娘》是根据真人真事编演的一部具有讽刺性质的歌舞，它有不同性格的人物，有一定矛盾冲突，舞蹈表演者有鲜明情感爱憎

**崔令钦** 唐代著名学者，开元年间为左金吾仓曹参军，官终国子司业。宝应年间著有《教坊记》一书。《教坊记》作为唐代音乐、舞蹈、戏曲、杂技表演艺术的真实写照，是历史文化研究的重要资料。

态度和思想倾向。据传，这个歌舞在宫廷宴会中上演，民间艺人在街头也表演，由此说明它是一出很受欢迎的歌舞。

《破阵乐》是唐代坐、立部伎中最著名的舞蹈。此舞是根据唐太宗李世民所绘制的"破阵乐图"而编排的。其中的舞人披甲执戟，表现了战阵生活内容。

人们以群舞形式表演战阵队伍变化，是对传统武舞的继承发展，音乐具有龟兹乐风格。唐太宗李世民所绘制的"破阵乐图"，算得上是最早的舞谱雏形。后来，唐代女皇帝武则天曾下令在皇宫内设"习艺馆"，旨在教宫女们学习诗文，后来逐步演变成专门训练歌手和舞蹈家的"教坊"。

这些歌舞艺人在返回民间后，又把宫廷中学习的乐舞带回民间，在普通老百姓中流行，从而促进了唐代的乐舞普遍流传。

唐代乐舞大体分为健舞和软舞两类，前者敏捷刚健，后者优美柔婉。健舞又分为"阿辽""胡旋"等，都是体育性舞蹈。

健舞的舞者可以是男子或是女子。在表演健舞的时候男子穿的是盔甲。而女子穿的服装是带有雕饰品的紧身上衣和喇叭裤形的裙子。这些服装是来强调剑舞独特和干脆的肢体和腰部动作的。

在唐代，我国与周边邻国的来往和唐代健舞的形成有着密切关系。在许多商业交换中，其他国家不仅仅是带着他们的商品来到我国，同时也带来了他们国家

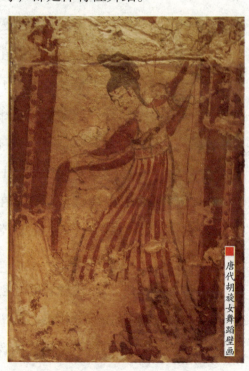

唐代胡旋女舞蹈壁画

武则天（624—705），我国历史上唯一正统的女皇帝，也是即位年龄最大、寿命最长的皇帝之一。她是唐朝功臣武士彟次女，14岁入后宫为唐太宗的才人，唐太宗赐号媚娘，唐高宗时初为昭仪，后为皇后，尊号为天后，与唐高宗李治并称二圣。后自立为皇帝，建立武周王朝，在死后以皇后的身份入葬乾陵。

兰陵王（541—573），名高长恭，是南北朝时期北齐的大将。他封藩徐州兰陵，是北齐文襄帝高澄之第四子，据说相貌柔美，为了在战场上能够威吓敌人，所以戴面具上阵。后来被改编为舞蹈戏曲，对后世舞蹈大曲的发展有很大的影响。

独特的艺术文化。当他们的舞蹈在街边上演时，民间艺术家们就留心模仿，慢慢地流传到了宫廷里面。

这一时期，软舞动作抒情优美，节奏比较舒缓。它是一种专门在宫廷场所为达官贵人表演的舞蹈。这种舞蹈的舞者普遍是成群的宫女或是舞女。

在表演软舞的时候她们通常穿着带有水袖的袍子，来强调手背柔软连贯的动作。这种舞蹈有时是以群舞的方式呈现出来的，但是大部分还是通过独舞或是双人舞的方式来呈现。软舞的形成是沿袭唐代以前的舞蹈风格，在以前的舞蹈基础上有所发展的。

唐代舞蹈有许多与历代舞蹈截然不同的地方，大部分都是新的创造，丰富了舞蹈艺术。最大的特色就是唐代舞蹈个个具有故事情节。

唐代舞蹈《兰陵王》就是一个例子，这个舞蹈是一个男子的独舞。因为兰陵王容貌出奇的俊美，像个美丽的女子，所以在战斗中往往会被敌人所轻视。

于是兰陵王为了震慑住敌人，他就命人打造了面目狰狞的面具，每逢出战的时候，兰陵王都要戴上这个面具。这个舞蹈有声有色地表现了一位将军的一生，以及他在战场上的英武事迹。

唐代舞蹈除了在宫廷里有所表演外，在寺院里也有一方天地。人们常常在寺院里的舞台上表演舞蹈，娱乐广大群众。

唐代舞者们还创造了舞谱，舞谱的形式与乐谱的形式十分相像。乐谱使用音符来记载音乐，方便后人学习与了解历代的音乐。而舞谱是使用简单的图画来

■ 唐代乐舞壁画

记载舞蹈的队形与动作。

　　还有，唐代舞蹈成了周边国家，比如说日本等国家的舞蹈源泉，日本著名的面具舞就是引用我国唐代舞蹈典型的例子。日本的面具舞是男子戴面具独舞，与唐代的兰陵王舞十分相像，几乎是一模一样的。

　　这不仅证实了唐代舞蹈的吸引力和生命力，同时也证明了唐代舞蹈是我国舞蹈史里的一段辉煌时期。

　　唐代舞蹈的一个重要特色是出现了《字舞》，一般是在祭祀大典或嘉宾盛宴等比较隆重的集会场合演出。

　　根据《旧唐书》记载，武则天曾经亲自排演了"舞之行列必成字"的"圣寿乐"。对此，唐代著名诗人王建曾经有过形象的描述，诗道：

罗衫叶叶绣重重，金凤银鹅各一丛。

王建（约767—约831年后），唐代著名诗人，擅长诗词速写。他熟练地运用各种形式，创作了一幅幅上自宫廷禁苑下至市井乡村的风物风情画。这些诗词作品，都充溢着浓郁的生活气息。

每遍舞头分两向，太平万岁字当中。

在唐代的传统节日里，歌舞活动十分的盛行。传统元宵节常有歌舞活动。当时节日中盛行民间自娱性歌舞《踏歌》和泼水歌舞《泼寒胡戏》。

在唐代，宫廷曾经组织"与民共乐"的元宵佳节盛大活动，几千人参加《踏歌》舞蹈，人们载歌载舞，连续三日，盛况空前。后来，每遇朝廷举行大典时，大唐都要举行庆祝活动，叫"赐酺"。

唐代寺院歌舞活动很流行，当时寺院一般设有戏场。宗教活动同歌舞活动结合在一起。与南北朝时期宗教舞蹈表演不同的是，唐代宗教舞蹈则重在舞台上的表演，这也是唐代宗教舞蹈活动的进步与发展。

此外，在民间祭祀活动或巫术活动中，舞蹈也很流行。比如，有求雨的龙舞和祭祀迎神的送神歌舞等。

在唐代，还有"大傩"舞蹈仪式，这是在每年除夕夜举行的舞蹈，人们扮演各种野兽，扬戈执盾，高呼低吼，咒语祷歌，应声唱和。与周代和汉代宫廷"大傩"有所不同的是，唐代宫廷"大傩"气氛轻松愉快，场面也颇为壮观。

**阅读链接**

唐代舞蹈种类繁多，大多具有特色，其中有一种难度很高的舞蹈叫"蹋球"，也就是"胡旋舞"。

"胡旋舞"是用一个两尺高的大木球，在木球上画上花样图案，人在上面腾踏旋转，载歌载舞，始终不会掉下来。

唐代著名诗人白居易在《胡旋女》中写道："胡旋女，心应弦。手应鼓，弦鼓一声双袖举。回雪飘摇转蓬舞。左旋右转不知疲，千匝万周无已时。"

# 唐代舞蹈进入鼎盛时期

在大唐盛世的天宝年间，那时候皇帝是唐明皇李隆基，他是历史上有名的"风流天子"。

李隆基酷爱音乐舞蹈，在古代君王中，李隆基对音乐和舞蹈的研

唐代舞女

■ 唐明皇李隆基蜡像

究应该是最深入、最精通的，他精通吹拉弹奏各种乐器，而且还会编舞。

有一次，唐明皇李隆基梦见自己到月宫上游玩时，听到天上有仙乐奏曲，看到身穿霓裳羽衣的仙子翩翩起舞。仙女的歌声玄妙优美，跳舞的仙女舞姿翩翩。李隆基醒来后，他对梦中的情景还记得清清楚楚。

后来，李隆基把梦中的乐曲和舞蹈记录下来，他让乐工们演奏，让歌女们舞蹈。

李隆基不停地想啊想啊，他想起一点就记录下来，就连白天上朝的时候，他也一边听大臣读奏本，一边在偷偷回想那些乐曲舞蹈。

李隆基为了复原梦中的舞蹈，几乎都入迷了，可还是想不全这首乐舞，对此他十分苦恼。

有一次，李隆基来到三乡译，他向着女儿山眺望，远处山峦起伏，烟云缭绕。

李隆基顿时产生了许多美丽的幻想，在这一刻，他终于把在梦中看到的舞蹈全想起来了。

李隆基立即把这些美妙的舞姿在纸上记录下来，于是才创作了一部适合在宫廷演奏的宫中乐舞《霓裳羽衣曲》。

李隆基命令乐工排练《霓裳羽衣曲》，令爱妃杨

**上朝** 臣子到朝廷觐见君王，奏事议政。两汉时期，皇帝对丞相待之以礼。丞相觐见皇帝时，皇帝起立，赐丞相座。丞相生病了，皇帝要亲自前去探视。隋唐时期官员上朝奏事也均有座，到了宋代，官员上朝必须站着奏事。从礼仪上的变化可以看出，自宋代以后，皇帝的权威越来越高，而官僚的地位却不断下降。

悠扬飘逸的古乐歌舞

玉环设计舞蹈，为了让他们有个好场所排练，李隆基在宫廷中建立了一个梨园。杨玉环与宫人日夜赶排，过了好久，他们终于练好了这个歌舞。

后来，李隆基下令演出这个歌舞。随着细腻优美的《霓裳羽衣曲》仙乐奏起，贵妃杨玉环带着宫女载歌载舞，一个个宛如仙女下凡，李隆基再次看到这个熟悉的舞蹈，仿佛回到了梦中。

后来，这首《霓裳羽衣曲》成了唐代舞蹈中的经典曲目，被后人传承了下来。

其实，舞蹈这一活动在唐代十分普遍，几乎渗透到社会生活的各个方面。就参与的阶层而言，上自帝王贵戚、文臣武将，下至平民百姓、乐工歌伎，无论男女老幼，都与舞蹈有密切的关系。

在研究古代舞蹈史的发展和进程时，最为引人注目的是唐代的乐舞和具有了独立表演艺术品格而登上艺术舞台的唐代舞蹈。

著名的唐代乐舞大曲《霓裳羽衣曲》是由唐玄宗李隆基创作乐曲、杨贵妃表演的，综合了器乐演奏、声乐歌唱、舞蹈表演三大部分，是一个整体的大型艺术表演。

《霓裳羽衣曲》第一部分为散序，它是由器乐独奏、轮奏、合奏组成的。第二部分为中序，

287

歌舞升平

广天妙舞

■ 杨玉环画像

**大曲** 历史上存在于各重要乐种中的大型乐曲。尤指汉魏相和歌、六朝清商乐、唐宋燕乐的大曲。它们几乎都是兼有器乐演奏的大型歌舞曲。因此，通常所说的大曲亦即大型歌舞曲。

是抒情的慢舞。第三部分为破，是展开发展部分，共有12段，是无歌的长段舞蹈。

这部大曲中的舞蹈表演，不仅有杨贵妃的著名独舞，还有双人舞和教坊300人组成的大型群舞表演。此外，还制有舞谱，供后世不断加工、整理、改编和演出。

在唐代，类似前述的大曲有很多，仅在唐诗中描述的就有《绿腰》《柘枝》《春莺啭》等数十首，而且对其中的舞蹈已经有了明确的分类，可见唐代乐舞的繁荣、精制和完善。

唐代舞蹈是以纯粹的人体形式来抒发思想感情并作为其艺术表现手段的，代表作如《胡旋舞》《剑器舞》《踏歌》《龙舞》《祠渔山神女歌》《字舞》等。当然，舞蹈作为一种独立的艺术门类，在唐代已经发展得很完善了。它的内容丰富，有宫廷的、民间的、

288
悠扬飘逸的古乐歌舞

■ 唐代舞蹈壁画

唐代西安芙蓉园石雕

宗教的、祭祀的。

在艺术形式上，它已经有了按舞姿、技巧、风格的分类划分，如"健舞""软舞"等；也有了按表演形式的大小区分的独舞、双人舞、三人舞、大型群舞和用数百匹丝绸装扮舞人的《字舞》等。

唐代舞蹈以它独立的艺术品格把中华民族的舞蹈艺术推向了顶峰。在唐代初期，军事强大，国家统一，政治稳定，统治者减轻民众的负担，努力使经济迅速得到恢复和繁荣。

唐代社会和谐、百姓安居乐业，有利于宫廷大型歌舞和民间歌舞等娱乐活动的开展，也促进了乐舞和舞蹈艺术的兴旺，这是盛唐舞蹈辉煌的原因之一。更为重要的是，唐代是个开放的时代，在此期间能够广采博收，包容所有的文化艺术并使之成为一种历史的积淀。

唐代盛世，实行开放的政策，艺术上继承了以前各朝代特别是三国两晋南北朝和隋朝的宫廷"燕乐"，比如七部乐、九部乐等宝贵遗产，这其中就包括了不同民族和不同国家传入中原的乐舞文化，如

《天竺乐》《龟兹乐》《安国乐》《高丽乐》《康国乐》和《西凉乐》。这些乐舞，无论从形态上还是意识上，都为唐代乐舞和舞蹈的繁荣打下了坚实的基础。

与此同时，唐代大量乐舞文化的输出，也使中原乐舞传播到了四方，这也促进了唐代舞蹈的繁荣。还有，在唐代宫廷各种仪式中，虽然大型燕乐节目和各种表演性舞蹈占据主要地位，但文武舞形式的雅乐体制仍然保留。

在唐太宗时，设《庆善乐》为文舞，《破阵乐》为武舞，分别象征"文德洽而天下安乐""武功成而定天下"，文武舞阵于殿庭，歌功颂德祷太平。到了唐高宗时，人们曾将《破阵乐》修改编入雅乐，并强调"并望修改通融，令长短与礼相称，冀望久长安稳"。

唐代乐舞队伍非常庞大，伴随女乐队伍壮大，在唐代已发展成包含多种层次的专业艺人和具有专业水平的表演者。

唐代乐舞壁画

唐代古乐

　　由于舞蹈艺术普遍发展和社会各阶层人士对舞蹈的普遍喜爱和重视，唐代出现了大批技艺精湛的舞蹈家和善舞者。其中包括了乐舞机构中的乐舞艺人，还有散在各地能歌善舞的官伎、营伎和家伎。也有不少擅长歌舞的高官、贵族、公主、贵妃等。

　　不同范围、不同层次乐舞艺人和善舞者，对唐代舞蹈繁荣都做出了不可磨灭的贡献。

　　唐代乐舞机构也很庞大，宫廷设有太乐署，掌管"邦国之祭祀享宴"，如《十部乐》。教坊掌管各种供娱乐欣赏的乐舞。

　　在唐玄宗时，他为自己设立了一个乐舞机构，叫"梨园"，教授和演奏最高水平的歌舞。唐代庞大的乐舞机构，将数以万计的歌舞艺人集中起来，给以一定财力、人力和物力支持，推动唐代舞蹈走向古代舞蹈发展的高峰。

　　唐代舞蹈繁荣盛况，充分展示了舞蹈艺术的成就。唐代舞蹈之所以能登上古代舞蹈艺术顶峰，首先在于唐代舞蹈是以纯粹人体形式为抒发思想感情的手段，舞蹈以独立表演艺术登上了艺术舞台。

作为一种独立的艺术门类，舞蹈在唐代发展得最为完善。唐代舞蹈以动作技巧和风格特征来分类，说明了唐代舞蹈动作技巧体系的完善。唐代舞蹈包括了独舞、双人舞、三人舞、大型群舞等，这说明了唐代舞蹈水平的成熟。唐代舞蹈中，大型群舞用数百匹绸布装扮舞人，用彩绸装置仙池等场景，均是前代舞蹈望尘莫及的。

唐代对舞蹈的重视，也是前所未有的。作为动作艺术，唐代舞蹈动作技巧十分全面，充分运用人体各部位动作，如手袖、腰身、下肢腾跳、脚部踢跳、身体旋转、道具技巧以及面部表情和头部动作，几乎无所不有。

**阅读链接**

唐代的《霓裳羽衣曲》之所以有名，当然是因为它很美，但还有一个很重要的原因是，它和唐玄宗及其贵妃杨玉环都有关系。《霓裳羽衣曲》是玄宗的得意佳作，贵妃杨玉环醉中依曲而舞，舞姿回雪流风，玄宗叹为知音，只有贵妃才能领会玄宗曲中意境，用舞姿完善地表现出这种情韵。

《霓裳羽衣曲》当时就被人们神化，说是一个有秘术的道士把唐玄宗引到月宫，唐玄宗见几百个仙女正在广寒宫翩翩起舞，那音乐无比美妙。唐玄宗问乐曲的名字，仙女告诉他说叫《霓裳羽衣曲》。

唐玄宗是一个精晓音律的人，他就暗暗把旋律记在脑子里，回来他就教给梨园弟子。玄宗只做了一番润色工作，就将它重现出来了。

# 宋代舞蹈渐融杂剧演出

　　宋代的宫廷乐舞形成了自身独特的舞蹈表演形式。这种新的舞蹈形式叫作"队舞"，队舞中既有《柘枝舞》《剑器舞》等唐代经典舞蹈，又增加了一些宋代新创作的乐舞。

■ 宋代乐舞壁画

悠扬飘逸的古乐歌舞

■ 宋代乐舞壁画

它主要分成"小儿队"和"女弟子队"两队，表演时人数众多，大型队舞可多达上百人。

队舞中有很明确的角色分工，比如担任主演的"花心"、类似主持人的"竹竿子"、担任主体部分的"歌舞队"以及乐队伴奏的"后行"等。

队舞的表演还有着比较固定的程式，它集歌唱、舞蹈、朗诵、对话等多种形式为一体，各种形式互相穿插表演，形成一种内容丰富但是很有秩序的新的综合性表演形式。

此外，宋代出现了庞大的民间舞蹈表演队伍，叫"社火"。这种表演队伍将音乐、舞蹈、武术和杂技等多种技艺节目综合在一起，以游行队伍的形式表演舞蹈。这种民间舞蹈演出活动，一般在新年、元宵节、清明节、中秋节等日子举行。

在这一时期，城市中已出现了专门表演场所"勾栏""瓦舍"。民间舞蹈活动一般在"勾栏""瓦舍"

**勾栏** 宋代勾栏多同瓦市有关。瓦市，又名瓦舍、瓦肆或瓦子，是大城市里娱乐场所的集中地，也是宋元戏曲在城市中的主要表演场所。

**剑** 古代的兵器之一，属于短兵器。其素有"百兵之君"的美称。古代的剑由金属制成，是长条形，前端尖，后端安有短柄，两边有刃的一种兵器。

或广场中表演。

在民间舞蹈活动中，有不少身怀绝技、技艺高强的节目，如可在数丈高的竿上列横木，并在横木上吞吐烟火，装神弄鬼，效果惊险。

当时遇到宫廷节日时，民间舞蹈艺人，特别是那些容貌好技艺高的女艺人，常常被召进宫中表演。宋代著名的民间舞蹈节目有《村田乐》《抱锣》《舞鲍老》等。

在民间舞蹈活动中，各个社火队竞相表演，赛技艺、赛水平，舞蹈节目可以持续一整天也演不完。在节日里，民间艺人被组成社团表演，节日后就解散。

此外，宋代宫廷"傩礼"仍然保留，宋代宫廷每年按例举行"傩礼"活动，由教坊伶工扮成门神、将军、判官、钟馗、灶君、土地爷等诸神形象，戴面具起舞。

在宋代队舞中一些舞蹈还有一个很重要的变化，即不再仅仅是单纯的抒情舞蹈形式，而是改编添加了叙事成分。

如宋代《剑器舞》中就加入了汉代鸿门宴的故事情节，这是从抒情舞蹈向叙事舞蹈发展的重要变化。但由于种种原因，表演舞蹈发展

**土地爷** 又称土地、土地神、土地公公，是《西游记》《宝莲灯》中的重要人物。传说中掌管一方土地的神仙，住在地下，是神仙中级别最低的。俗话说"别拿土地爷不当神仙"。

■ 宋代傩礼

■ 宋代歌乐图

到宋代向情节化转变的关键时刻，并没有发展成为完备成熟的舞剧形式，而是转向戏曲方面，并最终被戏曲所吸纳、淹没。

戏曲的小型化、程式化似乎更符合宋代人们的欣赏口味，但随着唐代强盛的烟消云散，大量的歌舞艺人也流落民间了，这在客观上大大促进了宋代民间歌舞的发展，使一些舞蹈在民间能延续保留下去。

另外随着宋代商业化进程，歌舞娱乐在城市也开始兴盛，甚至出现了像"勾栏""瓦肆"这样的娱乐场所，使舞蹈可以进行营业性的演出。因此宋代的民间舞蹈多种多样，非常兴盛。

《狮子舞》是宋代比较有名的舞蹈，在宋代的绘画中就留下了活泼可爱的童子戏狮的舞蹈场面。因此宋代宫廷的雅乐虽然开始没落了，民间的俗乐却呈现

出蒸蒸日上的面貌。尽管南宋王朝仅能偏安一方，却仍然是"西湖歌舞几时休"的一派升平景象。

宋代民间舞蹈十分兴盛。每逢新年、元宵灯节、清明节、天宁节，民间队舞就非常活跃了，据说一个元夕队舞就有70种，可见民间队舞有多繁荣。

宋代百戏中的舞蹈，在军旅中常有演出。宋代的军士化装成为假面披发的神鬼、判官等，在鼓笛齐奏，烟火弥漫，爆竹、喝喊声中，表演《抱锣》《硬鬼》《舞判》《哑杂剧》《七圣刀》《歇帐》《抹跄》等。

表演者从一两个人至一百多人不等，有的戴面具，有的用青、绿、黄、白各色涂面，金睛异服，两两格斗击刺，摆阵对垒。这些扮演了各种人物的舞蹈，各成一出，又似乎有一定的戏剧情节的联系。

**判官** 古代传说阴间官名。长得凶神恶煞、阴险狡诈，但绝大部分都心地善良、正直。绝大部分是判处人的轮回生死，对坏人进行惩罚，对好人进行奖励。判官取材于我国传统文化中的冥府判官。

宋代宫廷队舞和大曲中增加了戏剧因素，宋代大曲也增加了故事性，如《鄮峰真隐大曲》中的《剑舞》，包括了两个内容，前半部表现鸿门宴项庄舞剑意在沛公的故事；后半部表现张旭观公孙大娘舞剑，草书大进的故事。这些大曲都有较强的戏剧性。

从北宋开始有了杂剧以后，杂剧与舞蹈长期并行发展，相互影响，相互吸收。戏曲中包含的载歌载舞、武术杂技种种要素，与古代的歌舞大曲、参军戏、歌舞戏等，有着一脉相承的联系。

北宋后期和南宋时，国势衰弱，宫廷无力维持庞大的乐舞机构。每逢朝贺大典，就临时到民间去雇请艺人来参加演出，称为"和顾"。在南宋乾道年间，教坊乐部所列各种艺人名单，临时雇请的人数很多。

瓦舍舞蹈是指在瓦舍里演出的舞蹈或舞蹈节目，瓦舍舞蹈带有很强的娱乐功能。

■ 宋杂剧图

宋代瓦舍舞蹈并非是纯粹的舞蹈艺术，它往往和杂技、武术、军阵队列等掺合在一起。所以，宋代瓦舍舞蹈不能当作独立的、纯粹的舞蹈艺术。

《舞旋》是一种专门的舞蹈表演，它的旋转动作可能是当时舞蹈中最主要的技巧，所以把舞蹈节目叫作"舞旋"。

北宋瓦舍里最著名的

舞旋艺人叫张真奴。其中比较有名的作品是《舞蕃乐》，这是一个蕃部的舞蹈，由此可见当时汉族与少数民族之间的舞蹈艺术的交流是很频繁的。

宋杂剧图

到了南宋时代，南宋临安城依然有舞蕃乐的表演，《耍大头》《花鼓》都是流传久远的民间舞蹈节目。《耍大头》很可能就是后来的大头娃娃舞的前身；花鼓也是深受百姓喜爱的舞蹈。还有，南宋时期《舞剑》与《舞砍刀》，这两个舞蹈节目都是从武术演变过来的，含有大量的武术因素。

总之，宋代舞蹈的发展状况是承接唐代的舞蹈而来的，其中一部分虽然保持歌、舞、乐相结合的形式，但是纯舞蹈性质被削弱了，表演人数增加，趋于群舞发展，加设朗诵和对答等形式。另一部分宋代乐舞明显走向杂剧化发展，其人物情节和布景道具等因素十分明确。

这些都说明了综合化和情节化是宋代舞蹈发展趋势，它与同一时期发展起来的戏曲艺术相互印合，成为这一时期艺术的潮流。

阅读链接

宋代舞蹈中还有滑稽舞，民间队舞中的《鲍老》则是模拟傀儡戏中的《鲍老舞》。

节日里，人们很喜欢看这种有趣的滑稽舞蹈，据古籍记载："福建鲍老，一社有三百余人，川鲍老亦有一百余人。"这大概是带有地方色彩的《鲍老》队舞，或是在临安的福建人、四川人的"同乡会"所组织的队舞。

# 明清宫廷舞蹈与民间舞蹈

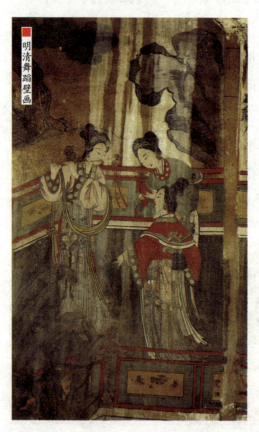

明清舞蹈壁画

明清时期的舞蹈，大致可分为三类，也就是宫廷队舞、戏曲舞蹈和民间舞蹈这三类。

明清时期宫廷舞比较有名的是《万国来朝队舞》《缨鞭得胜队舞》《九夷进宝队舞》《寿星队舞》《赞圣喜队舞》《百花朝圣队舞》《百戏莲花盆队舞》《胜鼓采莲队舞》等。

宫廷宴乐队舞总名为"庆隆舞"，其中包括表现骑射的《扬烈舞》和大臣对舞的《喜起舞》等。这些舞蹈的内容是有寓意的，开始时乐队站在两翼，歌者

■ 宫廷宴乐壁画

总共13人，奏《庆隆》乐章，表演《扬烈舞》。

明清时期戏曲舞蹈，是戏曲重要组成部分，可以分为五类：第一类是插入性舞蹈，比如明刊本《目莲救母》剧中的《跳和合》《跳钟馗》《哑子背风》等；第二类是程式化舞蹈段子，比如"起霸""趟马""走边"等；第三类是舞蹈动作，比如水袖、翎子、甩发、髯口、扇子、手绢、长绸等；第四类是刀枪把子；第五类便是跟斗。

明清时期戏曲舞蹈是在古代舞蹈基础上，又根据剧情和人物的需要发展而形成的。它不仅具有古典舞蹈的特色，并且保存了古代舞蹈的精粹。

《踏歌》是明清时期著名的舞蹈作品，歌词很美，歌词原文是：

钟馗 我国传统文化中的"赐福镇宅圣君"。古书记载他系唐初长安终南山人，生得豹头环眼，铁面虬鬓，相貌奇异；然而却是个才华横溢、满腹经纶的人物，平素正气浩然，刚直不阿，待人正直，肝胆相照。

《明史》是二十四史最后一部，共332卷，包括本纪24卷，志75卷，列传220卷，表13卷。它是一部纪传体断代史，记载了自朱元璋洪武元年至朱由检崇祯十七年200多年的历史。其卷数在二十四史中仅次于《宋史》，但其修纂时间之久，用力之勤却大大超过了以前诸史。

君若天上云，侬似云中鸟。相随相依，映日浴风。君若湖中水，侬似水心花，相亲相恋，与月弄影。

还有，《柘枝》《剑器》《胡腾》《浑脱》《解红》《菩萨蛮》《霓裳》等都是唐代舞蹈的名称，到了明清时期，它们的表演形式已经发生变化了，而且一般是在宫廷举行典礼时演出的。

明清宴乐所奏的乐曲主题多以安抚"四夷"，平定天下为主旨。比如《平定天下之舞》《车书会同之舞》《抚安四夷之舞》等。

至于明代雅乐，据史书《明史·乐志》记载，明太祖定都金陵后，设立典乐官，让当时著名的乐师冷谦做协律郎，制定乐舞制度，当时的雅乐仍分"文舞"和"武舞"两大类。

舞蹈虽然力图复古，但很多古代雅乐舞蹈早已失传，无从仿效，只是形制上沿用旧制，制定一些新的乐舞，然后在祭祀圜丘、社稷、太庙时应用。

■ 朱载堉塑像

明代的朱载堉是当时杰出的科学家和艺术家，他在音律、舞蹈、数学、物理等领域都有很高的成就，他首先提出"舞学"一词，并制定了内容大纲，引证设计了《灵星舞》。

清代乐舞壁画

用16个男童表演的"生产舞"并制作《灵星小舞谱》，用舞人摆字，又撰写绘制《人舞谱》和《六代小舞谱》，意在恢复周代的"六舞"。

其中，包括《云门》执帗而舞，《咸池》徒手而舞，《大韶》执龠而舞，《大夏》执羽而舞，《大濩》执旄而舞，《大武》执干而舞。

这对舞蹈影响很大，甚至后来清代祭祀乐舞也是按这种模式编制的，它的舞蹈动作姿态如"四势为纲""八势为目"等，都成为封建礼教宗法制度和道德规范的载体。

清代统治者对乐舞十分重视，祭祀、朝会、宴享无不参照明朝传统乐制而制定新乐舞。

清代祭祀乐舞十分盛行，以祭天的《圜丘大祀乐舞》为例，每年冬至清王室都要到天坛去祭天。其中舞蹈者很多，乐舞生250人，其中包括执事乐舞生、

**社稷** 象征国家，古代也指土地之神，按方位命名，东方青土，南方红土，西方白土，北方黑土，中央黄土。五种颜色的土覆于坛面，称五色土，实际象征国土。古代又把祭土地的地方、日子和礼都叫社。稷，指五谷之神中特指原隰之祇，即能生长五谷的土地神祇，这是农业之神。

■ 清代高跷秧歌

**焚香** 我国焚香习俗起源很早，古人为了驱逐蚊虫，去除生活环境中的浊气，便将一些带有特殊气味的植物放在火焰中烟熏火燎，这就是最初的焚香。在古代有原始崇拜与巫术等崇神信奉，认为一切都是神的恩赐，对神极度敬仰和崇拜。久而久之焚香就被神化了，随后焚香变得既庄严又神圣。

文舞生、武舞生、执旌节乐舞生、焚香乐舞生等。

这些乐舞生所用乐器左有编钟，右有编磬，还有建鼓、琴、瑟、箫、笛、篪等，演奏者相对而立，场面非常壮观。

清代，在元旦、万寿、冬至三大节时，一般都会加演《庆隆舞》《番部全奏》《瓦尔喀部乐舞》等。其中《庆隆舞》为满族传统舞蹈，原名"莽式舞"，亦名"玛克忒舞"。

《庆隆舞》由《扬烈舞》和《喜起舞》两部分组成。《扬烈舞》由32个人扮作野兽，所有人全部戴着面具。另外8个人骑竹马，有的踩高跷，有的带弓箭，代表八旗。那些人只要向一只野兽射中一箭，其他野兽就都降服了，以此表现满族祖先的武功。

接着演《喜起舞》，是9对双人舞，代表18名大臣，他们身着朝服，磕头对舞。然后13个人一起唱歌，66个人用琵琶、三弦、琴、筝等乐器伴奏。

清代民间舞蹈活动仍很流行，据史籍记载，清代已有明确的"秧歌"活动。当时"秧歌"活动在城市和农村都很流行，是农作歌舞的进一步发展形成的民间舞蹈形式。

当时秧歌活动非常热闹，不仅在广场表演，也在戏馆里表演。"秧歌"进入戏馆与戏曲相杂而演，有发展成为表演艺术的趋势。此外，清代宫廷专门聘请民间的"秧歌教习"，在宫中教习"秧歌"舞。

还有，在清代传统灯节或迎神赛会时，多种民间艺术组合一起表演，形成一种综合性表演队伍，叫作"走会"。

清代"走会"与宋代民间"社火"十分相似。这一时期代表性的民间舞蹈有《秧歌》《高跷》《旱船》《太平鼓》《大头和尚》等。

**秧歌** 流传于我国的一种舞蹈，源于插秧耕地的劳动生活，与祭祀农神、祈求丰收所唱的颂歌有关。秧歌流行我国北方汉族地区，主要于农历正月十五元宵节时在广场上表演，是一种集歌、舞、戏为一体的综合艺术形式。

 清代街市

民间舞蹈

总之，明清舞蹈发展主流从宫廷转入民间。明代"社火"以及清代"走会"等民间舞蹈活动形式，构成了这一时期舞蹈发展的另一景观。

从舞蹈角度来看，这些民间舞蹈并不具备独立舞蹈意义，而是依附于民俗活动和风俗仪式表演。但是，民间舞蹈活动依靠传统习俗力量，以热闹非凡的场面和综合表演的娱乐形式出现，成为人们生活中不可缺少的一部分。

明清蓬勃兴起的各地民间舞蹈，在古代舞蹈发展走近尾声之时，不仅衔接了舞蹈历史，而且开辟了舞蹈发展的新天地，使舞蹈发展在民间长盛不衰。

悠扬飘逸的古乐歌舞

阅读链接

清代民间舞蹈也很繁荣，后来民间舞蹈也被纳入清宫表演，如《走会》在民俗节日就为宫廷表演过。乾隆皇帝曾经封《走会》为《皇会》。

清宫不仅从宫外找民间艺人进宫表演，而且在宫内设有"秧歌教习"，宫中一些太监习舞，并在节日里为皇帝、皇后及宫眷们表演《秧歌》《太平腊鼓》《龙灯》以及《八卦灯》《打莲湘》《旱船》《竹马》《高跷》《太平鼓》《狮子舞》等，其场面盛极一时。

悠扬飘逸的
古乐歌舞

# 钧天广乐

## 古代十大名曲与内涵

# 高山流水

《高山流水》为我国十大古曲之一。"高山流水"比喻知己或知音，也比喻乐曲高妙。此曲原是古琴曲，后来多为古筝弹奏。

"高山流水"最先出自战国时期著名思想家列子所著《列子·汤问》中，传说伯牙善鼓琴，钟子期善听。伯牙鼓琴志在高山，钟子期道："善哉，峨峨兮若泰山。"

伯牙鼓琴志在流水，钟子期道："善哉，洋洋兮若江河。"

伯牙所念，钟子期必得之。子期死，伯牙说世上再没有了知音，于是破琴绝弦，终身不复鼓琴。

# 伯牙船上抚琴偶遇知音

那是在春秋战国时代的楚国郢都，有位名叫伯牙的人随有名的琴师成连先生学古琴。伯牙掌握了各种演奏技巧，但是老师感到他演奏时，常常是理解不深，单纯地把音符奏出来而已，少了点神韵，不能引起欣赏者的共鸣。

有一天，成连先生对伯牙说："我的老师方子春居住在东海，他能传授培养人情趣的方法。我带你前去，让他给你讲讲，能够大大提高你的艺术水平。"于是师徒两人备了干粮，驾船出发。到了东海蓬莱山后，成连先生对伯牙说："你留在这里练琴，我去寻师傅。"说罢，就摇船渐渐远离。

过了十天，成连先生还没回来。伯牙在岛上等得心焦，每天调琴之余，举目四眺。他面对浩瀚的大海，倾听澎湃的涛声。远望山林，郁郁葱葱，深远莫测，不时传来群鸟啁啾飞扑的声响。这些各有妙趣、音响奇特不一的景象，使他不觉心旷神怡，浮想翩翩，感到自己的情趣高尚了许多。

琴撫牙伯山鞍馬

伯牙产生了创作激情，要把自己的感受谱成音乐，于是他架起琴，把满腔激情倾注到琴弦上，一气呵成，于是谱写了一曲《高山流水》。

■ 伯牙抚琴图

没多久，成连先生摇船而返，听了他感情真切的演奏，高兴地说："这下你就是天下最出色的琴师了，你回去吧！"伯牙恍然大悟，原来这涛声鸟语和大自然就是最好的老师。

此后，伯牙不断体会生活和艺术，终于成了天下抚琴的高手。但可惜的是，伯牙当时创作出的《高山流水》，听众只觉得琴声美妙，却没人能听出伯牙在音乐中描述的高山流水的景象。

伯牙虽是楚国人，却在晋国任上大夫。有一天，伯牙奉晋王之命出使楚国。伯牙讨这个差使的原因，一来是个大差，不辱君命；二来是他思乡心切，正好

**成连** 春秋时期琴艺超群的琴师，是伯牙的师父，相传是成连听出初期伯牙音乐造诣上的不足，因此将他引到自然之中，让他领悟琴艺中"移情"的部分，因此伯牙才能创作出名曲《高山流水》。

■ 伯牙抚琴雕塑

香炉　焚香的
器具。用陶瓷或
金属做成种种形
状。其用途亦有
多种，或熏衣、
或陈设、或敬神
供佛。我国香炉
文化的历史可以
追溯到商周时代
的"鼎"。古代
文人雅士把焚香
与烹茶、插花、挂
画并列为四艺。

可以趁机回家乡看一下，一举两得。

伯牙当时朝见楚王后，因为想念故国江山之胜，希望恣情观览一番，就对楚王撒谎说："臣不幸有犬马之疾，车马颠簸，实在是不方便，希望您能为我安排舟楫，乘船而归。"

楚王准奏，命水师拨大船两艘，一正一副，正船单坐伯牙，副船安顿仆从行李，都是兰桡画桨，锦帐高帆，十分齐整。群臣直送到江头而别。

只因览胜探奇，不顾山遥水远，伯牙乘坐的船只一片风帆，凌千层碧浪，看不尽楚国遥山叠翠，远水澄清。农历八月十五中秋之夜，伯牙行至汉阳江口。

当时天气风狂浪涌，大雨如注，舟楫不能前进，只好停泊在山崖之下。过了一会儿，风平浪静，雨止云开，现出了一轮明月。雨后的月亮，光芒更加皎洁。

伯牙在船舱中独坐无聊，就命童子在香炉内焚上香，并说："我想抚琴一番，排遣情怀。"

童子焚香之后，就为伯牙献上了他的瑶琴。

于是，伯牙开囊取琴，弹出一曲。但是曲子还未弹完，指下一声响，瑶琴的琴弦断了一根。伯牙大惊，想到："古人说若是有人盗听琴声，琴弦就会断，否则就是不祥之兆。难道这附近有能听懂我琴声之人？"

伯牙连忙叫童子去问船头："这船此时正停留在什么地方？附近有人居住吗？"

船头答道："因为风大雨大，我就把船停在山脚下了。这座山虽然有些草树，却并无人家住所呀。"

伯牙更惊讶了，自言自语地说："如果这里是城郭村庄，倒是可能有聪明好学之人盗听我的琴声，所以琴声忽变，弦断声绝。可是在这荒山下，怎么会有懂得听琴之人呢？难道是有仇家派来的刺客，或是山贼强盗想来抢劫我的船？"

于是，伯牙吩咐手下："你们快来随我到岸上搜查一番，想必是有盗贼藏身在附近，若不在柳荫深处，就一定在芦苇丛中！"

手下们听从吩咐，正要开始搜查时，忽然听见岸上有人说："舟中的各位大人们不必惊慌，我并非盗贼，只是一个打柴的樵夫而已。因为打柴晚归又遇上这暴风雨，因此在这山中躲雨。偶然听到一位大人的琴声，就冒昧

悠扬飘逸的古乐歌舞

■ 子期听琴蜡像

颜回（前521—前481），春秋末鲁国都城人，在孔门诸弟子中，孔子对他称赞最多，不仅赞其"好学"，而且还以"仁人"相许。历代文人学士对他也无不推尊有加，宋明儒者更好"寻孔、颜乐处"。自汉高帝以颜回配享孔子、祀以太牢，三国时将此举定为制度以来，历代封赠有加，无不尊奉颜子。

走近来欣赏了。"

　　伯牙不以为然地说："你只是一位山中打柴的人，也敢说你赏得了琴声？"

　　那人又在山崖上高声说道："大人您这样说就错了！孔子曾说，'十室之邑，必有忠信'。您要是说山野之中不可能有听琴之人，但此时夜静更深，您不也是在这荒崖下抚琴的人吗！"

　　伯牙见此人出言不俗，觉得他也许真的是一位懂得赏琴的雅士，就又问道："既然您能赏琴，刚才也曾听了我的演奏很久，那请问您知道我弹的是什么曲子吗？"

　　那人笑着说："要是连曲子都听不出，我也不会来听琴了。您刚才所弹奏的是孔子赞叹弟子颜回的曲谱，歌词是'可惜颜回命蚤亡，教人思想鬓如霜。只因陋巷箪瓢乐……'到这一句，您的琴弦就断了，没来得及弹出第四句来，但我还记得第四句的词是'留得贤名万古扬。'"

伯牙听到后十分惊喜，大声说："您果真不是一般的凡俗之人，请下山来见面，我们细细攀谈一番吧！"于是伯牙吩咐手下："咱们把船停得近一些，请那位先生登舟来与我见面。"

这名樵夫进船舱拜见伯牙之前，尽管已经摘下了斗笠、蓑衣，放下了柴刀、尖担，并且将脚上的泥水也蹭干净了，但伯牙看着这样一个粗布衣衫的乡村青年，还是有几分怠慢。

伯牙又见他施礼，落座，不卑不亢，更添几分不快，于是决定考一考他，便指着手边那把属于稀世珍宝的瑶琴问道："既然你说刚才听琴的就是你，那你必定很了解琴的出处。你来说说，这把琴由谁所造？你对它了解多少？"

樵夫回答说："此琴乃伏羲氏所琢，伏羲氏见到凤凰只吃竹实，饮醴泉，栖息于梧桐之上，就知道梧桐树必定是树中之王。于是，伏羲氏找到一棵高三丈三尺的梧桐树，按三十三天之数截为三段，分为了天、地、人三截。

"伏羲氏发现最上一段的梧桐木声音太过轻灵，最下面一段的梧桐木声音又太过混浊。只有中间的那段梧桐木，清浊相济，轻重相兼。

"于是伏羲氏将这段木头在流水中浸泡了七十二天后，又选了良时吉日让高手匠人刘子奇研成乐器。因为这种乐器声音美妙好似瑶池的仙乐，因

伯牙蜡像

此命名为瑶琴。瑶琴按周天三百六十度，共长三尺六寸一分，前阔八寸，后阔四寸，厚二寸。瑶琴有金童头、玉女腰、仙人背、龙池、凤沼、玉轸、金徽。

"其中，金徽按照十二个月份分为十二个，还有个按闰月设立的中徽。瑶琴先是五条弦在上，外按五行：金、木、水、火、土；内按五音：宫、商、角、徵、羽。

"尧舜时操五弦琴，歌《南风》诗，天下大治。后来因周文王被囚于羑里，凭吊自己的孩子伯邑考时满心忧伤，就为瑶琴添弦一根，因为其音清幽哀怨，就叫作文弦。

"在后来武王伐纣，前歌后舞，添弦一根，因为其音激烈发扬，就叫作武弦。

"瑶琴先是有宫、商、角、徵、羽五弦，后来加了两弦，因此称为文武七弦琴。

"瑶琴有六忌、七不弹、八绝。六忌里，一忌大寒，二忌大暑，三忌大风，四忌大雨，五忌迅雷，六忌大雪。七不弹里，闻丧者不弹，奏乐不弹，事冗不弹，不净身不弹，衣冠不整不弹，不焚香不弹，不遇知音者不弹。八绝指的是，清奇幽雅，悲壮悠长。将瑶琴抚到尽美尽善之时，就算猛虎听见也会停止咆哮，啼声哀怨的猿声也会啼住，这就是清雅之乐的迷人之处啊！"

伯牙见樵夫对答如流，又问他说："古人说，孔仲尼曾经在室中弹奏瑶琴，正巧颜回外出归来，听出孔仲尼的琴声幽沉，有贪杀之意，因此心存疑惑询问孔仲尼。孔仲尼回答说，'我刚才弹琴时看见一只猫在捉老鼠，心里着急，怕它捉不住，因此这贪杀之意就流露了出来。'由此可见，即使是圣人的微妙心思，瑶琴也能表露出来。那么如果我抚琴时心中有所思念的话，您能听出来吗？"

樵夫回答说："《诗经》里曾经说，'他人有心，予忖度之。'

先请您弹奏一首让我听听看。"

伯牙将断弦重整，沉思半晌，开始抚琴，其意在于高山，抚琴一弄。樵夫赞道："这琴声，表达了高山的雄伟气势！"

伯牙不答。又凝神一会儿，将琴再鼓，其意在于流水。樵夫又赞道："后弹的琴声，表达的是无尽的流水！"只两句，道着了伯牙的心事。

伯牙听了不禁惊喜万分，自己用琴声表达的心意，过去没人能听得懂，而眼前的这个樵夫，竟然听得明明白白。没想到，在这野岭之下，竟遇到自己久久寻觅不到的知音！相识满天下，知心能几人？于是他问明打柴人名叫钟子期，便和他喝起酒来。

两人越谈越投机，相见恨晚，子期宠辱无惊，伯牙愈加爱重，索性叫来童子重添炉火，再热名香，就船舱中与子期顶礼八拜结为兄弟。伯牙年长为兄，子期为弟，两人誓言要以兄弟相称，生死不负。

伯牙在兴奋之中邀请子期同行，子期推辞说："并非是我不想与您同行，只是我家中尚有父母。《论语》有说，'父母在，不远

■ 子期听琴蜡像

■ 伯牙祭子期蜡像

游'，恐怕我不能去了。"

伯牙虽然有些失望，但还是说："贤弟真是位至诚君子。算了，明年还是我来看贤弟。昨夜是中秋节，此刻天明，是八月十六了。贤弟，明年我还是会在仲秋中五六日奉访。若过了中旬，迟到季秋月份，就是爽信，不为君子。"

子期听后笑着说："既然这样，小弟来年仲秋中五六日，准在江边侍立恭候，不敢有误。天色已经亮了，恐怕我要离开了。"

说完，子期含泪出舱，取尖担挑了蓑衣、斗笠，插板斧于腰间，扶船上崖。伯牙直送至船头，两人洒泪而别。

光阴迅速，转眼又是一年。伯牙心怀子期，想着中秋节近，就告假还乡。八月十五夜，伯牙依稀还认得去年泊船相会子期之处，就吩咐船头将船湾泊，水底抛锚，崖边钉橛。

夜色清明，船舱内有一线月光射进朱帘。伯牙命童子将帘卷起，步出舱门，立于船头之上，仰观斗

《论语》 我国主流学派儒派的经典著作之一，由儒家创始人孔子的弟子及其再传弟子编撰而成。论语以语录体和对话文体为主，记录了孔子及其弟子的言行，集中体现了孔子的政治主张、伦理思想、道德观念及教育原则等。

柄。山色苍茫，明月的光辉之下，万顷茫然，水色亮如白昼。但是寂静的夜色之中，伯牙却始终寻不到子期的身影。

伯牙等了一会儿，想道："如今江边来往的船只这么多，我这次所驾的早已不是去年之船了，子期必定是因为认不出我的船才迟迟没有现身。不如我今夜仍将瑶琴抚弄一曲，子期要是听见了，必定会找到我的。"

于是，伯牙命童子焚香设座，取来瑶琴安放船头，调弦转轸。瑶琴音律的商弦之中，饱含哀怨之声。

伯牙一边弹奏着瑶琴一边吟唱着：

商弦哀声凄切，我的贤弟必是家中有祸事啊。去年他曾说家中父母年事已高，只怕是出了什么意外。他为人至孝，事有轻重，宁失信于我，不肯失信于亲，所以不来。来日天明，我要亲自上崖寻访探望。

伯牙一夜未眠，第二天带着随从走到山谷之中，路遇一位老者，

古画《碎琴图》

就对他打听钟子期的住所。

老人听到他的话后放声大哭起来，说到："子期是我的儿子啊！去年八月十五采樵归晚，遇上了晋国上大夫伯牙先生。他们讲论之间，意气相投。临行时，伯牙大人赠了我儿子黄金两笏，我儿子日日辛勤，早上采樵负重，夜晚归家就买书攻读，由于心力耗费染了疾病，已亡故了。"

伯牙一听，泪如涌泉，说道："我昨夜泊舟，还以为子期爽信，岂知已为泉下之人！"说完，伯牙请子期的父亲带自己去子期的坟墓那里祭拜一番。

伯牙的到来惊动了山前山后、山左山右的黎民百姓，不论行的住的，远的近的，听说有位朝中大臣来祭拜钟子期，都涌来观看。

伯牙命童子把瑶琴取出囊来，放于祭石台上，盘膝坐于坟前，挥泪两行，抚琴一操。

琴声一出，那些围观的人都鼓掌大笑而散。伯牙问钟子期父亲说："老伯，下官抚琴是凭吊令郎，众人为何而笑？"

钟子期的父亲无奈地回答说："乡野之人不懂音律，听到琴声以为是取乐用的，因此大笑。"

伯牙感慨万千，一边抚琴一边唱道：

忆昔去年春，江边曾会君。今日重来访，不见知音人。
但见一抔土，惨然伤我心！伤心伤心复伤心，不忍泪珠纷。
来欢去何苦，江畔起愁云。子期子期兮，你我千金义，历尽
天涯无足语，此曲终兮不复弹，三尺瑶琴为君死！

吟唱完，伯牙从衣间取出压衣刀割断了瑶琴的琴弦，双手举琴，向祭石台上用力一摔，摔得瑶琴玉轸抛残，金徽零乱。钟子期的父亲

和书童都很惊讶，问道："先生为何摔碎如此珍贵的瑶琴？"

伯牙泪流满面地说："子期已逝，故人已去，他不在了，我的琴声又有谁能懂呢？世间寻常朋友常能得到，但能寻觅到真正的知己岂是什么易事！"后人用诗词形容伯牙的话时说：

摔碎瑶琴凤尾寒，子期不在对谁弹！

春风满面皆朋友，欲觅知音难上难。

**阅读链接**

后人为纪念伯牙和子期这一对挚友，建了汉阳龟山琴台，又名伯牙台。伯牙台位于汉阳龟山西麓的月湖东畔，始建于北宋，后屡毁屡建。

古琴台建筑群规模不大，布局精巧，主要建筑协以庭院、林园、花坛、茶室，层次分明。院内回廊依势而折，虚实开闭，移步换景，互相映衬。修建者充分利用地势地形，还充分运用了我国园林设计中巧于"借景"的手法，把龟山月湖山水巧妙借了过来，构成一个广阔深远的艺术境界。

茶院右门迎门是置于黄瓦红柱内的清代道光皇帝御书"印心石屋"照壁。照壁东侧有一小门，门额"琴台"两字，据传出自北宋著名书法家米芾之手。

进门后为曲廊、廊壁立有历代石刻和重修琴台碑记。再往前便是琴堂，又名"友谊堂"，堂前庭院中汉白玉筑成的方形石台，便是象征伯牙弹琴的琴台。

# 气势磅礴的山河颂歌

《高山流水》是古琴曲。据《神奇秘谱》所记载《流水》的解题：

> 高山流水二曲，本只一曲。初志在乎高山，言仁者乐山之意，后者在乎流水，言智者乐水之意。至唐，分为两曲，不分段落，至宋，分高山为四段，流水为八段。

《高山流水》

据《荀子·劝学篇》《吕氏春秋·本味篇》中记述春秋时期，伯牙投师成连先生学琴，成连带伯牙到东海蓬莱山去实地领略"移情"功夫，伯牙在大自然的环境中观察体验后，琴艺大进，成了著名的琴师。

而钟子期是个对音乐有很高鉴别欣赏能力的人。如伯牙弹《高山》，钟子期说："巍巍乎，若泰山。"

伯牙弹《流水》，钟子期又说："洋洋乎，若江海。"伯牙便说："善哉，子之心与吾心同。"两人一位善弹，一位善听，遂成为知音。

■《高山流水图》

后来流传的《流水》多为清代琴家张孔山所传。它充分运用了"泛音、滚、拂、绰、注、上、下"等指法，进一步表现了流水中奔腾澎湃的效果，有"七十二滚拂流水"之称。

《流水》形象生动地描述了流水的各种动态；有淙淙的山泉、潺潺的小溪、滔滔的江水。用真挚的感情，热情地歌颂了壮丽的山川。

《高山流水》全曲共有9个小段，可分为起、承、转、合四大部分。全曲的引子由缓慢的速度以散音奏出。这个引子音乐气氛静穆，接着旋律在宽广的音域内不断跳跃，变换音区，犹见高山之巅，云雾缭绕。

整个"起部"曲调节奏明朗，情绪活泼轻快，清澈的泛音犹如"淙淙铮铮，幽间之寒流；清清冷冷，

323

天籁之曲

高山流水

《荀子·劝学篇》《荀子》一书的首篇，较系统地论述了学习的目的、意义、态度和方法，着重论述了学习的重要意义和学习应持的态度。本文篇幅虽长，但层次井然。全文说理深入，结构严谨，代表了先秦论说文成熟阶段的水平。

松根之细流"，抒发了在深山茂林息心静听流水淙淙时的愉悦心情。

承：绵延不断富于歌唱性的旋律，犹如点滴泉水聚成淙淙潺潺的细流。

这一部分用实音演奏，音乐进一步展开。音乐写情多于写实，"其韵扬扬悠悠，俨若行云流水"。

转：用大幅度的滑音，伴以"滚""拂"等手法，如瀑布飞流，汇成波涛翻滚的江海。

高山流水的"转部"分成了前后两个部分，在前面一部分中，旋律出现大幅度的上、下滑音，犹见"激流中之洄澜，飞溅之浪花"。后一部分连续运用"拂""滚"等复杂的演奏技巧，"盖右手滚拂略无停机，而左手实音动宕其中，或往或来无窒碍，缓急轻重之间最难取音"。

这些演奏技巧使得乐曲形象地描绘出流水"极沸腾澎湃之观，具蛟龙怒吼之象"，使听众似"宛然坐危舟过巫峡，目眩神移，惊心动魄，只疑此身已在群山奔赴，万壑争流之际矣"。

■ 古琴

一连串在高音区先降后升的泛音群过后，江水已不是那样的汹涌澎湃，而是"轻舟已过，势就徜徉，时而余波激石，时而旋洑微沤"。

合：变化中再现了"承""转"部分音调，并引进了一些新的音乐材料，它在速度和力度方面比前面快而强，因而音乐比以前更为激动。

曲子中还用泛音演奏节奏欢畅的短小乐句，从属音到主音终结全曲。人们极目远眺，烟波浩渺，心旷神怡。《高山流水》全曲形象生动，气势磅礴，是一曲对壮丽河山的颂歌。

《高山流水图》

古琴在唐代，尤其是盛唐之时，造型肥而浑圆。唐琴大部分常在龙池、凤沼的面板上贴有两块小桐木，作为假纳音，直至明代初期，仍有制琴家采用这种方法。

唐琴的断纹以蛇腹断为多，也有冰纹断、流水断等。其表面漆灰则有墨、栗壳色两种，有朱红漆者皆为后人修补时所加，灰胎皆为纯鹿角灰，用麻布自下而上包裹琴背两侧直至面板边际，以防止上下板开胶。这些琴的边长皆在120厘米至125厘米之间。

宋代的古琴发生变化，全长128厘米，肩宽25厘米，琴身扁而长大，尺寸大于传世唐琴，为北宋琴主要风格之一。南宋，除仿古之作外，体形则逐渐扁平狭小，尤其是仲尼式古琴，呈耸而狭之状，为南宋制琴的主要风格。

# 不同派别演绎各自特色

　　《高山流水》为古筝曲的代表曲目。但高山流水最普遍的是三个版本，一个是山东筝派，一个是浙江筝派，还有一个就是河南筝派。之所以是三个版本，是因为曲调完全不同，而不是演奏技法的不同。

　　山东古筝派有着悠久的历史传统，并创造积累了丰富的演奏经验和手法。山东筝曲富有刚劲、优美、音韵浓郁的艺术特点，恰似山东

弹琴雕塑

人淳朴憨厚、热情爽朗、粗犷豪放的性格。

据《战国策·齐策》记载：

临淄其富而实，其民无不欢竽、击筑、弹筝。

因此，不少人称山东筝为"齐筝"。它的流传主要在菏泽和鲁西的聊城地区，特别是菏泽地区的民间音乐甚为流行，出过不少民间说唱和戏曲、民间器乐的演奏人才，被人们誉为"筝琴之乡"。

这两个地区的古筝传授系统不同，曲目也不相同，但传统古曲大都是长度为68板的"八板体"结构的标题性乐曲，在演奏技法上也没有很大差异。聊城地区的古筝传人和古曲数量较少，它的传统筝曲主要是聊城地区的金灼南先生和金以埙先生传下来的。由于聊城地区的传统筝曲未能在山东和全国范围内流传，它的历史、传谱等尚待进一步整理、发掘，因此人们对于"山东筝"的概念，习惯上只指菏泽地区的古筝。

■《临流鼓琴图》

■《梅下抚琴图》

**曲牌** 传统填词制谱用的曲调调名的统称。古人进行词曲创作时，逐渐将其中动听的曲调筛选保留，依照原词及曲调的格律填制新词，这些被保留的曲调仍多沿用原曲名称。明代以前所形成的戏曲声腔大多以曲牌为唱腔的组成单位，通称作"曲牌体"唱腔。

山东筝曲多和山东琴书、民间音乐有直接联系，曲子多为宫调式，以八大板编组而成。其中一部分是作为琴书的前奏出现的琴曲，跟河南板头曲相似，有68板"大板曲"，像《汉宫秋月》《鸿雁捎书》等。

山东筝曲在民间常常用套曲联奏的形式来表现多个侧面的音乐形象，比如《琴韵》《风摆翠竹》《夜静銮铃》《书韵》这4首小曲就是作为连缀演奏的套曲。另外，也有由山东琴书的唱腔和曲牌演变而来的，如《凤翔歌》和《叠断桥》。

曹植有诗道："弹筝奋逸响，新声妙入神"，生动地刻画出了当时古筝艺术盛行的景况。山东筝曲根据地方说唱、民间小调改编成乐曲，它结构精炼简洁，节奏富于变化，旋律优美柔和，具有浓厚的地方风味，并运用简洁有效的手法，使作品在民间风味中散发出时代气息。

山东筝过去一般习惯用的是15弦，外边低音部分用的是七根老弦，里边是八根子弦，俗称"七老八少"。被誉为"齐鲁大板"的山东筝派在演奏《高山流水》时，大指使用频繁，刚健有力。即令是"花指"，也是以大指连"托"演奏的下花指为多；而左手的吟揉按滑则刚柔并蓄，铿锵，深沉，其演奏风格纯朴古雅。

河南筝派主要流传于河南境内，曲目直接来自民间说唱音乐和戏曲音乐。清末民初，有人将鼓子曲中易于传唱的小曲、杂调作为民间歌舞踩高跷的曲子，名为"小调曲"，也就是河南曲剧的前身。

小调曲是历史悠久的民间说唱音乐，但在清代以后渐渐衰落了，只有南阳地区还十分兴旺，并有新的发展，为有别于"小调曲"，而称新曲种为"大调曲子"或"南阳大调曲子"，又称之为南阳鼓子曲。传统的河南筝曲正是主要来源于这"河南大调曲子"。

"河南大调曲子"，原称"鼓子曲"，是从明代中叶至清代乾隆年间流行在开封的小曲为基础逐渐演化而来的，后流传于洛阳、南阳等地。它的重要组成部分是带有唱词的"牌子曲"和纯器乐的"板头曲"。筝是其中重要的伴奏乐器，同时，古筝也脱离说唱而独立演奏。

牌子曲是由鼓子曲的曲牌演变而来，大多较短小，清新活泼，别具一格，如《剪剪花》《满舟》《叠落》等。但也有《码头》那样300余板的大曲牌。

板头曲是以弦索演奏的合奏曲，同时又是筝、琵琶、三弦的独奏曲，和汉魏相和乐的"但曲"非常相像。民间的

329

天籁之曲

高山流水

■《松荫抚琴图》

■ 板头曲演奏

表演方式，多是在鼓子曲演唱之前合奏或独弹一二曲，调弦活指，称作开场或闹台；或在唱段之间，弹奏一曲，用以变换气氛。近半个世纪以来，大调曲趋于衰落，板头曲常以独奏形式出现。

河南筝派的代表性曲目，几乎毫无例外的都是河南曲子的板头曲与牌子曲。过去，艺人相见，就经常首先演奏一首板头曲以表达有幸与知音相会的意思，并借伯牙与钟子期的故事，将这首板头曲改名为《高山流水》。

除了这些，河南筝的传统曲目中板头曲，也正是通常被人们称为"中州古调"或"中州古曲"的，如《哭周瑜》《叹颜回》和《苏武思乡》等。在河南曲子中，一些短小的曲牌在流传的过程中又逐渐形成了一种有角色分工，可以上台表演的形式"小调曲子"。

后来的小调曲子已经成了一个很著名的剧种"河南曲剧"。小调曲子原来比较简单，后来旋律发展了；筝在伴奏中地位重要，在演奏上也逐渐具备了它的个性，这两者的结合形成了它在音乐上独有的美。

河南筝曲在风格上以浑厚纯朴见长，明朗粗犷，

**中州** 河南的古称。在历史上曾有20多个王朝定都中原河南，13朝古都中京洛阳，7朝古都东京开封，夏商管邺郑韩6朝古都郑州，殷商古都安阳，商朝古都商丘。古代的中州历来都是群雄争霸、兵家必争之地。逐鹿中原，方可鼎立天下。

悠扬飘逸的古乐歌舞

泼辣高亢，富有地方韵味。演奏上要求运指有力，滑音鲜明，按音准确。

有一首《搯筝诗》形象地概括了河南筝派独特的演奏技法：

名指扎桩四指悬，勾摇剔套轻弄弦。
须知左手无别法，按颤推揉自悠然。

被称为"中州古调"或"郑卫之音"的河南筝派在演奏上有一个很大的特点，就是要讲究"以韵补声"。所谓的"以韵补声"，就是右手从靠近琴码的地方开始，流动的弹奏到靠近岳山的地方，同时，左手作大幅度的揉颤，让音乐表现得很富有戏剧性，也很有效果。在河南筝中，这样的技巧被称为"游摇"。

河南筝派在演奏风格上，不管是慢板或是快板，

苏武 西汉时的大臣。苏武曾在公元前100年奉汉武帝之命持节出使匈奴，却被匈奴头领扣留。匈奴贵族多次威胁利诱后苏武仍然不投降，被迫留居匈奴19年。直到公元前81年，持节不屈的苏武才得以回归故国，后来被列为麒麟阁十一功臣之一，以彰显他的节操。

■ 古曲演奏

■ 古筝演奏绘画

亦无论曲情的欢快与哀伤，都不刻意追求清丽淡雅、纤巧秀美的风格，而是以浑厚淳朴的风格见长，以深沉内在慷慨激昂为其特色。

在西晋初年文学家傅玄所著的《筝赋·序》中对河南筝曲的评价是"曲高和寡，妙技难工"。

浙江筝派所使用的浙江筝也叫"武林筝"，又称"杭筝"，流行于浙江、江苏一带。据传在东晋时，筝就已经传入建康，也就是后来的南京了。到了唐代的时候，则更多见诸于诗词文字。

浙江筝曲和过去流行的一种说唱音乐"杭州滩簧"有深厚的血缘关系。杭州滩簧有慢板、快板和烈板三种基本唱腔，筝作为伴奏乐器在其中加花伴奏，逐渐形成了具有特色的"四点"演奏手法。

从技巧的角度来看，"四点"在其他流派的筝乐中也有所采用，但都不如浙江筝派用得突出。浙江筝派明显地将"四点"形成了一种演奏上的特点，经常给人以活泼明快的感觉，在后来创作的一些筝曲中，也常采用这一手法。

浙江筝曲和江南丝竹有着密切的联系，曲目有许多是相同的。江南丝竹明朗、细腻、绮丽、幽雅，在浙江筝曲中，像《云庆》《四合如意》等比较多地保留了江南丝竹音乐早期的形态，有清香的泥土气息。"四点"手法的运用也不少，它以明朗的音色和轻快的节奏，速写了一幅幅江南水乡的民俗画。

浙江筝曲的另一个重要组成部分，是一些优秀的传统古曲，乐曲以移植琵琶曲为多，如《月儿高》《将军令》《海青拿天鹅》等，"凡十三套，无一不能"。这些乐曲所表现的题材范围比较广，演奏手法和技巧也比较丰富，例如双手抓筝的技巧。

浙江筝以"弦索十三套曲"和"江南丝竹""杭滩"为源，因此曲目的板数早已突破了68板的体系。乐曲也由单一的乐曲发展到复杂的乐曲结构。在演奏风格上，浙江筝派一般节律都比较明快、流畅秀丽。同时，又由于浙江筝所表现的题材内容比较广，手法比较丰富，

《云庆》 又称"庆云板"或"景星庆云"，是江南丝竹八大曲之一。《云庆》轻松优美，运用变奏的手法，速写了一幅江南水乡优美景色和江南人明快性格的风情画，整首曲子由慢板、中板和快板三段组成，音色甜美、徐疾有致、旋律流畅，常在节日和喜庆堂会中演出。

■江南水乡画

因而在风格表现上并未完全单一化。

《高山流水》这一名曲，虽然各地都流传很广，但其最早的流传地正是浙江一带。因此，《高山流水》也是浙江筝人传授的重要曲目。《高山流水》是绘景写意的作品，音韵铿锵古朴，借景抒情，又流传着伯牙与钟子期结为知音的故事。

浙江筝派演绎出的《高山流水》曲调优美。在最开始，右手要跨三个8度同时表现山的庄严和水的清亮。曲的中部，右手要如水般流畅，左手在低音位置的配合如山耸立其间。后半部用花指不断划奏出流水冲击高山的湍急。最后用泛音结尾，如水滴石般的柔和清脆。

浙江筝曲《高山流水》和古琴曲《高山流水》在曲调上毫无共同之处，只是同名异曲而已。但在其他流派的筝曲中，如河南《南阳板头曲》有称之为《高山流水》的；山东的《琴韵》《风摆翠竹》《夜静銮铃》《书韵》四个小曲的联奏，有称《四段曲》《四段锦》的，也有称《高山流水》的。

悠扬飘逸的古乐歌舞

**阅读链接**

我国把传统的筝乐大致分成南北两派，细分的话就有八大派。除了山东筝派、河南筝派和浙江筝派以外，其余的5个筝派也都各有特色。

陕西地区是中国筝的发源地，因此第一派陕西筝风格细腻，委婉中多悲怨；慷慨急促，激越中有抒情。第二派潮州筝则以其右手的流畅华丽、左手按滑音的独特加花奏法，变化细腻、微妙而独具一格。第三派客家筝也是广东汉乐筝曲，是广东优秀的传统音乐之一。第四派福建筝也称为闽南筝，与河南板头的"中州古乐"很相似。第五派蒙古筝也叫雅托葛，表现力十分丰富，其结构、定弦法、演奏风格也都与传统古筝不同。

《平沙落雁》最早刊于明代的《古音正宗》，又名"雁落平沙"。自其问世以来，刊载的谱集达50多种，有多种流派传谱，仅《古琴曲集》就收录了6位琴家的演奏谱。

关于此曲的作者，有唐代陈立昂之说；宋代毛敏仲、田芝翁之说，又有说是明代朱权所作。因无可靠史料，很难证实究竟出自谁人之手。

《平沙落雁》的曲意，各种琴谱的解题不一。流传下来的多数是七段，主要的音调和音乐形象大致相同，旋律起而又伏，绵延不断，优美动听，基调静美，但静中有动。

鸿鹄之志

平沙落雁

# 宁王朱权制作旷世宝琴

悠扬飘逸的古乐歌舞

　　1378年5月，朱权出生于金陵，也就是后来的南京。他是明太祖朱元璋的第十七个儿子。朱权的母亲是杨妃，她的教导令自幼聪明好学的朱权受益匪浅。

　　朱元璋称帝后，总结元代灭亡的教训时，认为元代的一个致命弱点就在于各地缺少强有力的藩卫，在战争中造成无法彼此呼应的局面。于是，朱元璋在称帝后不久，就把自己的20多个儿子分封到各地

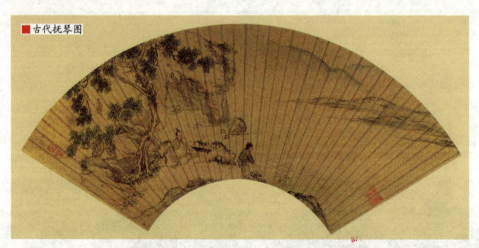
■古代抚琴图

驻守，其中受封的就有朱权和后来成为皇帝的燕王朱棣。

朱元璋认为分封诸王可以使诸多儿子代替自己监视全国，江山永固，因此规定，如果遇到奸臣专权，藩王可以声讨奸臣，甚至可以发兵"清君侧"。这个做法的用意是用皇室亲戚来维护皇权。

据史料记载，1391年，朱权被册封为宁王，并且在后来的宁城大明镇境内兴建了宁王府。在当时的诸多藩王中，就数以燕王朱棣和受封于宁城的宁王朱权势力最强。

■朱元璋画像

当时受封的藩王都有少则数千多则数万的护卫军，但宁王朱权却有着其他藩王都难以企及的雄厚兵力。古籍形容这件事时说朱权：

　　带甲八万，革车六千，所属朵颜三卫骑兵皆骁勇善战。

朱权的这8万精兵里，包括元代归顺过来的蒙古兀良哈部泰宁、福余、朵颜三卫的骑兵。这些蒙古骑兵是出了名的英勇善战，是一个实力非常雄厚的武装力量。

此外，像宁王这样驻守边防重镇的藩王不仅统兵，还掌握着地方行政大权，必要时还可以节制朝廷

**册封** 古代皇帝授勋封爵举行仪式时宣读的册文。在古代，皇帝授予异姓王、宗族、后妃封号时，要在受封者面前宣读授给封爵位号的册文，连同印玺一齐授予被封人，这个仪式被称为册封。根据册封对象的不同，所用册的质地也不同。

派来的地方高级将领，调动大量的正规
部队。

与此同时，朱权受封的宁城也是个在
军事上至关重要的地点。《明史·诸王
列传》记载宁城时说：

■《柳下眠琴图》

大宁在喜峰口外，古会州地，
东连辽左，西接宣府，为巨镇。

除了宁城，朱权还"统九十余城"。
也就是说，当时的朱权管辖着东至后来
的沈阳，西连后来的河北宣化，南靠长
城，北跨西拉木伦河的大片明代国土区
域。此外，作为手握重兵的宁王，朱权也是人称"贤
王奇士"的计谋良多的王爷。根据明代编年史《明通
鉴》记载：

太祖诸子，燕王善战，宁王善谋。

朱元璋令自己这个智谋双全的儿子去掌握强兵猛
将，又让他镇守北边军事要塞，为的是防备元代皇室
卷土重来。1398年，朱元璋驾崩，他的皇孙朱允炆即
位，也就是后来的建文帝。

建文帝即位不久就开始对王爷们进行削藩行动，
回收兵权。在不到一年的时间里，建文帝最先削夺了
周王的兵权，随后又废掉了湘王、齐王、岷王等藩

《明通鉴》 明
代编年史。《明
通鉴》材料丰
富，考订翔实，
其中前编4卷，
记明太祖未即
位时之史事，
始自1352年，止
于1367年；正编
90卷，始于1368
年，止于1644
年；附编6卷，始
于1644年，止于
1664年，前后总
计312年。

王，削夺了5个藩王的权力。

随即，建文帝下旨要求远在塞外的宁王进京述职。面对建文帝命令赴京的圣旨，宁王立即召集谋士们商议对策，谋士们都认为此时进京无异于羊入虎口，凶多吉少。

于是，宁王便抗拒圣旨没有进京，结果受到朝廷削去统帅蒙古兀良哈部三卫的处分，不过建文帝并没有将蒙古兀良哈部三卫调离宁王。

因为当时的朱权虽贵为王爷，却也是明代著名的道教学者，修养极高，俨然一副隐士做派，丝毫没有争权夺利的意思。

平时，朱权总喜欢与文人学士往来，一心寄情于戏曲、游娱、著述、释道。

后来燕王朱棣称帝，史称明成祖，也称"永乐皇帝"。明成祖将朱权改封到了江西南昌。

而后，多才多艺的朱权在南昌筑精舍，终日鼓琴读书，经常与文学之士相往来，自号"大明奇士"。史称朱权：

神姿秀朗，慧心聪悟，于书无所不读。

朱权一生致力于研读著述，最终成为明代初期著名的

339

鸿鹄之志

平沙落雁

■ 明成祖朱棣画像

■ 古琴

戏剧家、戏剧理论家、古琴家、历史学家、道教理论家，在戏剧发展史上是极有影响的人物。

朱权除完成了许多戏曲、历史论著之外，善弹古琴的他还广集古代琴曲，加以解说，著成古琴曲集《神奇秘谱》和北曲谱及评论专著《太和正音谱》。《太和正音谱》是我国最早的杂剧曲谱和戏曲史上重要的理论著作。

朱权还制作了"中和"琴，号称"飞瀑连珠"，署名"云庵道人"。"飞瀑连珠"是我国历史上有所记载的旷世宝琴，传世仅一张，被称为明代第一琴。明代有"四王琴"之说，排在第一位的就是宁王朱权。

阅读链接

朱权亲手制作的飞瀑连珠琴，琴面涂大漆，大漆下为朱砂红漆，再下为纯金研磨，制成底漆漆灰，其上散布细密的"小流水断"间"梅花断"，金徽玉足。

琴漆有断纹，是古琴年代久远的标志。有断纹的琴，琴音透澈、外表美观，所以更为名贵。

飞瀑连珠的音质，可谓古今独步，"其声铿然""其声泠然""其声清越"等赞誉之词还远远不能恰当地描述其音色之美。这张琴的造型、用料，都扬弃奢华，内蕴精气，用"大雅中的大雅"来形容也不过分。

# 朱权触景作《平沙落雁》

秋天已至，天气渐凉，大雁开始成群结队往南方迁徙，渡黄河，过长江，当大雁翱翔在南昌上空时，引起了朱权的注意。

随着大雁的阵阵鸣唱，朱权微服简出，独自一人悄悄南下，一路

■ 傅抱石《平沙落雁图》

从南昌追逐到衡阳。大雁南飞到湘江中游旁的一个小山峰上空时，竟反复盘旋，不再前行。

朱权思虑，想必是大雁觉得这里环境优美，气候温暖，不忍再往南飞去，于是，便选定在这里过冬。"万里衡阳雁，寻常到此回"。因此，这个小山峰后来被称为回雁峰，衡阳也被雅称"雁城"。

这个山峰的侧旁有座美丽的东洲岛，貌如巨龙，

■ 傅抱石《平沙落雁》立轴

日夜漂浮在奔流的湘江中，绿水滔滔，波光粼粼。秋冬季节，江水消退，小岛的南端便袒露出一方很大的平整沙滩。

天气晴朗的时候，大雁们总在回雁峰附近的上空列队飞翔，有时排成人字，有时排成一字，十分壮观。雁儿们飞累了，便降落到东洲岛的沙滩上歇息，好一幅平沙落雁的奇观。

朱权完全沉浸在这平沙落雁的情景里，那"秋高气爽，风静沙平，云程万里，天际飞鸣"的壮观与朱权"少年奇才，鸿鹄之志，心如止水，归隐天下"的人生经历反复碰撞融和。

朱权情景交融，抱琴而立，情不自禁地奋笔疾

**《古音正宗》**
明代琴谱。创作于崇祯七年，也就是1634年。作者是藩王朱常淓。纂集刊印。《古音正宗》全书共7册，收录了50首曲子。

书，心潮澎湃。

当他回过神来的时候，一曲《平沙落雁》已经谱成。朱权兴奋不已，立即抚琴弹奏。此曲曲谱音和韵雅，委婉流畅，隽永清新。

明代末期的琴谱《古音正宗》对此曲记叙非常贴切：

> 通体节奏凡三起三落。初弹似鸿雁来宾，极云霄之缥缈，序雁行以和鸣，倏隐倏显，若往若来。其欲落也，回环顾盼，空际盘旋；其将落也，息声斜掠，绕洲三匝；其既落也，此呼彼应，三五成群，飞鸣宿食，得所适情，子母随而雌雄让，亦能品焉。

自古以来，有很多名家为《平沙落雁》做了解题，为优美的曲子所想呈现的景致做了一番自己的解读。《萧立礼平沙落雁的分段解题》中说：

> 一、秋雁一群横江而来，孤雁在前者先落，中间一二雁以次而落，又三五雁一齐争落。
> 二、或落而不鸣，而落，而又鸣。

《平沙落雁》图

悠扬飘逸的古乐歌舞

■ 平沙落雁图

**《鸣盛阁琴谱》** 创作于1899年。林薰辑订的刻本。《鸣盛阁琴谱》共收录12首曲子，多附后记，书中观点和前人不同，所论颇有独到见解。

**江南** 江之南面，在人文地理概念中特指我国长江中下游以南，往往代表着繁荣发达的文化教育和美丽富庶的水乡景象，区域大致为长江中下游南岸的地区。在历史上江南是一个文教发达、美丽富庶的地区，它反映了古代人民对美好生活的向往，是其他地区人们心目中的世外桃源。

三、四段若仰天而呼，招之速下，以为此间乐也。

四、下半章上下齐鸣，空中数十雁，翻飞击翅。

五、羽声扑拍丛杂，一齐竟落。

六、既落之雁，托迹未稳，旋又参差飞鸣，或飞或落，或落或鸣，于是一齐飞落。羽声鸣声，哄然满耳，为静境中之闹境，闹境中之静境。

七、已落之雁，声已寂然，尚有孤雁引吭哀鸣。

尾、次第落于群雁之侧。

古代琴谱《鸣盛阁琴谱》中说：

此古调，凡谱皆有而无一同，此其最正者，尝见宋刘改之《题僧屏平沙落雁》诗云，"江南江北八九月，葭芦伐尽洲渚阔。欲下未下风悠扬，影落寒潭三两行。天涯是

处有菰米，如何偏爱来潇湘。"

　　玩此诗意，知写此景皆在欲落未落之时，书，写其形影；琴，则拟其声情耳。盖雁性几警，明防矰缴，暗防掩捕，全恃葭芦隐身。秋晚葭芦既尽，食宿不得不落平沙，此际回翔瞻顾之情，上下颉颃之态，翔而后集之象，警而复起之神，尽在简中。

　　但觉天风之悠扬，翼乡戛击，或唳或咽，若近若遥。既落则沙平水远，意适心闲，朋侣无猜，雌雄有叙，从容饮啄，自在安栖。既而江天暮霭，群动俱自，似闻雁奴踯躅而已。斯景也，制曲者以神写之，挥弦者以手追之，亦洋洋乎盈耳哉！然而难矣。

　　《立雪斋琴谱》中收录的歌词为《平沙落雁》重现了曲中之景：

　　第一段　万里微茫
　　鸿雁来也楚江空，碧云天净。长空一色，万里动微茫，江涵秋影。
　　第二段　江涵秋影
　　江涵秋影，风萧萧，送旅雁南归。只见那一双双封，摆

■古人抚琴雕塑

列头着字样儿在天际。数声嘹唳也，不胜怨，谁知。

第三段 栖宿平沙

楚江秋老，萧疏两岸芦花。和那千树丹枫，一轮明月，的也风波荡漾，吹动雁行斜。又见雁行儿背流霞，向那水云落下。呀呀的渐离的云汉路，而共立在那平沙。相呼唤也吱喳，无羁绊的也堪夸。

第四段 惊飞不定

夜深人静也，底事又惊飞，栖止不定。只听哑哑的也一声清，扑扑的乱攘波影，纷纷的嘈杂也怎悲鸣。想只为江枫渔火相近了芦湖，怕受人机赠。故不辞劳顿也，冥然避戈腾。

第五段 朴落江皋

试看他飞上云端，扰扰攘攘，只在空际回旋。猛可的又群然一声划刺江皋。乍静也。却又哀鸣转高。声声也嗷嗷，以诉说劬劳也，怆然对月哀号。

第六段 余音娓娓

数声急骤，乍因何事伥张，却又从容作软商量。鸣声渐缓，余音娓娓，直数到月移砧断，漏尽更长。

尾声

孤客不堪听，最可怜山高月冷。

也有人说，《平沙落雁》所表述的不是描写大雁飞翔之姿的曲子，而写的是隐士之志。

自古以来，就有像陶渊明、谢灵运一样纯正的逸士，但是少之又少。古代大多数的逸士，或为世情所困，或因言获罪，最终归隐山林，潜居幽庐。

出身于皇族，历经朝廷巨变，又被明成祖朱棣所猜疑，多才善谋的朱权虽在隐逸度日，但当他回想起这段坎坷遭遇时，是否也为被迫

■平沙落雁图

■平沙落雁诗意图

深深隐藏起自己的才华而抱憾呢？看似主动选择道家，超凡出世的朱权是否当年也有过想一统江山的雄伟之志，最后却只能选择退出？

　　就如同《平沙落雁》里的大雁一般，它们的姿态和遭遇也同世间种种隐士一样，看似悠然，却是无奈之举。隐士的从容也许不过是为世人做出的一种姿态而已。他们表面上超脱，但内心从未平静过。

　　从这个角度来看，朱权创作的《平沙落雁》的曲中之音和曲外之意，包含了对怀才不遇而欲取功名者的励志和对因世事变迁而退隐山林者的慰藉。

悠扬飘逸的古乐歌舞

## 阅读链接

　　朱权所著的《卓文君私奔相如》杂剧，收入脉望馆《孤本元明杂剧》。此剧叙述西汉文学家司马相如的风流韵事。从此剧内容上看，多处流露出朱权个人的感受。

　　在开篇时，通过司马相如之口，气愤地指出，"到如今屠沽子气昂昂伟矣为卿相"，倾吐了胸中之不平。此外，在剧中一再谈论"古之贤人，贱为布衣，贫为匹夫……然而非礼不进，不义不受""可以屈则屈，可以伸则伸，屈者所以有待也，伸者所以及时也。虽屈而不毁其节，虽达而不犯其义"。

　　如果结合朱权一生的环境、心情，不难看出此中同创造《平沙落雁》类似，已经融入他个人复杂的心情和辛酸的哀叹。所以他在写司马相如的坎坷遭遇时，也借题发挥，在一定程度上倾吐了自己心头的感伤。

# 傲骨气韵

# 梅花三弄

《梅花三弄》又名"梅花引""玉妃引"，晋隋时便有此曲，原是晋代桓伊所奏之笛曲，后经唐代名琴家颜师古移植为琴曲。

乐曲名称由来与音乐中代表梅花形象的曲调，在不同的段落中反复出现三次，由此称《梅花三弄》。

乐曲表现了梅花昂首挺拔的不屈姿态以及傲雪斗霜的高尚品格，并借梅花洁白、芬芳和不畏严寒的特性来抒发人们对坚贞不屈之秉性和高尚情操的赞美。

# 桓伊即兴创作《梅花引》

《梅花绶带图》

　　东晋时的一个清晨，一艘船静静地停泊在秦淮河的青溪边。船头站立着几个表情严肃的侍卫。

　　岸上来往的行人们早已猜到船中坐的必定是某位官职不小的人，却也不敢走近前去探查一番。偶有几个胆大的，也只是装作神色匆匆地往船里瞥一眼，就在侍卫冷峻的注视下慌忙走开。

　　船中坐着的王徽之眯着眼懒洋洋地打了个哈欠。这次赴皇帝之召赶赴京师，本来在常人看来算是件要紧事，可谁让他王徽之生性清高又孤傲，一路上随心所欲不紧不慢，船停停走走，最终又在秦淮河边停靠了。

久坐不免无聊。王徽之从船中的暗处看着一个个带着满脸憧憬与敬畏神色向船中窥视的人，不禁暗暗觉得好笑。

一朝为官，各种规矩束缚多得很，还不如以前自己无官一身轻的时候，想去饮酒便饮酒，想去游玩就去游玩，多么随性！可惜自己如今一身官服，就连没有着装整齐都要被人指指点点，好不麻烦！如此累赘的苦差事，为何他们就如此向往呢？

王徽之注视着平静又带些微绿的水面，思绪又转到了他酷爱的那一片竹林上。浪费这大好的时光千里赴京城，最后也不过又要得一个更加麻烦的官职，还不如回家寻一片竹林，安安心心每日赏竹，吹箫饮酒，也不枉虚度年华啊！

思绪已定，王徽之决定上岸去再买一壶酒打发这平淡的时光。他随手抄起手边的一件外衣就套上了，也没有在意自己是否穿戴齐整。一旁侍候的书童见状面露难色，但在看到王徽之的目光后立即低头，欲言又止。王徽之撇了一下嘴。蓬首散带，不综府事，随你世人怎样说，我自这样潇洒来去，你又奈我何？

还没等步出船头，王徽之立即被岸上的一位驻足赏景的行人吸引了注意力。那位路人不是别人，正是担任过豫州刺史进督豫州十二郡和扬州之江西五郡军事、任建威将军、历阳太守等的名将桓伊。

虽为将军，但桓伊并不是粗野之人。恰恰相反，

■《寒夜泊舟图》

傲骨气韵
梅花三弄

箫 我国一种非常古老的民族吹奏乐器，分为单管和竖吹。箫一般由竹子制成，吹孔在上端，以"按音孔"数量区分为六孔箫和八孔箫两种类别。箫的历史悠久，音色圆润轻柔，幽静典雅，适合于独奏，也可以重奏。

《梅花图》

悠扬飘逸的古乐歌舞

谦逊文雅的桓伊不仅有着文韬武略，而且音乐素养颇为深厚。世人皆知桓伊最擅长的是吹笛，据说他使用的竹笛，是东汉著名音乐家蔡邕亲手制作的"柯亭笛"，音色清雅柔和，十分珍贵。

这下可有意思了。王徽之高兴地想，想必是上天看我无聊，赐了位名士来为我奏乐取乐。他想马上走出船去叫住桓伊，却看见桓伊转身上了辆马车。

这可不行！王徽之皱眉望着桓伊的马车，立即回身坐下，抓起毛笔速写了一封拜束，随后往目瞪口呆的书童手里一塞："去，让他回来给我吹个曲子听。"

书童慌忙冲出船，在路人惊讶的目光中小跑几步拦住马车，硬着头皮高声说："我家主人方才在船中闲坐，见到桓野王路过，又知道您擅长吹笛，想请您为他吹奏一曲，不知您可否愿意？"一边说，书童一边递上了拜束。

桓伊从马车中探身出来，亲手接过拜束。他看着紧张得脸红脖子粗的书童，有点忍俊不禁。真不知道是哪家的士人，如此冒失地就派人过来，又是追车又是拦截递拜束，就为了能听自己吹一首曲子？也难怪

书童 是古代侍候主人及其子弟读书的未成年的仆人。古代的书生一般都有书童作为跟班，书童要负责帮助书生整理书籍、笔墨等，有时也一起陪读，照顾书生生活起居人。

把小小一个书童紧张成这样。

打开拜束，桓伊深吸一口气。虽然这拜束笔迹潦草，显然是在仓促之下完成，但那笔墨之间，分明是一股压不住的豪气。

拜束上，字字笔法多变，妍美流畅，绝不是出自普通人的手笔。细看其行迹，竟然和书圣王羲之有几分相似。

再打量神色拘谨的书童几眼，桓伊心中有了底。想必这家书童的主人就是那传闻中的王徽之了。作为书圣王羲之的第五个儿子，这位王徽之可是出了名的狂傲和散漫，但书法功力也绝对不屈于人下。

虽然早就听说过这位名家不修边幅，是个随性之人，但自己名声显赫，毕竟也是有些地位的显贵，真没想到他会不顾礼仪贸然叫人来拦车递拜束，果真是位性情中人。

桓伊一向随和文雅，也不计较这些官场上的礼数琐事。自己早就听闻过这位王徽之的多种事迹了，如今碰见也是缘分，既然想听，那就去吹一首好了。

想到这儿，桓伊走回王徽之的船边，叫随从拿出胡床，然后取出心爱的柯亭笛，一言不发地坐在胡床上吹奏了起来，笛声悠扬，曲调优美。

■《泛舟图》

一位著名将军坐在岸边为神秘的船中人吹笛。岸边的百姓哪里见过这么怪异的场景，一个个目瞪口呆，既心存疑惑，又不想开口惊扰了桓伊的笛声，思绪纷飞间又渐渐被乐声陶醉了，谁也不敢出声。

一曲完毕，桓伊站起身轻轻地拍拍身上的土，把柯亭笛仔细地收了起来。他没有再往船的方向看，也没有说任何话，转身就往马车走去。随从见状赶紧收起了胡床，也随着马车渐渐远去了。停泊的船依然安静。从始至终，两方都一言不发。

船中的王徽之仍然坐在原地，微微一笑。他看着桓伊远去的身影，仍然没有任何走出船相送的意思。拿起身边的一壶残酒，王徽之对着书童，又像是自言自语地说："不错，是不是？"

书童再次愣住，还没想好如何回答，又听到王徽之吩咐了一声："开船吧！"马车和船都远去了，但岸边的人却未散尽。这首曲子悠扬的旋律久久在他们心中耳畔回响。桓伊当时即兴为王徽之吹奏的这一首曲子，就是后来著名的《梅花引》，也叫《梅花三弄》。

悠扬飘逸的古乐歌舞

**阅读链接**

琴曲《梅花三弄》以泛声演奏主调，并以同样曲调在不同徽位上重复3次。《乐府诗集》卷三十平调曲与卷三十三清调曲中各有一解题，提到相和三调器乐演奏中，以笛作"下声弄、高弄、游弄"的技法。后来琴曲中"三弄"的曲体结构可能就是这种表演形式的遗存。

关于《梅花三弄》的乐曲内容，历代琴谱都有所介绍，与南朝至唐代的笛曲《梅花落》大都表现怨愁离绪的情感内容不同，明清两代琴曲《梅花三弄》多以梅花凌霜傲寒，高洁不屈的节操与气质为表现内容，其节奏较自由，曲终前的转调令人耳目一新。

# 桓伊奏曲寻觅知音

南岳七十二峰之一的岣嵝峰，蜿蜒延伸，在衡阳县杉桥镇生出一座云锦峰来。云锦峰不高，却也重峦叠嶂，山上茂林修竹，山涧泉水潺潺，山下阡陌纵横。峰峦深处，有一古寺，大约建于魏晋期间，取其山名，叫云锦庵。

云锦庵庵内虽然殿堂矮小，但环境优雅，景物宜人。寺内寺外，

《梅花双禽图》

《听琴图》

梅树葱茏，梅影绰绰，有"云锦梅香"之称。每当冬春之交，朵朵梅花白如瑞雪，红似朝霞，清香扑鼻，吸引了无数文人学士、显宦名流来此，观梅赏梅，咏梅画梅。甚至有人禁不住"云锦梅香"的诱惑，弃家隐居于此。

一个10岁的小男孩儿，跟随父亲从谯国铚县千里迢迢宦游蒸湘，便寓居在云锦庵，读书习武，观梅吹笛。小男孩儿渐渐长大成人，初任淮南太守，后迁升豫州诸军事、西中郎将，豫州刺史。

这个男孩儿长大之后仍然酷爱梅花，常常以梅谱曲，以笛演奏，音韵悠扬。夜幕降临万籁俱寂时，他吹起梅笛，婉转清幽，经久不息，人们常以为是仙乐。

晋成帝常召这个男子吹梅笛，其间成帝一边听梅笛，还一边做梅舞。他就是桓伊，东晋名将。

《晋书》称赞他：

善音乐，尽一时之妙，为江左第一。

383年，前秦王苻坚率百万大军进犯东晋，桓伊同谢安、谢石、谢玄等率8万晋兵迎战秦军于淝水，史称淝水之战，以一当十，打得秦兵一败涂地。战后，桓伊功成身退，于385年，带着心爱的柯亭笛又一次旅居衡阳云锦庵。

这个柯亭笛可不是普通的笛子。它是由东汉文学家、书法家，才华横溢的蔡邕精心制成的。据说当年，蔡邕全家曾到会稽高迁。那里竹子成林，引起了蔡邕的逸趣，想取竹制笛以消除旅途之劳累。

一天午后，蔡邕独自到竹林里挑竹料，可是并没有找到合适的，只好扫兴而归，不觉来到柯亭，这个小巧玲珑的竹亭子却吸引住他。他迈步踏了进去，四边瞧瞧，忽然对着屋檐下的竹子数了起来，数到第十六根就停住了，睁大眼睛呆呆地看着，好似想到了什么。

蔡邕马上搬来了一把梯子爬上去，对着那根竹子又看又抚摸，越看越爱，并一边喊着："来人！快来人！把这第十六根竹子给我拆下来！"

随从不解地说："亭子昨天才盖好，拆不得啊！您要竹子，后面竹林有的是，我给你去砍来。"

蔡邕着急地说："我要的并非普通的竹子，而是丝纹细密、又圆又直、不粗不细的竹子。你看这竹子光泽淡黄又有黑色的斑

357

傲骨气韵

梅花三弄

■《听琴图》局部

梅花图

纹，从里到外都是一根再好不过的制笛材料，林子里的竹子我都找遍了，就没有这么好的，请你还是给我拆下来吧！"

随从砍下竹子后，蔡邕用它制成的笛子果然不同凡响。由于竹子取材于柯亭，因此取名"柯亭笛"。桓伊对这个柯亭笛爱护得很，常想着何时能有属于自己的一片竹林，能得老天垂爱作出更多优美的曲子。

但比起竹林，桓伊更爱云锦庵的梅香，爱得如痴如醉。一个冬夜，云锦庵所在的山上下起了大雪。清晨时桓伊放眼窗外，梅枝上的花蕾傲雪待放，好一幅"素艳雪凝树，清香风满枝"的画面。

桓伊灵感突袭，立即兴致勃勃地手握笛管，吹奏起当年在江边即兴为王徽之创作的《梅花引》。那清雅、悠然的笛声绕过殿宇，穿过梅林，直上云霄。夜幕降临，万籁俱静，桓伊又吹起这首曲子，似乎要献给天地聆听。

不期然间，桓伊的笛声不再孤独，他听到禅房里有古筝的声音正在附和这首曲子。桓伊没想到在这荒山上还能有幸遇到知音，惊喜万分的他循声寻去，筝声却又停住。桓伊急忙问起寺僧，寺僧却说寺院根本就没有会弹奏古筝的人。

桓伊失落地返回房中，笑自己太过痴傻，在荒山中寻得知己，那是伯牙与子期千古难得的幸事。可自己不过平平凡凡一位赏乐之人，哪能有如此荣幸？也许是自己赏梅太久，出了幻觉。

不久后的一个清晨，雪后初晴，桓伊推窗望见梅花依然迎雪绽放。梅与雪融为一体，梅中有雪，雪中有梅。红梅在白雪的映衬下，如刚出浴的少女，羞红的脸庞更加妖媚。桓伊触景生情，由情入神，又谱成梅花二调，与梅花前一调"合头"，紧密衔接。

桓伊握笛吹奏，在另一徽位上用泛音重吹两次，此时，如宁静的西湖掀起万顷碧波，跌宕起伏；又如草原异军突起铁马奔驰，曲调节奏此起彼伏，重复变幻，把傲骨铮铮、斗雪绽放的伊山梅花描写得淋漓尽致。《梅花引》由此变得更加引人入胜。

夜里，当桓伊再次奏起《梅花引》，某间禅房里又飘出古筝声与其相附和。在寂静的夜色里，这声声圆润的音色越发清晰。这一次，桓伊又急忙循声寻至窗下，但还没等他找到人，筝声却又一次戛然而止。

初春，又是一场大雪，寺中梅花竟然二度绽放，舞玉翻银，疏影横斜，暗香浮动。桓伊情不自禁，再谱成梅花三调，与二调"合头"，自此梅花三调遂成，《梅花引》已经被改进到令桓伊认为尽善尽美的程度了。

桓伊握笛吹起，泛音曲调在不同的徽位上重复三次，并在一调、二调不同的徽位上重复一调，三调浑然一体，节奏渐趋平稳，然而意境更加深邃。通过音调变化，把音乐推

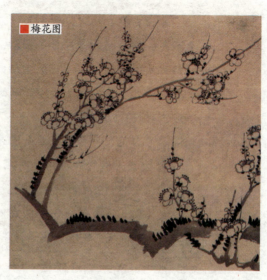
梅花图

向高潮，然后又渐趋悠扬，余音袅袅。

到了晚上，一位老僧月下敲门，携筝求见桓伊。桓伊立即起身相迎："老禅师为何姗姗来迟？"

老僧回答说："听到将军用笛吹奏《梅花三调》，老衲剽学已成，因此我冒昧前来，想与将军笛筝合奏，不知将军意下如何？"

桓伊高兴地说："我正有此意，请老禅师赐教。"于是二人笛筝合奏《梅花三调》，珠联璧合，其音浑厚质朴，韵味隽永，更加优美动人。

奏完一曲，桓伊惊喜万分。询问之后才知道，原来老禅师是寺院住持，法号"智凯"，俗名"孝廷"，是伯牙弟子的后人，筝技出神入化。从此，二人都认为找到了知音。

后来，桓伊逝世后，《梅花三调》广为流传。到了唐代，著名琴师颜师古将《梅花三调》改为同名琴曲。明代朱权将《梅花三调》列入《神奇秘谱》辑中，并改曲名为《梅花三弄》。

## 阅读链接

在古琴音乐中，音色大体分为三类，分别为散音、泛音和按音。散音指的是左手不按弦，只以右手弹得的空弦音，它有如大地般空阔、坚实；泛音指的是右手弹奏同时，左手轻巧触弦所得之音，它犹如天空般高远、空灵；按音指的是左手的各种按滑技巧，细腻感人。

《梅花三弄》的乐曲是深邃的，这种深邃是对梅花高洁的内在气质的感受和理解，并用简洁而从容的旋律，清脆、实在、晶莹的音色将之表现出来。

《梅花三弄》中左手的加入以及乐曲在速度、节奏等方面的变化，表现了梅花与寒风搏斗的倔强性格。

# 汉宫秋月

《汉宫秋月》原为崇明派琵琶曲，是我国著名十大古曲之一，但乐曲的历史并不长。乐曲要表达的主题旨在唤起人们对受压迫宫女不幸遭遇的同情，具有很深的艺术感染力。此曲细致地刻画了宫女们面对秋夜、明月时内心的无限惆怅，流露出对爱情的强烈渴望。

汉代初时开国元勋多为布衣出身，而后妃、宫女也多出身微贱。基于这一传统，汉代的宫女与嫔妃之间并不存在不可逾越的鸿沟。因而，每一位宫女都心存梦想，却大多数连皇帝的影子都没见过，这就给此曲增添了朦胧之美。

# 皇宫深院中寂寞和忧愁

在著名的长江三峡中，有一个叫秭归的地方，这里江水湍急，日夜咆哮，两岸悬崖峭壁，怪石嶙峋。这里生活着一户普通的王姓人家，一位父亲带着两子一女，和妻子一道，耕种小得可怜的几块山坡地，种些杂粮维持生计。

当时正值汉代的辉煌盛世，百姓丰衣足食，但秭归这里比较荒僻，因此这个家庭仍然过着勉强温饱的艰苦生活，有时还要替溯江而上的船只拉纤贴补家用。

家庭虽然生活清苦，但全家和乐，与世无争，更重要的是能够始终保持先人的传统，没有忘记他们也曾是受人尊敬的诗礼门第。

这家的孩子中，一个哥哥叫王新，一个弟弟叫王飒，还有一个女孩儿名叫王昭君。在贫困的家里，王昭君的负担是相对较轻的。

由于是女孩儿，出力的活儿轮不到她，她除了跟着母亲娴习女红之外，便在父亲的督促下读书习字，虽然生长在穷乡僻壤，却饶有大家闺秀的风范。

■《汉宫春晓图》

　　公元前38年，汉元帝下诏征集天下美女补充后宫，王昭君年当二八，仿如空谷幽兰，自然被选入宫。可是从全国各地挑选入宫的美女数以千计，皇帝无法一一见面，就命令尚方画工毛延寿各画肖像一幅呈奉御览。

　　为了得到皇帝的青睐，被选中的女子之中有出身富贵人家的，或京城有亲友支援的，没有一个不运用各种方法贿赂画工的。

　　唯独王昭君家境贫寒，更自恃美冠群芳，既无力贿赂，也不屑于欺瞒天子，分文未给，使毛延寿心中十分不是滋味。

　　毛延寿没有得到贿赂，不但把王昭君画得十分平庸，而且更在面颊上点了一颗硕大的黑痣，丑化了她的容貌。等到汉元帝看到王昭君的画像时，嫌恶之

女红　属民间艺术的一环，多指女子所做的针线活方面的工作。举凡妇女以手工制作出的传统技艺，像是纺织、编织、缝纫、刺绣、拼布、贴布绣、剪花、浆染等，就称为"女红"。我国女红是讲究天时、地利、材美与巧手的一项艺术。

■ 昭君出塞图

**琵琶** 起源于秦代的传统弹拨乐器，已经有2000多年的历史。琵琶是木制，音箱呈半梨形，上装四弦，原先是用丝线，后来多用钢丝、钢绳、尼龙制成。颈与面板上设用以确定音位的"相"和"品"。演奏时竖抱，左手按弦，右手五指弹奏。是可独奏、伴奏、重奏、合奏的重要民族乐器。

余，更以为她是个不实在的女人，因此，5年过去了，她仍是个待诏的宫女身份。

王昭君想起西陵峡中的江水，更想起一家五口欢乐团聚的时光，愁思如麻。信手拿过琵琶，边弹边哼，唱不尽的是乡愁：

一更天，最心伤，爹娘爱我如珍宝，在家和乐世难寻；如今样样有，珍珠绮罗新，羊羔美酒享不尽，忆起家园泪满襟。

二更里，细思量，忍抛亲思三千里，爹娘年迈靠何人？宫中无音讯，日夜想昭君，朝思暮想心不定，只望进京见朝廷。

三更里，夜半天。黄昏月夜苦忧煎，帐底孤单不成眠；相思情无已，薄命断姻缘，春夏秋冬人虚度，痴心一片亦堪怜。

四更里，苦难当，凄凄惨惨泪汪汪，妾身命苦人断肠；可恨毛延寿，画笔欺君王，未蒙召幸作凤凰，冷落宫中受凄凉。

五更里，梦难成，深宫内院冷清清，良宵一夜虚抛掷，父母空想女，女亦倍思亲，命里如此可奈何，自叹人生皆有定。

这就是著名的《五更哀怨曲》。满腔幽怨，无限感伤，混合着浓重的乡愁与一丝丝的憧憬。

当时的皇帝汉元帝已经40多岁了，由于纵欲身体衰弱不堪。王昭君虽然是锦衣玉食，住的是绮窗朱户，但不过是笼中之鸟，池中之鱼而已。

皇帝后宫佳丽三千，按理要轮到王昭君不知什么时候，而且即使轮到了又能怎样？王昭君可能也就这样湮没于后宫之中。但是一件外交上的事情改变了王昭君的一生。这事要先从汉代时最大的敌人——匈奴说起。

先皇汉宣帝在位的时候，汉代处在一个强盛的时期。但边疆的匈奴却由于贵族争夺权力，势力越来越衰落，后来匈奴干脆发生了内乱，五个单于分立，相互攻打不休。

在这五个单于中，有一个单于名叫呼韩邪，被他的哥哥郅支单于打败了，死伤了不少人马。呼韩邪和大臣商量了一番后，决心跟国力强盛的汉朝示好。于是，呼韩邪单于就亲自带着部下来朝见汉宣帝。

由于呼韩邪单于是第一个到中原来朝见的单于，汉宣帝像招待贵宾一样招待他，不仅亲自到长安郊外去迎接呼韩邪单于，还为他举行了盛大的宴会。呼韩邪

■ 呼韩邪单于雕像

■ 昭君故事图

单于在长安一住就是一个多月。等到呼韩邪单于回去的时候，汉宣帝又派了两个将军带领1万名骑兵护送他到了漠南。

那时的匈奴正缺粮食，汉宣帝又额外给呼韩邪单于送去了三四万石粮食。呼韩邪单于非常感激。西域各国看见汉代对呼韩邪单于这么好，也都争先恐后地同汉代打交道。汉宣帝驾崩后，他的儿子刘奭即位，也就是召王昭君入宫的汉元帝。

汉元帝登基没几年，当年将呼韩邪单于打败的郅支单于屡屡侵犯西域各国，还杀了汉朝派去的使者。为了维护国土，汉朝出兵打到康居，打败了郅支单于，从此呼韩邪单于的地位稳定了，跟汉朝的关系也更好了。

公元前33年，呼韩邪单于再一次到长安，这次他提出了和亲的要求。"和亲"的建议原本是汉高祖时

单于　古代匈奴人对他们部落联盟的首领的专称，意为广大之貌。单于始创于匈奴著名的冒顿单于的父亲头曼单于，之后这个称号一直继承下去，直到匈奴灭亡为止。

娄敬德提出的，当时的形势是匈奴强汉弱，吕后只有一女，不忍心将她远嫁番邦，因此和亲一直都是挑一个宗室的女儿假做公主嫁出去的。

不过这回，汉元帝决定挑一个宫女给他。原因可能是汉元帝时已经汉强匈奴弱，没必要一定挑皇亲国戚的女儿，皇亲国戚的女儿们毕竟不多，宫女则多的是；再者，呼韩邪单于此时就在长安，让宗亲的女儿冒充公主，这么大的事情怎么可能瞒得过他。

于是，汉元帝吩咐人到后宫去传话说："谁愿意到匈奴去的，皇上就把她当公主看待。"

宫女们原本在皇宫犹如鸟儿在樊笼，都争着想出去，但一听是要去遥远的荒漠嫁给匈奴，一个个起初的劲头顿时就没了，没有一个人愿意。

367

余音绕梁

汉宫秋月

■ 昭君出塞图

但王昭君却动心了。她已经受够了深宫中的幽怨和封闭，也受够了无所事事只能空等时间流逝的感觉。塞外虽苦，毕竟也是宫外，即使是孤苦荒漠，也总比整天闲坐在宫廷中耗费青春好得多。因此，她毅然报名，自愿到匈奴去和亲。

管事的大臣正在为没人应征焦急，听到王昭君肯去，就把她的名字上报汉元帝。汉元帝吩咐办事的大臣择个日子，让呼韩邪单于和王昭君在长安成亲。呼韩邪单于得到这样一个年轻美貌的妻子，高兴和感激的心情是不用说了。

汉元帝并不认识王昭君这个人，直到呼韩邪单于带着王昭君来辞行的时候，他才惊讶于宫中竟有如此美丽的女子，自己却不认识。据说当时的汉元帝甚至产生了反悔想留下王昭君的想法，但他毕竟是皇帝，君无戏言，不能出尔反尔，也只能懊悔地看着王昭君随着呼韩邪单于远去了。

**阅读链接**

在宫里五年的时间里，王昭君除了担负一些宫中的轻便工作之外，有太多的余暇来读书写字，唱歌跳舞，研习音律与绘画，不断充实自己，磨炼自己。

然而午夜梦回，不免倍感凄清与孤寂，花样的年华一寸一寸地消逝，不知究竟何时才有出头之日，又如何上报父母的养育之恩呢？

转眼又是一年，又是落叶迷径、秋虫哀鸣的深秋季节，冷雨敲窗，孤灯寒衾最易惹人遐思。在这种意境下她弹出了《五更哀怨曲》。

# 昭君出塞千古美名传扬

　　"昭君出塞"是汉族和匈奴交往上的大事，《汉书·匈奴传》和《后汉书·南匈奴传》都记载了这件事，尤以《后汉书》中的记载绘声绘色：

昭君出塞图

昭君出塞图

悠扬飘逸的古乐歌舞

昭君字嫱，南郡人也。初，元帝时，以良家子选入掖庭。时，呼韩邪来朝，帝敕以宫女五人以赐之。昭君入宫数岁，不得见御，积悲怨，乃请掖庭令求行。

呼韩邪临辞大会，帝召五女以示之，昭君丰容靓饰，光明汉宫，顾景斐回，竦动左右。帝见大惊，意欲留之，然难于失信，遂与匈奴。

《西京杂记》
古代笔记小说集。"西京"指的是西汉的都城长安。《西京杂记》写的是西汉的历史和许多遗闻轶事。许多妙趣横生的故事皆首出此书，且为后人为典故。还有一句成语"凿壁借光"，也是从该书的匡衡的故事中流传出来的。

文中写到昭君自动请行和元帝为昭君的美丽所动"意欲留之"等故事性情节非常传神，昭君之美跃然纸上。

传说汉元帝回到内宫，越想越懊恼。他再叫人从宫女的画像中拿出昭君的像来看。模样虽有点像，但完全没有昭君本人那样可爱。细细追查之下，汉元帝发现了画工毛延寿为了利益故意丑化王昭君的事情，一气之下就处罚了毛延寿。我国古代笔记小说集《西京杂记》记载这件事时说：

> 元帝后宫既多，不得常见，乃使画工图其形，案图召幸之。诸宫人皆赂画工，多者十万，少者亦不减五万。独王嫱不肯，遂不得见。匈奴入朝，求美人为阏氏，于是上案图以昭君行。
>
> 及去，召见。貌为后宫第一，善应对，举止娴雅。帝悔之，而名籍已定，帝重信于外国，故不复更人，乃穷案其事。画工皆弃市，籍其家资皆巨万。

王昭君抵达匈奴后，与呼韩邪单于非常恩爱，被封为"宁胡阏氏"，并为呼韩邪单于生下一子，取名伊督智牙师，封为右日逐王。婚后的第三年，即公元前31年，呼韩邪单于逝世。

失去亲人，远离故国的王昭君内心感慨万千。

她与故国分隔千里，心里挂念着自己的亲人，于是满含深情地为汉元帝呈上一封书信请求他顾念自己的家庭，希望能返回中原。

这就是我国历史上著名的《王嫱报汉元帝书》：

■ 王昭君出塞画卷

■ 昭君出塞图

悠扬飘逸的古乐歌舞

臣妾幸得备身禁脔，谓身依日月，死有余芳。而失意丹青，远窜异域，诚得捐躯报主，何敢自怜？独惜国家黜涉，移于贱工，南望汉关徒增怆结耳。有父有弟，唯陛下幸少怜之。

王昭君在这封信中说：臣妾有幸被选为陛下专用的后宫佳丽，原以为可把自己的身体进献给陛下，死后也会留下我的芳名，却不料遭到画师毛延寿报复，只好远嫁到异国绝域匈奴，真心实意地以身相报陛下的恩泽，哪里还敢怜惜自己？

眼下只惋惜匈奴国内的人事变化难以预料，单于去世，我只能移情于卑贱的女工手艺消磨时光，天天向南遥望故国的边关，也只是白白地加重悲伤郁结罢了。臣妾家乡还有我的父亲和弟弟，只能盼望陛下稍施慈悲怜悯，让我返回中原故国吧！

但可惜在王昭君离开长安没有多久，汉元帝就驾崩了，他的儿子刘骜即位，就是汉成帝。汉成帝为了大局考虑，没有准许王昭君返回故国的请求。

当时的边疆匈奴迭起，祸乱无穷。眼看自己创造的和平岁月毁于一旦，王昭君在幽怨凄清绝望中死去。

后世的人念及王昭君孤苦哀怨的心境，就为她创作了乐曲《汉宫秋月》，吟咏这个历经世事沧桑，为国家大义而牺牲，最后却始终难以回归故国的宫女的一生。

《汉宫秋月》为五声宫调式，速度缓慢，细腻多变，也有回旋奏鸣曲式，一唱三叹，哀婉凄绝，激发听者无尽遐思。

曲始引子音调由高到低，仿如女子幽怨中一声无可奈何的长叹，使人的视野中凸显出一幅清冷宫中，残阳斜照里，长门幽影独自徘徊的情境。

紧接着，拉出曲子的主部，旋律中经常出现短促的休止和顿音，如女子在忧郁徘徊中忽然想到了什么，骤然屏息凝思，及愁绪涌溢心头，不禁涕泪俱下倾诉身世的悲凉与生命的寂寞。

短暂的休止引发了听者对其生命的思索，给人以心灵的震撼，勾起了对其悲凉身世的同情与对封建强

■ 塞外风光

弹琵琶图

权下压制人命运的统治的憎恨。

继而副部则展示了一种寂寥清冷的生命意境，细聆听时，可清晰感受到宫女在悲痛欲绝、倾尽苦衷后面对镜中靓丽面影，一点朱唇，万缕青丝，却无人欣赏时静静的哀思和怨愤。

此后，回旋曲式的主部多次再现，副部也紧跟其后。主副交叉辉映，如泣如诉，哀绝断肠，将曲折心绪表现得淋漓尽致。

曲末，变化后的副部主体，音调渐低，旋律更加缓慢，展现了一种夕阳西沉，宫门危耸，风平浪静，万籁俱寂的情境。

最后一声低音长叹，暗寓秋月清冷，梧桐潇潇，寒星寥寥之时，宫女说也说罢，怨也怨罢，哭也哭罢，细想无能为力，便转朱阁，入深闺，继续承受这种生命的遭遇。

**阅读链接**

二胡《汉宫秋月》由崇明派同名琵琶曲第一段移植到广东小曲，粤胡演奏，又名为《三潭印月》。《汉宫秋月》的二胡曲速度缓慢，用弓细腻多变，旋律经常出现短促的休止和顿音，音乐时断时续。

后来《汉宫秋月》作了很大删节，以避免冗长而影响演奏效果。其速度缓慢，弓法细腻多变，乐声时断时续，加之二胡柔和的音色，小三度的运用，以及特性变微音的多次出现，使得《汉宫秋月》更加完善了。

《胡笳十八拍》是古乐府琴曲歌词，一章为一拍，共18章，故有此名，反映的主题是"文姬归汉"。

在汉末战乱中，蔡文姬流落到南匈奴达12年之久，她身为左贤王妻，却十分思念故乡。当曹操派人接蔡文姬回内地时，她又不得不离开两个孩子，还乡的喜悦被骨肉离别之痛所淹没，心情非常矛盾，于是她创作了《胡笳十八拍》。

琴曲中有《大胡笳》《小胡笳》《胡笳十八拍》琴歌等版本。曲调虽然各有不同，但都反映了蔡文姬思念故乡而又不忍骨肉分离的极端矛盾的痛苦心情，音乐委婉悲伤，撕裂肝肠。

千古绝唱

# 胡笳十八拍

# 蔡文姬创作长篇叙事诗

蔡文姬雕像

蔡文姬约公元前一四二年，由雁门關歸漢。

蔡文姬是文学家和书法家蔡邕之女。蔡邕精于天文数理，妙解音律，是曹操的挚友和老师。生在这样的家庭，蔡文姬自小耳濡目染，既博学能文，又善诗赋，兼长辩才与音律，是个才貌双全的女孩儿。

可惜东汉末年，社会动荡，蔡文姬初嫁于卫仲道，后因无子，丈夫死去而回到母家，又因匈奴入侵，蔡文姬被掳到了南匈奴，嫁给了虎背熊腰的左贤王，生育了两个儿子，饱尝了异族异乡异俗生活的痛苦。

长期被困在边疆的蔡文姬，和

当年的王昭君一样与故国分离，一个人漂流在外，孤苦无依，她思念着故土，但身为弱女子的她却难以逃离匈奴的束缚，更无力扭转自己的命运。

蔡文姬在外漂泊12年后，曹操统一了北方。由于感念先师的恩德，曹操在听说蔡邕的女儿蔡文姬被掳到塞外之后，立即用重金把她赎了回来。但是，蔡文姬的两个儿子却不能和母亲一起回归中原，要继续留在匈奴的土地上。

蔡文姬本来狂喜的心情立即被骨肉分离的愁苦所替代。矛盾之下，她创作了一首长篇骚体叙事诗《胡笳十八拍》：

我生之初尚无为，我生之后汉祚衰。天不仁兮降乱离，地不仁兮使我逢此时。干戈日寻兮道路危，民卒流亡兮共哀悲。烟尘蔽野兮胡虏盛，志意乖兮节义亏。对殊俗兮非我宜，遭恶辱兮当告谁？笳一会兮琴一拍，心愤怨兮无人知。

戎羯逼我兮为室家，将我行兮向天涯。云山万重兮归路遐，

蔡文姬图

■文姬归汉图

疾风千里兮扬尘沙。人多暴猛兮如虺蛇，控弦被甲兮为骄奢。两拍张弦兮弦欲绝，志摧心折兮自悲嗟。

越汉国兮入胡城，亡家失身兮不如无生。毡裘为裳兮骨肉震惊，羯羶为味兮枉遏我情。鼙鼓喧兮从夜达明，胡风浩浩兮暗塞营。伤今感昔兮三拍成，衔悲畜恨兮何时平。

无日无夜兮不思我乡土，禀气含生兮莫过我最苦。天灾国乱兮人无主，唯我薄命兮没戎虏。殊俗心异兮身难处，嗜欲不同兮谁可与语！寻思涉历兮多艰阻，四拍成兮益凄楚。

雁南征兮欲寄边心，雁北归兮为得汉音。雁飞高兮邈难寻，空断肠兮思愔愔。攒眉向月兮抚雅琴，五拍泠泠兮意弥深。

冰霜凛凛兮身苦寒，饥对肉酪兮不能餐。夜闻陇水兮声呜咽，朝见长城兮路杳漫。追思往日兮行李难，六拍悲来兮欲罢弹。

日暮风悲兮边声四起，不知愁心兮说向谁是！原野萧条兮烽戍万里，俗贱老弱兮少壮为美。逐有水草兮安家葺垒，牛羊满野兮聚如蜂蚁。草尽水竭兮羊马皆徙，七拍流恨兮恶居于此。

378

悠扬飘逸的古乐歌舞

为天有眼兮何不见我独漂流？为神有灵兮何事处我天南海北头？我不负天兮天何配我殊匹？我不负神兮神何殛我越荒州？制兹八拍兮拟排忧，何知曲成兮心转愁。

天无涯兮地无边，我心愁兮亦复然。人生倏忽兮如白驹之过隙，然不得欢乐兮当我之盛年。怨兮欲问天，天苍苍兮上无缘。举头仰望兮空云烟，九拍怀情兮谁与传？

城头烽火不曾灭，疆场征战何时歇？杀气朝朝冲塞门，胡风夜夜吹边月。故乡隔兮音尘绝，哭无声兮气将咽。一生辛苦兮缘别离，十拍悲深兮泪成血。

我非贪生而恶死，不能捐身兮心有以。生仍冀得兮归桑梓，死当埋骨兮长已矣。日居月诸兮在戎垒，胡人宠我兮有二子。鞠之育之兮不羞耻，愍之念之兮生长边鄙。十有一拍兮因兹起，哀响缠绵兮彻心髓。

东风应律兮暖气多，知是汉家天子兮布阳和。羌胡蹈舞兮共讴歌，两国交欢兮罢兵戈。忽遇汉使兮称近诏，遣千金兮赎妾身。喜得生还兮逢圣君，嗟别稚子兮会无因。

千古绝唱

胡笳十八拍

胡人 古代时，汉人对除了汉人以外部族的称呼，通常是指我国古代北方以及西方的游牧民族，主要包括匈奴、鲜卑、氐、羌、吐蕃、突厥、蒙古国、契丹、女真等部落。

《文姬归汉图》

■《文姬归汉图》

悠扬飘逸的古乐歌舞

**胡笳** 我国蒙古族边棱气鸣乐器。胡笳有两种，一种是管身和簧分开、芦苇制、管上开有三孔，流行于广阔的蒙古民族地区。另一种是张骞通西域后传入的木制管身、三孔、芦为簧的胡笳，流行于广大的中原汉族地区，这种胡笳南北朝以后逐渐被七孔筚篥所替代。

十有二拍兮哀乐均，去住两情兮难具陈。

不谓残生兮却得旋归，抚抱胡儿兮泣下沾衣。汉使迎我兮四牡騑騑，胡儿号兮谁得知？与我生死兮逢此时，愁为子兮日无光辉，焉得羽翼兮将汝归。一步一远兮足难移，魂消影绝兮恩爱遗。十有三拍兮弦急调悲，肝肠搅刺兮人莫我知。

身归国兮儿莫之随，心悬悬兮长如饥。四时万物兮有盛衰，唯我愁苦兮不暂移。山高地阔兮见汝无期，更深夜阑兮梦汝来斯。梦中执手兮一喜一悲，觉后痛吾心兮无休歇时。十有四拍兮涕泪交垂，河水东流兮心是思。

十五拍兮节调促，气填胸兮谁识曲？处穹庐兮偶殊俗。愿得归来兮天从欲，再还汉国兮欢心足。心有怀兮愁转深，日月无私兮曾不照临。子母分离兮意难任，同天隔越兮如商参，生死不相知兮何处寻！

十六拍兮思茫茫，我与儿兮各一方。日东月西兮徒相望，不得相随兮空断肠。对萱草兮忧不忘，弹鸣琴兮情何伤！今别子兮归故乡，旧怨平兮新怨长！泣血仰头兮诉苍苍，胡为生我兮独罹此殃！

十七拍兮心鼻酸，关山阻修兮行路难。去时怀土兮心无绪，来时别儿兮思漫漫。塞上黄蒿兮枝枯叶干，沙场白骨兮刀痕箭瘢。风霜凛凛兮春夏寒，人马饥疙兮筋力单。岂知重得兮入长安，叹息欲绝兮泪阑干。

胡笳本自出胡中，缘琴翻出音律同。十八拍兮曲虽终，响有余兮思无穷。是知丝竹微妙兮均造化之功，哀乐各随人心兮有变则通。胡与汉兮异域殊风，天与地隔兮子西母东。苦我怨气兮浩于长空，六合虽广兮受之应不容！

后来，曾在胡地日夜思念故土的蔡文姬，回汉地后参考胡人声调，结合自己的悲惨经历，将这18段诗词改编成了同名古琴曲，也就是哀怨惆怅，令人断肠的琴曲《胡笳十八拍》。

"拍"在突厥语中即为"首"，起"胡笳"之名，是琴音融胡笳哀声之故，表现了文姬思乡、离子的凄楚和浩然怨气。

阅读链接

《胡笳十八拍》在魏晋以后逐渐演变成为两种不同的器乐曲，称《大胡笳鸣》《小胡笳鸣》。前者即为《胡笳十八拍》的嫡传。

唐代琴家黄庭兰以擅弹此曲著称。李颀有《听董大弹胡笳》诗："蔡女昔造胡笳声，一弹一十有八拍胡人落泪沾边草，汉使断肠对客归。"就是对该曲内容的概括。

音乐基本上用一字对一音的手法，带有早期歌曲的特点。从第一拍至第九拍，以及第十二、十三拍，都有一个相同的尾声，有受汉代相和大曲影响的痕迹。全曲为六声羽调，常用升高的徵音和模进中形成的高音作为调式外音。情绪悲凉激动，感人颇深。

# 感人肺腑的旷世杰作

　　《胡笳十八拍》是感人肺腑的千古绝唱，它的第一拍即点"乱离"的背景：胡虏强盛，烽火遍野，民卒流亡。汉末天下大乱，宦官、外戚、军阀相继把持朝廷，起义、混战、外族入侵，陆续不断。

　　当时的蔡文姬就是在这种兵荒马乱之中被胡骑掠掳西去的。汉末诗歌中有对当时动乱现象的真实写照：

蔡文姬雕塑

铠甲生虮虱，万姓以死亡。

白骨露于野，千里无鸡鸣。

被掳，是蔡文姬痛苦生涯的开端，也是她痛苦生涯的根源，因而诗中专用第二拍写她被掳途中的情况，又在第十拍中用"一生辛苦兮缘别离"，指明一生的不幸源于被掳。

■ 蔡文姬辩图

蔡文姬被强留在南匈奴12年间，在生活上和精神上承受着巨大痛苦。胡地的大自然是严酷的："胡风浩浩""冰霜凛凛""原野萧条""流水呜咽"，异方殊俗的生活是与她格格不入的。

比如毛皮做的衣服，穿在身上让她感到心惊肉跳："毡裘为裳兮骨肉震惊。"以肉奶为食，腥膻难闻，无法下咽："羯膻为味兮枉遏我情。"居无定处，逐水草而迁徙，住在临时用草筏、干牛羊粪垒成的窝棚里；兴奋激动时，击鼓狂欢，又唱又跳，喧声聒耳，通宵达旦。

总之，从小成长于书香世家的蔡文姬既无法适应胡地恶劣的自然环境，也不能忍受与汉族迥异的胡人的生活习惯，因而她唱出了"殊俗心异兮身难处，嗜欲不同兮谁可与语"的痛苦的心声。而令蔡文姬最为不堪的，还是在精神方面。

在精神上，她经受着双重的屈辱。作为汉朝人，

**铠甲** 古代将士穿在身上的防护装具。古代铠甲始于春秋战国时期，后来各代铁铠甲往往因材因体而制，形制繁多。汉代时的铠甲铃形，如半袖短衣。唐代的铠甲有13种，主要供步骑兵使用。宋代以后有钢铁锁子甲、黑漆濒水山泉甲、明光细网甲、明举甲、步人甲等数种。

文姬归汉

悠扬飘逸的古乐歌舞

她成了胡人的俘虏；作为已婚的女性，却又被迫嫁给了胡人。第一拍所谓"志意乖兮节义亏"，其内涵正是指这双重屈辱而言的。

在身心两方面都受到煎熬的情况下，对故国的思念，对故乡的思念，就成了支持蔡文姬坚强地活下去的最重要的精神力量。

从第二拍至第十一拍的主要内容便是，写她的思乡之情。

第四拍的"无日无夜兮不思我乡土"，第十拍的"故乡隔兮音尘绝，哭无声兮气将咽"，第十一拍的"生仍冀得兮归桑梓"，都是直接诉说乡情的动人字句。而诉说乡情表现得最为感人的，要数第五拍。

在这一拍中，蔡文姬以她执着的深情开凿出一个淡远深邃的情境：在第五拍中，表达了作者急切得到故乡信息的心情：雁南征兮欲寄边声，雁北归兮为得汉音。雁飞高兮邈难寻，空断肠思忆忆。攒眉向月兮抚雅琴，五拍泠泠兮意弥深。

在第十一拍中，她揭示出自己忍辱偷生的内心隐秘：

我非贪生而恶死，不能捐身兮心有以。
生仍冀得兮归桑梓，死得埋骨兮长已矣。

终于，蔡文姬熬过了漫长的12年，还乡的夙愿得偿：

> 忽遇汉使兮称近诏，遣千金兮赎妾身。

但这喜悦是转瞬即逝的，在喜上心头的同时，飘来了一片新的愁云，她想到自己生还之日，也是与两个亲生儿子诀别之时。

正是这种矛盾心理的坦率剖白。从第十三拍起，蔡文姬就转入不忍与儿子分别的描写，出语哽咽，沉哀入骨。

宋代范时文在《对床夜话》中这样点评这几句说：

> 此将归别子也，时身历其苦，词宣乎心。怨而怒，哀前思，千载如新；使经圣笔，亦必不忍删之也。

蔡文姬的这种别离之情，别离之痛，一直陪伴着她，离开胡地，重入长安。屈辱的生活结束了，而新的不幸：思念亲子的痛苦，才刚

■《胡笳十八拍》图册

■《文姬归汉图》局部

悠扬飘逸的古乐歌舞

刚开始。

　　整首曲子即在此感情如狂潮般涌动处曲终罢弹，完成了蔡文姬这一怨苦向天的悲剧性的人生旅程。

　　《胡笳十八拍》既体现了蔡文姬的命运，也反映出她的才高。《胡笳十八拍》在主人公，即蔡文姬自己的艺术形象创造上，带有强烈的主观抒情色彩，即使在叙事上也是如此，写被掳西去，在胡地生育二子，别儿归国，重入长安，无不是以深情唱叹出之。

　　《胡笳十八拍》实际上是把南北风格融为一体而创作出来的，某种程度上，体现了南北音乐文化的交汇。"拍"是音乐的段落，十八拍即十八段。

　　第一拍是全曲的引子，概括了作者生逢乱世、沦落异乡的悲惨经历，在这里，两个三小节的乐节是全曲的核心音调，全曲的基本曲调均由此衍生而出。第一拍的情绪起伏很大，也为各段音乐奠定了继续发展的基础。

第二拍中出现了装饰性的变化音，使情绪的表现相当强烈。直到第十拍，一步步地深化离乡悲情，构成乐曲的第一部分。

第十一、十二二拍是全曲的转折，尤其第十二拍是唯一的音调欢快明朗的段落，抒写民族的欢乐，归国的喜悦。

音乐从高音开始，节奏较宽广，构成一个舒展的乐句，这段旋律音区较高，表现了异常激动的情绪。

第十三拍至第十七拍是乐曲的第二部分，仍以抒发悲情为主，主要表现对稚子的思念。第十八拍是全曲尾声，在激情中结束全曲。

《胡笳十八拍》只是一首琴曲，虽表达的是悲怨

**蔡文姬**（177—249），东汉大文学家蔡邕的女儿，是我国历史上著名的才女和文学家。她精于天文数理，既博学能文，又擅长诗赋，兼长辩才与音律。代表作有《胡笳十八拍》《悲愤诗》等，对后世音乐发展有较大影响。

千古绝唱

胡笳十八拍

■ 《胡笳十八拍》图册

■蔡文姬像

悠扬飘逸的古乐歌舞

之情，但也是"浩然之怨"。蔡文姬在匈奴生活了12年，因而她通晓汉、胡音乐。

《胡笳十八拍》是蔡文姬根据匈奴乐器胡笳的特点，从而创作的乐曲。

她在该曲中将汉、胡音乐完美地融合在一起，从而使《胡笳十八拍》成为古代少有的汉、胡结合的结晶。

《胡笳十八拍》的艺术价值很高，明代人陆时雍在《诗镜总论》中说：

东京风格颓下，蔡文姬才气英英。读《胡笳吟》，可令惊蓬坐振，沙砾自飞，真是激烈人怀抱。

**阅读链接**

相传，南宋灭亡后，南宋遗民诗人汪元亮为身在狱中的文天祥弹奏《胡笳十八拍》，以抒山河破碎之"无穷之哀"。

这一时期，《胡笳十八拍》在前南宋的旧臣遗民间很快流传开来。

根据《琴书大全》的有关记载，此曲引起了空前的共鸣。曾有人说过："怊怅悲愤，思怨眠眠，多少情，尽寄《胡笳十八拍》。"

同时还出现了如"拍拍《胡笳》中音节，燕山孤垒心石铁"和"蔡琰思归臂欲飞，援琴奏曲不胜悲"等感怀旧国的诗句。

# 春江花月夜

　　《春江花月夜》又名"夕阳箫鼓""浔阳琵琶""浔阳夜月"或"浔阳曲"。后来，此曲被改编成民族管弦乐曲。

　　《春江花月夜》意境深远，乐音悠长，被认为是我国古典民乐之代表。此曲宛如一幅山水画卷，把春天静谧的夜晚，月亮在东山升起，小舟在江面荡漾，花影在西岸轻轻摇曳的大自然迷人景色展现在了人们眼前。

# 令人陶醉的富春江美景

在唐代时一个春天的夜晚，张若虚悠闲地踱步在富春江江畔。富春江两岸山色青翠秀丽，江水清碧见底，素以水色佳美著称，更兼许多具有浓郁地方特色的村落和集镇点染，使富春江、新安江画卷增色生辉。

南朝梁文学家吴均在《与朱思元书》中描绘富春江风景时说：

自富阳至桐庐一百许里，奇山异水，天下独绝。

■《富春江风光图》局部

■ 《富春江景色图》
局部

一阵微风吹来，张若虚微微紧了紧身上的衣服。正所谓春寒料峭，虽然已经过了初春时节，但江边的夜晚总还是有一点寒气逼人。

白天时，富春江的江水澄澈明净，到了晚上，整条江又像一块巨大的化开的墨玉，漆黑地在明月的照耀下闪着光。

张若虚又把目光转向天上的那一轮明月。散发着温柔的金光的月亮像是被谁牢牢地嵌在了黝黑的天空里的一张玉盘，从容地洒下一片皎洁的光。世间再没有任何珠宝能与这一轮明月争辉，就连所有闪耀的星星在它身边都显得微不足道了。

张若虚向远方看去。月色虽皎洁，却照不破天空的阴暗之处。在他视线的尽头，闪耀着波光的江水与墨色深重的天空相接。偶然有小小的浪花在江上翻腾，可能是一条未眠的鱼吧。

张若虚盯着黑茫茫的江面想出了神。不知道这看似平静的江水之下，是否会潜藏着一条巨龙呢？不知它是否和我一样，在暗处观察着我，或是也在江水之

吴均（469—520），字叔庠，吴兴故鄣人。生于宋明帝泰始五年（469），卒于梁武帝普通元年（520）。南朝梁时期的文学家。好学有俊才，其诗文深受沈约的称赞。其诗清新，且多为反映社会现实之作。其文工于写景，诗文自成一家，常描写山水景物，称为"吴均体"，开创一代诗风。

■ 《万壑秋涛图》
局部

**天宫** 古代神话传说中众神居住、游玩的地方，以九层浮在空中的云承托着，入口处在紫薇之星与北斗之星相对的南天门，有九重天之说，相传由第一重天瑶池到第九重天离恨天共计33层。

下欣赏着这一轮明月呢？

又是一阵微风吹来，送来了江上的水气。张若虚对自己的想法暗暗发笑。如果江水下真的有龙，想必它也早就飞到过天上不知多少回了，也许偶尔还能碰到月亮呢，还会稀罕盘在水下看吗？

自己小时候就总盼着能看到一条龙，总是缠着家中的长辈讲故事，讲到龙是怎样的闪耀着光芒，又是怎样从水中灵活地一跃，到天宫里遨游的。想到这，张若虚下意识地往后退了两步，像是担心江中真的会随时钻出一条咆哮的巨龙。

古往今来，不知这轮明月照耀过多少在江边赏景的痴人，更不知有多少人在月光的皎洁中牵起了回家的思绪啊！如果江水下有龙，它能存活多久呢？

如果月亮有不再闪亮的那一天，这个过程又是多长呢？人总是免不了生老病死，但月亮却不会消失。

月亮常有圆满时，人却不能有幸次次都和家中的亲人团聚。

在惆怅的思绪中，在苍茫的夜色下，张若虚感到了自己作为一位普通人的渺小和虚弱。如果世间有什么是永恒的，会是对家人的爱与思念吗？我所处的这个环境，我们的君王的风采和战功，和大自然里的江水和月光比起来又是多么脆弱！任凭时代变迁，它的光芒是不会变的。

张若虚深深吸了口气，脑中灵感涌现。他当即吟出一首诗，也就是被后世传颂的《春江花月夜》：

春江潮水连海平，海上明月共潮生。
滟滟随波千万里，何处春江无月明！
江流宛转绕芳甸，月照花林皆似霰；
空里流霜不觉飞，汀上白沙看不见。
江天一色无纤尘，皎皎空中孤月轮。
江畔何人初见月？江月何年初照人？

人生代代无穷已，江月年年只相似。

不知江月待何人，但见长江送流水。

白云一片去悠悠，青枫浦上不胜愁。

谁家今夜扁舟子？何处相思明月楼？

可怜楼上月徘徊，应照离人妆镜台。

玉户帘中卷不去，捣衣砧上拂还来。

此时相望不相闻，愿逐月华流照君。

鸿雁长飞光不度，鱼龙潜跃水成文。

昨夜闲潭梦落花，可怜春半不还家。

江水流春去欲尽，江潭落月复西斜。

斜月沉沉藏海雾，碣石潇湘无限路。

不知乘月几人归，落月摇情满江树。

　　春天的江潮水势浩荡，与大海连成一片，一轮明月从海上升起，好像与潮水一起涌出来。月光照耀着春江，随着波浪闪耀千万里，所有地方的春江都有明亮的月光。

　　江水曲曲折折地绕着花草丛生的原野流淌，月光照射着开遍鲜花

夜月图

春江花月夜诗意图

的树林，好像细密的雪珠在闪烁。月色如霜，所以霜飞时也无从觉察。洲上的白沙和月色融合在一起，看不分明。

江水、天空成一色，没有一点微小灰尘，明亮的天空中只有一轮孤月高悬空中。谁是那个在江边上第一个看见月亮的人，又是从哪一年开始，江上的月亮照耀着人呢？

人生一代代地无穷无尽，但江上的月亮一年年地总是相像，丝毫不受时间影响。不知江上的月亮如此寂寞，是否在等待着什么人，却只见江水滚滚流去，似乎未曾停息过。

游子像一片白云缓缓地离去，只剩下思妇站在离别的青枫浦不胜忧愁。哪家的游子今夜在坐着小船漂泊？想必世间的某一处，有人在明月照耀的楼上相思着故人吧？

明月皎洁，月色令人流连，也照在了离人的梳妆台上。月光又照进思妇的门帘，卷不走，照在她的捣衣砧上，拂不掉。

这时的你我也许都在望着月亮，虽然听不到彼此的声音，但我希望随着月光也在同样照耀着你。鸿雁不停地飞翔，却飞不出无边的月光；月照江面，鱼龙在水中跳跃，激起阵阵波纹。

昨天夜里梦见花落闲潭，让我恍然忆起家中的美景，可惜的是春天过了一半自己还不能回家。江水带着春光将要流尽，水潭上的月亮又要西落。

春江花月夜诗意图

斜月慢慢下沉，藏在海雾里，碣石与潇湘的离人距离无限遥远。不知有几人能趁着月光回家，唯有那西落的月亮摇荡着离情，洒满了江边的树林。

后来，这首意境优美的诗词被改编成了同名乐曲——《春江花月夜》。这首曲子通过委婉质朴的旋律，流畅多变的节奏，巧妙细腻的配器，丝丝入扣的演奏，形象地描绘了月夜春江的迷人景色，尽情赞颂了江南水乡的风姿异态。

**阅读链接**

《春江花月夜》是乐府《清商曲辞·吴声歌曲》旧题。创制者是谁，说法不一。或说"未详所起"；或说陈后主所作；或说隋炀帝所作。

据郭茂倩《乐府诗集》所录，除张若虚这一首外，尚有隋炀帝二首，诸葛颖一首，张子容二首，温庭筠一首。它们或显得格局狭小，或显得脂粉气过浓，远不及张若虚此篇。

这一旧题到了张若虚手里，突发异彩，获得了不朽的艺术生命。因此，人们把《春江花月夜》这一诗题的真正创制权归之于张若虚了。

# 似山水长卷的优美古曲

　　《春江花月夜》全曲就像一幅工笔精细、色彩柔和、清丽淡雅的山水长卷，引人入胜。

　　此曲扩展为10段，分别为夕阳箫鼓、花蕊散回风、关山临却月、临水斜阳、枫荻秋声、巫峡千寻、箫声红树里、临江晚眺、渔舟唱晚和夕阳影里一归舟。各分段标题是：回风、却月、临水、登山、啸嚷、晚眺、归舟。

　　《春江花月夜》意境优美，乐曲结构严密，旋律古朴、典雅，节奏平稳、舒展，用含蓄的手法表现了深远的意境，具有较强的艺术感

■ 山水画

染力。

　　此曲音乐的主题旋律尽管有多种变化，新的因素层出不穷，但每一段的结尾都采用同一乐句出现，听起来十分和谐。

　　在民间音乐中，这种手法叫"换头合尾"，能从各个不同角度揭示乐曲的意境，深化音乐表现的内容。《春江花月夜》构思非常巧妙，随着音乐主题的不断变化和发展，乐曲所描绘的意境也逐渐地变换，时而幽静，时而热烈，实现了大自然景色的变幻无穷。

　　第一段"江楼钟鼓"描绘出夕阳映江面，熏风拂涟漪的景色。然后，乐队齐奏出优美如歌的主题，乐句间同音相连，委婉平静；大鼓轻声滚奏，意境深远。

　　第二、三段，表现了"月上东山"和"风回曲水"的意境。接着如见江风习习，花草摇曳，水中倒影，层叠恍惚。

　　进入第五段"水深云际"，那种"江天一色无纤尘，皎皎空中孤月轮"的壮阔景色油然而生。乐队齐奏，速度加快，犹如白帆点点，遥闻渔歌，由远而近，逐歌四起的画面。

　　第七段，琵琶用扫轮弹奏，恰似渔舟破水，掀起波涛拍岸的动态。全曲的高潮是第九段"欸乃归舟"，旋律由慢而快，由弱而强，激动人心。表现归舟破水，浪花飞溅，橹声欸乃，由远而近的意境，达到了情绪的顶峰。

随后，音乐在快速中戛然而止，又回复到平静、轻柔的意境之中，然后便转入尾声。归舟远去，万籁皆寂，春江显得更加宁静。全曲在悠扬徐缓的旋律中结束。

尾声的音乐是那样缥缈、悠长，好像轻舟在远处江面渐渐消失，春江夜空幽静而安详，全曲在悠扬徐缓的旋律中结束，使人沉湎在这迷人的诗画意境中。

后来的《春江花月夜》被改编成了琵琶曲，是从1736年至1820年间《鞠士林琵琶谱》手抄本上改编来的，一共7段，无标题文字。

而在《陈子敬琵琶谱》的手抄本里，有"回风""却月""临水""登山""啸嚷""晚眺"和"归舟"7段小标题，每个标题都能展现出一幅画的意境。

平湖派传人李芳园在《李氏谱》中对《春江花月夜》也作了较大的改动，将曲名改为《浔阳琵琶》，在结构上把原来的7段扩展为10段，并加上了雅致的标题，如"花蕊散回风""关山临却月""箫声红树

■《富春江图》局部

悠扬飘逸的古乐歌舞

■演奏图

里"和"夕阳影里归舟"等。

再后来，汪昱庭对李芳园的曲谱又做了较大的改编，曲名改为《浔阳夜曲》，改编后的乐曲接近于民间乐曲的原貌。

在1825年前后，《浔阳夜曲》又被改编为民族器乐合奏曲，遂改名为"春江花月夜"，并拟名为"江楼钟鼓""月上东山""风回曲水""花影层叠""水深云际""渔歌唱晚""洄澜拍岸""桡鸣远濑""欸乃归舟"和"尾声"10个小标题。

《春江花月夜》全曲通过10个标题的归纳，展出了一幅工笔精细、色彩柔和、清丽淡雅的山水长卷，引人入胜。

后来，琵琶古曲被改编成了钢琴独奏曲《夕阳箫鼓》，基本上保留了琵琶古曲的结构样式——变奏曲式，共分10段，引子、主题乐段、主题的7次变奏和尾声。

虽然钢琴独奏曲《夕阳箫鼓》没有小标题，实际上音乐是围绕分段标题的意境而展开的，具有分段标题的灵魂与神韵。其引子部分的散板前奏中，运用复倚音、琶音、分解和弦模仿琵琶和古筝奏法。

引子音乐一开始，就把人带进乐声悠扬的黄昏景色。它的主题是一首委婉动人的船歌，而各个变奏或曲折婉转，宛若浪花飞溅的流

水，九曲连环，洄流而下，或既像是月下美人在翩翩起舞，又仿佛阵阵微风吹起的水波涟漪。而它的尾声，则更被理解为欢腾一时的箫鼓声、歌声、桨声都慢慢消失在宁静的夜色中。

就乐器而言，钢琴的音色是单一的，但通过不同的演奏法、不同的触键、不同的踏板用法以及音区、音量等鲜明的对比，完全可以产生不同音色的联想。

钢琴曲《春江花月夜》用同音轮指、同音反复来表现，力度由近到远、由远到近模拟琵琶音色描绘江楼鼓声，用装饰音由慢到快，由缓到急模拟笛的音色。

《春江花月夜》的钢琴演奏版本虽然也是源自琵琶古曲，但在改变中运用了类似西洋作曲技术形式中的变奏手法。

在速度的安排上，遵守了我国传统器乐曲典型的结构特点"散—慢—中—快—散"，让人自然而然联想到标题"江楼钟鼓""月上东山""风回曲水""花影层叠""水深云际""渔歌唱晚""洄澜拍岸""桡鸣远濑"和"欸乃归舟"的音乐意象，像是一幅幅描述山水景色的传统水墨画。

第一"幅"江楼钟鼓，用装饰音、琵琶音模拟远远传来的江楼鼓声，表现由慢而快，由弱至强，由强渐弱的旋律。而后又奏出了似箫般的旋律，用颤音、一连串渐强的旋律线描绘出一幅夕阳西下、余晖未尽、小舟泛江、恬静醉人的景象。

悠扬飘逸的古乐歌舞

**编钟** 用青铜铸成，是我国古代打击乐器，也是由我国最早制造和使用的乐器。乐钟是按照音调排列起来的、大小不同的扁圆钟，依据高低的次序把扁圆钟悬挂在一个巨大的钟架上后，用丁字形的木槌和长形的棒分别敲打铜钟，就能发出不同的清脆悦耳的乐音。

第二"幅"月上东山，这段似波浪般柔和的旋律，旋律的一头一尾同度音贯穿连接，移高四度的主题音调，似画家画面中平缓、富有变化的优美线条。

第三"幅"风回曲水，曲调引入新的音调，旋律线起伏增大，动力感增强，犹如微风吹拂着江面，水流回旋、繁星闪闪，仿佛现出一幅美丽动人的画面。

第四"幅"花影层叠，其中速度、节拍、旋律、和声、织体等前后形成不同的色彩对比。曲调开始部分是散板节奏，徐缓的旋律线进行之后，节奏逐渐加快，奏出速度较快的华彩乐句，使得气氛焕然一新，与前面所表现的恬静意境形成鲜明对比，恰似一阵晚风吹拂，水中花影随波摇曳、纷乱层叠。

第五"幅"水深云际，这段音乐运用不同音区、不同音色构成鲜明的色彩对比，使人联想起水天一色的江中晚景。音乐先在编钟般浑厚的中低音回旋，使人联想起江水浊浪推涌、连绵不断。接着一连串带有装饰音的旋律模仿琵琶音奏出飘逸的声音，明亮的色彩好像水鸟在云际飞翔、鸣叫，时而在高空中翱翔，

■ 春江景色图

自由自在，富于生气。

第六"幅"渔歌唱晚，其旋律中的"笔断意连"之意。右手表现稍快的旋律，接着长音后一大串上下起伏的流动音符，左手在小节最后半拍穿插32分音符的三连音，而后是交叉高八度的二三度的双音，似水中的小鱼在戏水，此时右手旋律留出同时值的八分休止符，这空隙使旋律显得风趣而生动，如画面中的留白，有音断气不断的气韵。

第七"幅"洄澜拍岸，由远到近，由慢到快，由缓到急的节奏变化，似画面镜头。音乐速度上逐渐加快，如许多舟船竞相归来，一浪推一浪有急有缓，带有节奏的海浪翻涌而来构成洄澜拍岸的壮丽景观。

第八"幅"桡鸣远濑，其织体旋律与演奏让人体会到不同音乐形象和音乐立体层次感。如左手琵琶音和右手装饰音形成两个声部、两条旋律线，手指运用不同触键力度和

《明湖秋月图》

洄澜拍岸图

触键位置构成鲜明的两层音乐线，描绘出船桨有韵律地划动和水面上泛起的水波纹生动而形象。

第九"幅" 欸乃归舟，这是全曲高潮段落，情绪达到了顶峰。右手快速32分音符形成拍打礁石的水声背景，左手的横线旋律行进似渔民归来欢快的歌声，这构成了旋律与对江山的赞美之情。

第十"幅"尾声，主题旋律变化再现段，自由的慢板，恬静而幽雅。沸腾的箫鼓声、桨声、水浪声慢慢消失在宁静的夜色中。一连串五连音和七连音的分解和弦，表现出了一轮明月穿行在薄雾中，江岸洒满银光的幽静立体画面。

钢琴曲《夕阳箫鼓》在保持原曲神韵的基础上，取消了原曲中的小标题，运用我国传统作曲手法变奏、展衍和循环原则，并采用我国特有的自由变奏——叠句曲式，构成了一气呵成的整体结构，全曲情绪逐渐变化、扩展，增强了力度和速度的对比，这正像我国写意水墨画一样，追求的不是粗犷的笔触，而是细腻的渲染和润色。

**阅读链接**

《春江花月夜》全曲由引子、主题乐段、主题的八次变奏及尾声构成，是一首独具特色的变奏曲。这种曲式由一个音乐主题乐段作基础，其他各乐段运用各种变奏的手法加以变化，丰富了音乐表现力，推进了音乐发展。

这种手法是我国古代音乐常用的表现手法，其优点在于十分细腻，能深刻地从不同的意境和角度，去揭示乐曲主题内容，塑造音乐形象，使音乐主题抒情、优美、婉转如歌。

# 广陵散

　　"广陵"是扬州的古称，"散"是操、引乐曲的意思，《广陵散》是一首流行于古代广陵地区的琴曲，它萌芽于秦、汉时期，其名称记载最早见于魏应璩《与刘孔才书》："听广陵之清散。"

　　魏晋时期《广陵散》已逐渐成形定稿，随后曾一度流失，后人在明代宫廷的《神奇秘谱》中发现它，再重新整理，才有了后来流传的《广陵散》。

# 义士聂政为知己者死

春秋末期的一个下午，一位中年人匆匆地穿行在热闹的集市之中，偶尔停下脚步向两边张望，神色有些焦急。虽然面色憔悴而阴郁，但他一身剪裁得体的黑衣在身着粗布的人群当中分外显眼。

春秋时期漆器

一个抱着青铜器半圆酒壶的小贩急切地走过来："张……"

还没说完，小贩的话头就被男子疲惫又冷峻的眼神瞪了回去。他缩了一下脖子，抱着酒坛走向另一位穿着一身丝绸，正全神贯注地打量一只花瓶的客商去了。

酒贩的遭遇，令那些偷偷打量着男子衣着，本来跃跃欲试想上前说句话的小贩们，都知趣地挑着自己的商品走开了。几个爱看热闹的农家女子叽叽喳喳，目光集中在男子腰间精美剔透的玉玦上，却怎么也讨论不出个结果。

这个人正是韩国大夫严仲子。来自濮阳的他本来仕途顺利，青云直上地进了阳翟，得以侍候君主韩哀侯，人生看似圆满，但不料人心叵测，小人善妒，平白无故就被相国韩傀无中生有地陷害了。要不是自己够机灵，早在韩傀鼓动韩哀侯处死自己之前就跑出来，说不定眼下早就身首异处了。

■ 春秋时期陶俑

自己尽心尽力地服侍却不如小人的几句虚言。想到君主韩哀侯的脸庞，严仲子的心里一阵悲凉。官场浮沉以来，也不是什么单纯的书生了。见识人心之险恶是有的，利益争执也是有的，排挤和诽谤更是免不了的。可要是连自己全力的付出都换不来一丝信任，以前的种种努力又有何意义呢？

他还记得匆忙脱身之前，朝堂之上，韩哀侯对自己猜疑又轻蔑的说话口气。虽然低着头，却还能想象出韩傀那个卑鄙小人一脸得意扬扬的样子。

不是没有澄清过，也不是没有试图辩解过，但就是被韩哀侯一句轻飘飘的"寡人心中自有分晓"压了回来。回想起来，如鲠在喉的感觉依然真切。

一阵微风吹起来，带来一股令人馋涎欲滴的香味。严仲子抬起头，看见的是几个满手油腻的小孩儿在抓着鸡肉大吃大嚼，嘴角还粘着酱汁。不远处的几

玉玦 最古老的玉制装饰品，玉有缺则为玦，玦是为环形形状，有一缺口。玉玦在古代主要是被用作耳饰和佩饰的。小型玉玦类似后来的耳环，较大体积的玉玦则是佩戴的装饰品和符节器。玉玦制作朴素，造型多作椭圆形和圆形断面的带缺环形体，有的玦上有细穿孔，当是佩玉。

■ 春秋时期画像砖

个小吃摊位更是热闹，白雾升腾着飘向远方。

严仲子想起了故乡的菜肴，更想起了阳翟中熟悉的景物。可惜物是人非，此刻怕是回不去了。他内心瞬间产生一种冲动，想去把刚才那位卖酒小贩找回来，也许一醉解千愁，也好过这样清醒着受罪。

"不行。"他的内心有一个小声音在说，"不能放弃。有家不能归，不能便宜了韩傀那个小子。"可是自己身单力薄，又不擅武技，只好四处寻找壮士解忧。

已经游历过不少地方了，听说韩国轵县深井里有一位忠义的勇士叫聂政，近期因为行侠仗义被官府通缉而跑到齐国来避难，掩人耳目做了个屠夫。不知自己有没有这么好的运气请动他。

严仲子继续扫视着熙熙攘攘的人群，不时低头看看他搜集来的聂政的画像。画中是个年轻人，他大眼炯炯，嘴唇紧紧地抿着，锐气中有种孩童般执拗的天真，神情单纯而坦荡。严仲子注视着画像上略带稚气的脸，期待和担忧的滋味交替混杂在心里，说不出的复杂。

又转过一个街角，和几个拿着一些日常杂货的人擦肩而过之后，严仲子的视线里终于出现了一张和画像上的人极其相似的脸。

短暂的惊喜过后，严仲子掩不住内心的一阵失落。这个聂政，本人看起来要比画中人更加清秀，与其说是侠客，倒更像个会拿刀的文弱书生。

既然已经找到人了，就值得一试。严仲子大步向着那位年轻的肉铺摊主走过去，脑中迅速构思着怎样开口，心里也止不住地失望和落寞。

雇佣后要让他展现下武艺吗？哼，看这文弱样，不如让他写两个字算了，如果书法好，也许能写封信到相国府去辱骂一番，把韩傀气死。严仲子无奈地苦笑了。

就在这时，肉铺前方拥挤的人群中发出了惊呼声。严仲子被声音吸引住，转头看向人群中心，原来是位民间艺人在做杂耍表演。

严仲子模糊记得这张脸。这个人是齐国著名的驯虎大师，以前在宫中表演过，常牵着一只泰山猛虎做各种滑稽把戏。

果然，在人群小心翼翼绕开的一个无形的圆圈之内，一只威猛的老虎正懒洋洋地坐在正中间，时而张开血盆大口打个哈欠，时而眯着眼睛漠然地扫视四周的人群，斑斓光亮的皮毛在灿烂的阳光下闪着迷人的光彩。它不耐烦地用巨大的爪子拍打着脖子上的一根极粗的铁链，发出几声令人胆战心惊的咆哮。

民间艺人像是已经见惯了猛虎的坏脾气，并没有把它的暴躁当回

搏虎图

猛虎画像砖

事。他收起手中的小道具，回过身来，把铁链的另一头拴在了一个巨大的石柱上。艺人搓搓手，满意地看了看一脸敬畏地望着猛虎的人群，高声说道："诸位，注意啦！在下这就奉上下一个把戏。"他轻松地指了指身边那只危险的猛兽，"在下的头要伸进它的嘴里去，保准安然无恙！各位要注意看啦！还望不要吝啬赏光钱！"

人群本来被猛虎的低吟咆哮创造出的寂静瞬间破灭了，转而被兴奋的低语声和惊呼声所替代。那只老虎显然被这阵新的噪声激怒了，它不安地甩了甩钢鞭似的尾巴，扭头去啃咬那根粗粗的铁链。

民间艺人神态自若地走到它身边，试图用手掰开它的嘴。老虎不耐烦地甩着头摆脱了他双手的禁锢，坐起身来威胁般地低吼了两声，向不远处的一片树荫走去。可惜铁链不够长，它有些气恼地盯着人群，两只铜铃般的眼睛凶狠地闪着光，立即吓哭了人群中一个被母亲抱在怀中的小孩。

天气有些燥热，严仲子看得出，它本就怕热，此刻恐怕是有些口渴了。

那名驯虎大师在人群期待的注视下也有些急躁，不由分说地再次将老虎的头扳正，动作近乎粗鲁地去掰它的嘴。这时的老虎反而有些

平静了，缓缓地对着大师张开了嘴。白森森的虎牙一
露出来，立即迎来了几声新奇的叫喊和大笑。

大师的脸上立即浮出了从容淡定的微笑。他转头
喊了一句："各位看好啦！"然后，他缓缓在惊呼声
里将头伸入了虎口中。

说时迟那时快，就在旁观的人们还没来得及鼓掌
和大笑的时候，就在不懂事的孩童还没来得及惊讶得
大喊大叫的时候，就在胆小的妇人们还没来得及捂上
眼睛的时候，老虎干脆利落地闭上嘴，结果了大师的
性命。

就像将一锅沸水泼向蚂蚁，人群立即惊慌地炸开
了。人们四散逃开，仓皇失措。这样的慌乱反而令那
只猛兽更加镇定和满意，它一声长啸后猛地挣断了铁
链，扑向了人群和摊位。整个集市瞬间被惨叫声、哭
闹声和绝望的呻吟笼罩着。

严仲子惊得头皮发麻，心想这个驯兽师也真是
的，明明是与猛兽相依为命之人，却还痴傻得摸不透

**大夫** 古代官名，
在西周时设立。
大夫是世袭制官
职，有封地，可
分为御史大夫、
有谏大夫、中大
夫、光禄大夫
等。隋唐以后以
大夫为高级官阶
之称号。

**韩国** 战国七雄
之一。公元前403
年，韩、赵、魏
三家得到周威烈
王的承认，正式
位列于诸侯，韩
国建立。开国君
主是晋国大夫韩
武子的后代，建
都于河南禹县。
公元前375年，韩
哀侯灭郑，迁都
新郑。后被秦国
所灭，所在地设
置颍川郡。

411

浩然正气

广陵散

■ 驯虎画像石

戏虎画像石

它的性情。他转身想走，却又停住了脚步。堂堂韩国大夫，我可不是贪生怕死的小人，不是韩傀！严仲子发狠地想。

眼看着那只猛虎肆无忌惮地伏在地上啃咬着一堆水果，再看看已经被吓得瘫软在它附近的水果摊摊主，严仲子暗暗握紧衣袖中的防身匕首。要是早知道会遇上这么个事，出门时就该带上长剑的。他无奈地想。但是情况紧急，不能坐视不理，只好硬着头皮上了。

但是老虎的心思转变得比严仲子快得多。它吃够了浆果，抖了抖毛，像是不习惯突如其来的自由似的，抬起爪子试探性地向前走了几步，然后满意地扬起头，对着四周一阵怒吼。随后，老虎又像是找到了新的猎物，兴冲冲地往前跑去。此时，人们的尖叫声已经可以称得上凄厉了。

严仲子顺着老虎的目光往前看去，心里一沉。那正是聂政的摊位。但奇怪的是那个小子居然连头都不抬，好像对发生的事情和近在咫尺的猛兽一无所知一般。老虎显然更感兴趣于聂政摊位上还滴着鲜血的猪肉，它一个俯冲就扑到了摊位前，龇出了雪白的牙。

聂政终于抬起头，用手中握着的屠刀既快又狠地向虎头砍去。手起刀落，猛虎的脖颈上立即多了一道深深的刀痕，它疼得大叫起来，爪子狂躁地乱抓，拍断了支撑摊位的木头。聂政并没有被它的狂躁所干扰，反而更加迅速地挥起了刀。几道血光过后，猛虎就趴在地上一动不动了。

刚才还混乱不堪的人们目瞪口呆，瞬间安静下来。严仲子也吃惊得张大了嘴。随后，就像慢慢升温的沸水一般，惊喜的呼喊和尖叫迅速地感染了人群，严仲子的心里也是一阵止不住的狂喜。没找错人！

聂政仍然安安静静，默默地回身开始收拾摊位，然后被凑热闹的人团团围住了。严仲子不失时机地拽住身边的一位老者问："这位小哥是什么来头？竟然能手屠猛虎，如此神勇？"

那老者回答道："这就是本地刀法最过人的一位屠户啊！您是有所不知，这位小哥的刀法可说是出神入化。无论您要多少肉，他只要一刀切，这一刀下去就是客人想要的分量，丝毫不差，不多不少。外来人都去他那里买肉，就是为了去看他的刀法。"

严仲子彻底放松了，心中悬着的石头轰然落地。他简直想立刻去痛饮一番，歌舞庆祝。但那位老人却没有说过瘾，又讲道："这位小哥不仅功夫不凡，人也是君子风范，但凡他的买卖，短斤少两、弄虚作假是绝对没有的。对穷苦人家，他还会多给一些，甚至白送。哎呀呀，要是我有这么个孙子……"

■ 斗虎画像石

老者慨叹着摇摇头走远了，只剩下藏不住满脸笑意的严仲子。

之后，从第二天开始，严仲子就频频去聂政的摊位上买肉，有时静静地一言不发，领略他稳准的刀功，有时候跟聂政攀谈几句，也并不多讲。

■ 聂政故事画像石

一来二去，两人渐渐熟识了，聂政常请严仲子在家中饮酒，严仲子也毫不含糊地为聂政解决各种困难，甚至还花重金请来著名的老中医医治好了聂政老母亲的眼疾。两人把酒盟誓，引为知己。

接触得越多，严仲子对聂政的感情就越复杂。一方面，他知道了这位看起来柔弱，甚至有些眉清目秀的少年是自己可以托付壮志的侠士。另一方面，他与聂政的兄弟之情越深厚，所嘱托之事就越难以开口。但是聂政看出他的忧愁，严仲子就把自己的心事和与韩傀矛盾的来龙去脉讲了出来。

原来，韩国相国韩傀为了能多收土地税赋贪污余款，就在推行土地普查时擅自制定并使用了一种计量单位，虽小于通行的官尺，却以官尺上报，此种做法已经大大地激起了韩国的民怨。因为韩傀的字是侠累，百姓因此私下里称其为"侠累尺"。

偏偏严仲子是一个性格直爽、脾气暴躁的忠臣，

韩哀侯 战国时期韩国国君。韩国为战国七雄之一，开国君主是春秋时晋国大夫韩武子的后代。公元前376年，韩、魏、赵共废晋静公而分其地，晋国灭亡。公元前375年韩灭郑，迁都于河南新郑，疆域包括今山西东南部和河南中部。

一心想着为老百姓办事，只是做事的技巧并不怎么好。当严仲子发现了韩傀的把戏之后，立即在早朝时，在朝堂之上对韩哀侯讲明了这一事实。

韩傀是堂堂相国，君王韩哀侯又是自己的侄子，于是他凭借自身的权势，咄咄逼人，否认了严仲子的说法。韩哀侯听信于韩傀的说法，认为是严仲子在无事生非，反而责怪严仲子不像韩傀那样成熟隐忍。

小人得志的韩傀得意扬扬，继续一言一语讽刺着严仲子。严仲子本来就为韩哀侯的糊涂而气恼，又被韩傀嘲笑，火爆脾气一上来，居然拔出剑就朝着韩傀冲了过去，被其他大臣们拉住了。

到了晚上，韩傀想起白天的冲突，决定先下手为强，就派出了刺客想去除掉严仲子，但刺客刚进入严府就被值班的士兵们抓住并处死了。

第二天严仲子打算向韩哀侯禀明事实，却又被自认为无所不知的韩哀侯不以为然地否认了，再次责怪严仲子无事生非。因此心灰意冷的严仲子为了保命，连夜逃出了韩国。

其实严仲子心里明白，即使这次韩傀没有贪污赋税，两人之间也早晚会有新

浩然正气 广陵散

■ 聂政故事画像石

出土的春秋时期古琴

的恩怨。毕竟道不同不相为谋，想必在韩傀看来，自己无论做什么事说什么话都是错误又碍眼的。最可怜的就是自以为明智的韩哀侯，不仅将自己的一片忠心被污蔑得残破不堪，还反而被怪罪不能成为韩傀之流。

如今的严仲子早已不求能回韩国再展宏图，毕竟那样的君主也不是值得效命的人。他只求出一口恶气，能找刺客除掉韩傀这个世间大害。这一去，可以说是破釜沉舟，没有回头路了。

聂政听后哈哈大笑，对严仲子说："您可知我为何带着家中老母亲和家姐一起从韩国逃出，来到这齐国避难？正是因为在故乡时，有位同乡被衙门的人所欺负，他们故意夸大丈量土地家宅的数字，就为了多收我们平民百姓的钱。衙役欺人太甚，我因此路见不平，将那两个官吏好一顿教训，事后只好逃出故国。如今想来，害我家流落他乡，害大人一身烈骨被糟蹋的竟是同一人，也是同一件事——那龌龊小人'侠累尺'韩傀！"

严仲子听完此话，心中豁然开朗了一些。他拿出早已备好的千金双手为聂政奉上，并说："请您为我平息我的仇恨和冤屈吧！若是韩傀这龌龊小人能被除去，让他不能再鱼肉百姓，祸国殃民，也算壮士和我为故国送上的一份大礼！"

聂政叹了一口气，回绝说："我幸有老母健在，家里虽贫穷，客

悠扬飘逸的古乐歌舞

居在此，以杀猪宰狗为业，早晚之间买些甘甜松脆的东西奉养老母，老母的供养还算齐备，可不敢接受仲子大人的赏赐。"

"眼下我屈辱身份，在这市场上做个屠夫，只是希望借此奉养老母。老母在世，家姐未嫁，我若成了亡命徒，她们可如何是好？因此不敢对您以身相许，承接壮志，望您谅解。"

严仲子感慨于聂政的心思缜密和孝顺周全，也就没有再坚持。

为进一步表示自己的诚意，严仲子与聂政结拜为异姓兄弟，有福同享，有难同当，并认聂政的母亲为义母，立誓无论日后发生什么情况，他都会尽儿子应该尽的孝道。

聂政的母亲晚年是幸福的，在两个儿子的关照下，她在3年后无疾而终，脸上挂着慈祥的笑容。严仲子随即出钱厚葬了聂政的母亲，聂政的姐姐聂荣也出嫁了。

聂政在祭拜过后，对严仲子说："我不过是平民百姓，拿着刀杀猪宰狗，而您则是诸侯的卿相，却不远千里，委屈身份和我结交。我待您的情谊是太浅薄太微不足道了，没有什么功劳可以和您对我的恩情相抵。您虽未能得明君赏识，却使我有了可以相托付的知己！"

"您曾经献上百金为老母祝寿，我虽然没有接受，可是这件事说明您把我这个处于偏僻的穷困屠夫视为亲信，我怎么能一味地默不作

■抚琴图

春秋时期古琴

声，就此完事了呢！况且以前来邀请我，我只是因为老母在世，才没有答应。而今老母享尽天年，我该要为赏识我的人出力了。"

然后，聂政跟严仲子商量说："您的仇人韩傀，是韩国国君的叔父，宗族旺盛，人丁众多，居住的地方士兵防卫严密，在这种情势下不能去很多人，人多了难免发生意外，发生意外就会走漏消息。要是走漏了消息，那就等于整个韩国的人与您为仇。因此，我孤身一人前去就可以了。"

严仲子告诉他说，韩傀有个爱好，就是痴迷于听琴。于是，聂政苦练琴艺，练成之后，他又怕回韩国时被国内的人认出来，就吞食火炭改变自己的声音，还拿石头砸碎自己的牙齿，把容貌弄得面目全非。

准备完毕之后，聂政返回韩国，来到了韩傀家，也就是侠累的相国府门前，对侍卫自荐说，自己是在深山之中苦修琴艺的琴师，今天出山刚巧路过相国府，想必是与相国有缘，因此愿为他弹奏一曲。

侍卫看聂政的打扮不俗，有着异于常人的气场，又背着一个十分秀气的古琴，就想讨一下主子韩傀的欢心，因此将聂政引进了府中。

韩傀听说有深山苦修的琴师来献艺，十分期待，他坐在高高的殿上，面前一个书案，两旁站着众多的随身护卫，急切等待聂政的表演。

聂政面对满屋虎视眈眈的侍卫，丝毫没有紧张慌乱。他从容不迫地把古琴慢慢举过头顶，然后又小心翼翼地放在膝前，弹了一曲，令韩傀十分满意。

韩傀来了兴致，想与聂政攀谈，就命人给聂政铺了张席子让他坐。这样一来，聂政和韩傀的距离又近了几丈。

韩傀说："听说伯牙一曲高山流水可以使鸟雀噤声，禽兽止步，今天你弹来给本相听听，弹得好，本相会重重赏你。"

但聂政回答说："高山流水不宜在今日弹奏，不过我倒可以把这琴的来历和好处给相爷讲讲，也许比听琴更有趣味。"

"哦？有这事？"韩傀好奇地双手按在案上，身子往前倾了倾，"你倒是说说看。"

聂政微微一笑，抱着琴又与韩傀坐近了几分。他动作轻柔地把琴放在自己的腿上，悄悄地按了按藏在身上的锋利匕首。

这把古琴琴身颀长，乌黑，几乎与大地的颜色浑然；只是衬着琴身上的银色的弦丝，才依稀可见它的形状。聂政伸出右手，覆在琴弦上，娓娓道来："当年刑天与黄帝争斗，事败被杀，他的战斧掉入大海。许多年以后，有异人从海里捞起这柄战斧，将斧柄截成三段，制成三把琴；用斧头铸成三把剑，剩下的制成琴弦。我的这把琴就是三把琴中间的那把，称为'麒脊'；头上的那把称为'龙首'，尾上的那一把称为'凤尾'，即是世人称为'焦尾'的那一把，原来是为了

古琴

**干将** 古代名剑名称之一，也是春秋末期的著名冶铁匠，相传干将是吴国人，与欧冶子同师，善于铸造兵器。干将曾为吴王阖闾作剑，"采五山之铁精，六合之金英"，最后锻造出两把宝剑，雄剑叫"干将"。

**莫邪** 古代名剑名称之一，也是干将妻子的名字。相传干将在为吴王阖闾铸剑时，金铁不销，宝剑迟迟不成形。莫邪断发投入冶炉，于是"金铁乃濡"，成剑两柄，分一雄一雌，雌剑名为"莫邪"。

■ 古琴

取下斧头时故意烧焦的……"

"慢着，"韩傀打断聂政的话说道："那三把剑又如何呢？"

聂政说："有两把是为一对铸剑夫妻所铸，所以剑以夫妻名字命名，称为'干将'和'莫邪'；另外一把据说是本国名士聂政所得，如今下落不明。"

韩傀听完后大笑道："一点不错！请继续说那琴的好处。"

聂政继续刚才的话题说："所以这琴和琴弦本为一体，曾感天地沧海之灵气，知时序春秋之演变，实为神物，非常人所能索弹。"

与此同时，聂政抬眼打量了一番室内。果然，侍卫们都是粗人，见韩傀与他讨论一把古琴讨论得如此热闹，早就不像起初那样谨慎了，有的侍卫在无聊地东张西望，警戒心低了不少。

但韩傀却仍然被聂政的言辞吸引着，他惊喜不已，对聂政说："这琴竟有如此来历？拿来我看看。"内侍便过来取琴，抱琴上殿，将琴放在案上。

韩傀先仔细看了一会儿琴，然后伸手在琴上拂了

一下，却是一点声音也没有——奇怪了！韩傀又在手上加了几分力，又拂了一下，却是一阵轰然杂音——太怪了！

聂政见状说："这琴不是一般人所能弹的，它的旋律次序与一般的琴不同。"

韩傀这时候有些急躁："那你快过来试试给本相听听！"

"我不能再奏曲，但可以为相国试试弦音。"聂政站起身，慢慢行上殿去，在韩傀三丈开外停下，然后又跪下，膝行而前，离案桌约有两尺处停下，这个距离，聂政的手刚好够到琴身。

韩傀又点点头："请道其详。"

"谢相爷！"聂政轻轻吸了口气，伸出右手，抚向琴较狭窄的一头："这琴，是古时的……"

韩傀突然用三根手指，好像是不经意地搭在了聂政的手腕上，捏住了聂政的手腕。

常言都说，小人长戚戚。韩傀算计别人惯了，也

相国 古代官名。春秋时期齐景公设左、右相，相成为齐国卿大夫的世袭官职。以后其他诸侯国也有设置，后来西汉刘邦做皇帝时，因为忌讳"邦""相邦"被称为"相国"，后来慢慢地变成只有"丞相"一职。

怕别人如此对待自己，因此警惕性高得很。结仇的冤家多，实在是不得不防——他在手上暗暗发力，却没摸到这位琴师慌张的脉搏。

韩傀松了口气，他抬起头看看和自己近在咫尺的琴师的脸。琴师仍然在滔滔不绝地说，话虽多，但口气十分平淡。

看来他真是位清心寡欲的普通琴师，完全是自己多心了。韩傀松开手，凑近了聂政，低头专心地打量着古琴。

聂政的左手已经轻轻地拂过琴弦，同时双眼紧盯着韩傀的侧脸，右手迅速地拿出藏在身上的刀刺向了他的心口。转眼之间，韩傀就被聂政夺走了性命，但一旁的侍卫们却还愣在一边，措手不及。

等他们回过神，团团围住聂政的时候，聂政已经站起身，转向大殿，仰面向天，然后发出一阵与他瘦弱的身体极不相称的笑声，穿云裂帛，摄人心魄。之后，聂政在心中默念着严仲子的名字，迅速用匕首自刎在了韩傀身旁。

后人念及聂政的英勇果敢，以及临死前仍然记挂着严仲子，自毁容貌使他不受牵连的气魄和胸怀，非常感慨，因此为他创作了一首古曲，名为"广陵散"。

悠扬飘逸的古乐歌舞

**阅读链接**

为了纪念聂政，河南禹州的人们还为他建了一座高台。聂政台坐北朝南，为砖石混合建筑，高9.62米。台南面有34级台阶，拾级而上，可登到平台，平台连接台阶处是山门。山门东侧有一座钟鼓楼。

第二平台的中央是一座雄伟的大殿，也是聂政台的主体建筑。大殿前有拜殿一座，拜殿的东西两边各建有配殿一座。大殿后面靠平台边沿，有一排庙房，从山门两侧，沿平台边沿砌有一米高的围墙。

远望高台，庄严巍峨，使人崇敬。登台眺望，台北濒临颍河，流水潺潺。放眼远眺，群山连绵不断，为禹州一大景观。

# 嵇康惜英雄而演奏名曲

聂政逝世多年后，一位名叫嵇康的才子仍为他感慨不已。嵇康为人狂放任性，不为世俗所拘，而又重情谊。嵇康崇尚老庄的思想，向往自由隐居的生活。他和聂政一样不惧权贵，甚至还有些厌恶，认为沽名钓誉的人都是凡夫俗子。

嵇康很有才华，他是三国时期著名的思想家、音乐

■ 嵇康 字叔夜，三国时期魏国谯郡铚县人。著名思想家、音乐家、文学家、玄学家。为"竹林七贤"的精神领袖。他是曹魏宗室的女婿，官曹魏中散大夫，世称嵇中散。

■ 竹林七贤

**草书** 汉字的一种书体，特点是结构简省、笔画连绵。草书形成于汉代，有章草、今草、狂草之分。草书字字独立，是按一定规律将字的点画连字，结构简省，偏旁假借，并不是随心所欲地乱写。草书符号的主要特征之一是笔画带钩连，包括上下勾连和左右勾连。

家、文学家，主张"越名教而任自然""审贵贱而通物情"，更是"竹林七贤"的精神领袖。嵇康通晓音律，尤爱弹琴，著有音乐理论著作《琴赋》和《声无哀乐论》。

嵇康主张声音的本质是"和"，合于天地是音乐的最高境界，认为喜怒哀乐从本质上讲并不是音乐的感情而是人的情感。

嵇康作有《长清》《短清》《长侧》《短侧》四曲，被称为"嵇氏四弄"，与蔡邕创作的"蔡氏五弄"合称"九弄"，是古代一组著名琴曲。

嵇康还擅长书法，工于草书。其墨迹"精光照人，气格凌云"，被列为草书妙品。唐代的张彦远在《法书要录》中认为嵇康的草书水平是古今第二。

嵇康的文学创作主要包括诗歌和散文，他的诗后来留存的有50余首，其中以四言律诗为多，占一

半以上。由于信奉老庄思想，嵇康在进行实践时颇有心得，他的《养生论》是我国养生学史上第一篇较全面、较系统的养生专论。后世养生大家如陶弘景、孙思邈等人对嵇康的养生思想都有借鉴。

嵇康年轻时经常在夜间月下练琴。有一次他到外地去游玩，到了洛西西郊后，住在了华阳亭。这里山清水秀，风景十分优美。一个皓月当空的夜晚，嵇康焚香独坐，取出随身携带的古琴，面对粼粼闪光的湖水，又尽情弹奏起来。他弹得十分认真，一个人陶醉在琴乐意境之中，忘记了时间的早晚和周围的一切。

弹着弹着，已经到了三更时分，嵇康兴致未减，还准备着再弹一曲。他忽然发现，一位白发苍苍的老人正安静地站在他的身旁。嵇康仔细一看，这个老人全身是白色服装，清癯的面容显得十分文雅，炯炯有神的眼睛里闪烁着智慧的光芒。

**陶弘景** 南朝著名的道教思想家、医药家、炼丹家、文学家，也是南朝齐、梁时期的道教茅山派代表人物之一，人称"山中宰相"。陶弘景生于江东名门，药草和历史知识都很渊博，帮助修著或著有《本草经集注》《集金丹黄白方》《二牛图》等。

嵇康从来也没有见过这位老人。他连忙停止弹琴，很有礼貌地问道："请问老人家从哪里来？有何见教？"

那位老人不报姓名，也不回答从哪里来，而是慢条斯理地说："我是特地来这里听你弹琴的。"

嵇康看到这个人很客套，又是一位老人，便与他攀谈起来。两个人谈得十分投机，从古至今，无所不及。

尤其谈到音乐知识时，那位老人说得入木三分，有条不紊。谈到弹奏古琴和创作古琴曲，他更有独到的见地和丰富的经验。嵇康本来就好学好问，一听到那人的种种精辟见解，心里十分佩服，立即要拜他做老师，诚恳地向他请教。并请老人弹奏几首曲子。

老人落落大方，毫不推却，摆好古琴，熟练地弹奏起来。开初，他弹得轻松和缓，幽静深邃，淡淡疏疏，慢慢地，琴声变得沉重郁抑，悲痛愤怒。

紧接着，节奏加快了，力度也增强了，老人刚劲有力的手指灵活自如地在琴弦上跳跃飞舞，琴声霎时变得激昂慷慨，雄壮有力，铿锵的琴声就像辽阔的海洋卷起了惊涛骇浪，骤然一声狂风暴雨，仿佛有千军万马冲上战场，所向无敌……

"太妙了！太妙了！"嵇康激动得叫起来，他从来也没有听到过这样好的琴声，他佩服得向老人连连拱手叫绝。

老人弹完这曲之后，嵇康请求他教会自己弹这个曲子。他问道："老先生弹得真是奇特，不知道愿不愿意教我学会这个曲子？"

老人见嵇康态度诚恳，笑了笑。他说嵇康弹的曲子过于柔婉缠绵，没有力量。如果嵇康要学他这个曲

浩然正气

广陵散

**拱手** 我国古人的交际礼节，在上古时已有此俗。在古代，作揖礼有左手握右手为"吉拜"，相反则为"凶拜"的说法。这可能与古人的认识有关，他们习惯于用右手攻击他人，而左手抱住右手则为行礼者向对方的友好表示。

■烙画竹林七贤

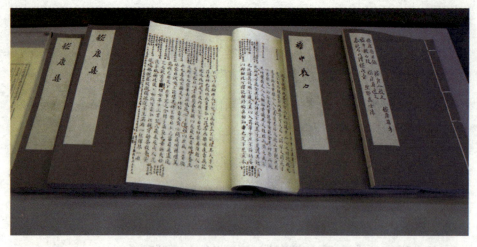

■ 嵇康书籍

**魏国** 指三国时期的魏国，多称"曹魏"，是三国之中最强大的一国，于220年建立。东汉末年，曹操控制了东汉朝政，为曹魏的建立奠定了基础。曹操逝于洛阳后，曹操之子曹丕在许昌称帝，迁都洛阳，曹魏始建。265年，司马炎改国号为晋，曹魏灭亡。

子，先得有一个条件：他只教嵇康弹，而嵇康不能再教别人弹。

接着，老人告诉嵇康，这个曲子叫《广陵散》，讲的就是春秋时韩国的侠士聂政为严仲子刺韩傀的故事。嵇康本来就崇敬聂政，被他一说，就仿佛亲耳听到了聂政弹奏的悲壮的琴声，仿佛看到了聂政视死如归的战斗情景。嵇康异常的激动，心里久久不能平静，脸上淌满了泪水。

老人又把弹奏《广陵散》的技法要点一五一十地传授给了嵇康，嵇康心领神会，很快就学会了弹奏这首《广陵散》。他从头至尾弹了一遍《广陵散》给老人听，老人听后满意地点了点头就告辞了。嵇康起身去追，却发现老人的身影已经神秘地消失了。

后来，嵇康到处寻找，却再没有找到这位教他弹奏《广陵散》的老师。但他已经熟练掌握了《广陵散》。由于喜爱这首曲子，嵇康几乎天天都要弹奏这个曲子，聂政刺韩傀的故事随着琴声常在他的脑海里萦回，给了他力量，给了他勇气。

由于旋律激荡，慷慨壮烈，嵇康弹奏的《广陵散》很快就闻名天下了。许多人都要拜嵇康为师，学习弹奏这个曲子。但嵇康信守约定，没有教给任何人。就连嵇康的亲外甥极力恳求，嵇康都没有答应。

嵇康当时所处的魏国，是司马昭当丞相。司马昭是个很有野心的政治家，他为了能掌握皇权，四处招兵买马，拉帮结派。由于嵇康才华横溢，司马昭也曾经企图拉拢嵇康为他效劳，扩大他的势力。

但嵇康为人正直又淡泊名利，非常反感司马昭贪图权利的做法，因此坚定地拒绝了他，还表示要揭露司马氏的阴谋和手段。司马昭十分无奈，经常派他的谋士钟会去拉拢嵇康。

嵇康不像当时的阮籍那样圆滑。八面玲珑的阮籍遇到钟会来纠缠时，总是装着喝醉了酒，不予理会。但嵇康和聂政一样脾气倔强，不但没有躲避，还经常当面对钟会毫不留情地挖苦讽刺，使钟会十分尴尬，常常碰一鼻子灰。

对嵇康怀恨在心的钟会鼓动司马昭除去嵇康这个眼中钉。于是，司马昭捏造事实，诬蔑嵇康通敌，将他关进了监牢，准备处死他。

嵇康被关进监狱后，仍不向司马昭屈服低头。他经常在狱中弹奏《广陵散》，以此抗议司马昭的迫

■ 嵇康抚琴木雕

429

浩然正气

广陵散

■ 春秋宴饮场景

悠扬飘逸的古乐歌舞

**太学生** 指在太学读书的最高级的生员。太学是明清代时国子监的俗称，也是古代最高学府与教育行政管理机构。太学内设绳、博士、典簿、典籍等厅，以分理各项具体事务；设率性、修道、诚心、正义、崇志、广业六堂，以供生徒听课、自修及习所。

害，表达自己宁死不屈的决心。但司马昭也没有让步，坚持处死嵇康的决定。

行刑的那天，嵇康大义凛然地奔赴刑场。老百姓们闻风而来，包围了刑场，一个个为嵇康遭到陷害而愤愤不平。更有3000名太学生集体为嵇康请愿，要求赦免嵇康的死刑，并邀请嵇康来太学做老师。司马昭没有同意。

就快要临刑了，嵇康神色不变，就如同平常一般。他要来了平时爱用的琴，在刑场上又抚了一曲《广陵散》。

琴声飞扬，激昂慷慨，人们仿佛看到千军万马从琴里杀将出来，矛戈纵横，刀光剑影，熊熊烈火血溅古琴！

曲毕，嵇康把琴放下，叹息道："唉，看来《广陵散》要失传啦！"说完后，嵇康从容地赴死了。嵇康倒了下去，但是他的不屈形象却与《广陵散》乐曲一样千古不朽。

据说嵇康的外甥虽未得到嵇康的亲自传授，却暗中学会了30多段的指法和弹技。后来凭记忆和想象又续写了十几段，使《广陵散》流传了下来。

《广陵散》乐谱全曲共有45个乐段，分开指、小序、大序、正声、乱声、后序六个部分。乐曲定弦特别，第二弦与第一弦同音，使低音旋律同时可在这两条弦上奏出，取得强烈的音响效果。

《广陵散》全曲的主体情绪显得激昂、愤慨。开指一段从容自由，可视为全曲的引子。贯穿于"正声"和"乱声"部分的主要音调在这里有所提示。小序和大序部分则在较平稳的气氛中，布置了正声和乱声的主调旋律的雏形。

乐曲的正声突出描述了聂政从怨恨到愤慨的感情发展过程，着力刻画了其不屈的精神和坚硬的性格。正声的主调显示以后，进一步发展了主调旋律，此时乐曲表现出一种怨恨凄苍的情绪，徐缓而沉稳的抒情具有缅怀的沉思，同时孕育着骚动和不安。

随之音乐进入急促的低音扑进，犹如不可遏制的怒火的撞击。进而发展成咄咄逼人，令人惊心动魄的场景，形成全曲的高潮，即"纷披灿烂，戈矛纵横"的战斗气氛。随后音乐表现出壮阔豪迈、怫郁慷慨的气氛。乱声和后序比较短小，主要体现出一种热烈欢腾和痛快淋漓的感情，从而结束全曲。

■ 嵇康抚琴图

弹琴人物俑

正声是全曲的核心部分，正声以前主要是表现对聂政不幸命运的同情；正声之后则表现对聂政壮烈事迹的歌颂与赞扬。全曲始终贯穿着两个主题音调的交织、起伏和发展、变化。一个是见于"正声"，第二段的正声主调，另一个是先出现在大序尾声的乱声主调。正声主调多在乐段开始处，突出了它的主导作用。

乱声主调则多用于乐段的结束，它使各种变化了的曲调归结到一个共同的音调之中，具有标志段落，统一全曲的作用。

《广陵散》的旋律激昂、慷慨，它是古琴曲中唯一的具有战斗气氛的乐曲，直接表达了斗争精神，具有很高的思想性及艺术性。

或许倔强刚正的嵇康也正是因为看到了《广陵散》的这种反抗精神与战斗意志，才如此酷爱《广陵散》并对之产生如此深厚的感情。

阅读链接

关于《广陵散》的流传，在嵇康过世后，民间又有种种传说。后来以《广陵散》命名的曲子有好几种乐谱：一种是隋官传谱，记载于明代《神奇秘谱》中；一种是流传在民间的乐谱，如民间副本《潞藩藏谱》中的关于《广陵散》的曲子。

关于《广陵散》一曲的记载，在东汉末就有了。经过历代修改、加工，魏晋以来得到推广，隋唐时代逐渐由30多拍发展到45拍，后来演变为两种谱本，分别记载于明代的《神奇秘谱》和《西麓堂琴统》谱集里。

悠扬飘逸的古乐歌舞

# 十面埋伏

　　《十面埋伏》又名"淮阴平楚"，是一首历史题材的大型琵琶曲，描写了公元前202年楚汉战争垓下决战的情景。汉军用十面埋伏的阵法击败楚军，项羽自刎于乌江，刘邦取得胜利。

　　《十面埋伏》的创作年代尚无定论，资料可追溯至唐代白居易写过的著名长诗《琵琶行》中。此曲在明代嘉靖、万历前后流行一时，深受琵琶演奏家的喜爱。

# 一代霸王项羽血洒乌江

项羽身高八尺有余，力能扛鼎，气压万夫，年轻时志向便极为远大。一次，秦始皇出巡时，项羽见他的车马仪仗威风凛凛，就对叔父项梁说："我早晚会取代他。"

公元前209年，陈胜、吴广在大泽乡振臂一呼，揭竿而起，项羽随项梁在吴中刺杀太守殷通举兵响应，此役项羽独自斩杀殷通卫兵近百人，第一次展现了他无双的武艺。

项羽画像

23岁的项羽，就这样带领8000吴中男儿起义军，登上了历史舞台。

年轻勇猛的项羽，力大无穷，本领出众，手持丈八枪，座下乌骓马，出生入死，所向披靡。后来，在巨鹿之战中，项羽的军队摧毁了秦军的30万兵力，导致了秦王朝的最终灭亡。

灭秦后，项羽仗持自己功高位尊，实力最强，自立为西楚霸王。他又重新分封了十八路诸侯。但是项羽没有按战功大小、军事实力分封，而是按自己的意愿好恶而封，引起了各路诸侯的不满。

诸侯之中，最具实力的是被封为汉王的刘邦，负责统管巴、蜀、汉中一带。这一带本来是秦王朝放逐囚犯的地方，而汉军将士多是山东人，谁也不愿远离家乡到此边远的贫瘠荒蛮之地，常有兵将逃跑。

刘邦十分恼恨项羽，但他是个极有心术的人，听从谋士计策，养精蓄锐，趁霸王发兵攻打齐国的机会，出兵攻占关中，夺得了霸王的土地，于是，乘胜大举东进。

项羽大怒不已，凭着骁勇善战的军事优势，回兵大败刘邦，他们之间的战争打了整整5年。

连续的征战使士兵们疲惫不堪，粮草不济，老百姓也无心耕耘，难过日子。项、刘二人终于被迫休战讲和，双方划定以咸阳的鸿沟为界限，东属楚地，西属汉地，各守疆界，彼此不再侵犯。

但第二年，刘邦突然背信弃义，利用项羽撤兵的机会，全力追击歼灭楚军。楚霸王勃然大怒，迅速集结30万人马回击刘邦的汉军。他凭着手中一支戟和无比的勇猛，直杀得汉军汉将抱头鼠窜，迅速败退领地

■ 项羽雕像

秦始皇 秦庄襄王之子，13岁继承王位，39岁称帝，共在位37年，是我国历史上著名的政治家、战略家、改革家，也是首位完成华夏大一统的铁腕政治人物。秦始皇是第一个称皇帝的君主，北击匈奴，南征百越，修筑万里长城。把我国推向了大一统时代，被誉为"千古一帝"。

漢高祖劉邦

■ 刘邦（前256—前195），汉朝开国皇帝，他采取的宽松无为的政策，不仅安抚了人民、凝聚了中华，也促成了汉代雍容大度的文化基础。刘邦使四分五裂的中国真正地统一起来，而且还逐渐地把分崩离析的民心凝集了起来。他对汉民族的形成、中国的统一强大，汉族文化的保护发扬有决定性的贡献。

成皋，关上城门，叫战不出。

刘邦是个善于用智谋的人，手下又有一批足智多谋的军师和将军，他们决心联合齐王韩信、魏相国彭越等各路实力强大的诸侯一起合围项羽。

刘邦还许下诺言：只要打败项羽，他将把临淄和大梁的土地划归韩信和彭越。各路诸侯得到许诺，更加拥戴刘邦，几支人马汇合一处，兵多粮足，声势浩大，一场围剿西楚霸王的战争就要开始。

这时，刘邦的一位谋士李左车为了获取项羽军中更加详细的信息，就向项羽诈降，以巧舌如簧的口才说服了刚愎自用的项羽主动出击，率领10万大军向垓下进发。

项羽有个爱妃叫虞姬，虞姬的哥哥是项羽的重臣虞子期，对项羽忠心不二。虞子期察言观色，早已看出李左车心术不正，但项羽很难听取别人的意见，他万般无奈，只有去找妹妹劝说项羽回心转意。

虞姬跟随项羽征战多年，不但聪明美貌，且自幼读书习剑，很能理解丈夫的禀性，常为丈夫分忧解

悠扬飘逸的古乐歌舞

成皋 本古东虢国，春秋郑制邑，又名虎牢，春秋之郑，战国之韩，皆为重地，楚汉也相持于此，汉置成皋县，南朝宋置司州，后魏置北豫州，皆治此，隋改县为汜水，唐徙汜水于今治，在荥阳汜水西北有成皋故城。

难，项羽也能听她劝解。她明白，按照项羽这种独断专行、拒纳忠言的狂傲性格，日久必败于刘邦之手。

可惜的是，项羽被刘邦激怒之后，十分暴躁，根本听不进虞姬苦口婆心的劝解。他一心认定了李左车的建议，下定决心非要强攻垓下不可。

第二天，楚营号角声鸣、旌旗招展，项羽登台点齐各路兵马，准备出战。忽然天上乌云翻滚，刮起一阵狂风，将大纛旗的旗杆拦腰折断，项羽座下乌骓马遍体抖战，蹦跳咆哮。众兵预感不祥，大惊失色。

项羽爱将周兰向项羽劝道："旗折马吼，于军不利啊！"

虞姬也劝："今日出兵不利，望大王听从劝谏，方能百战百胜。"

但项羽自恃与刘邦交手70次征战，从无败绩，可是，今日，箭上弦，刀出鞘，出发在即，岂有退回之理？

在此关键，李左车又向霸王报告了一个假消息：韩信好大喜功，聚拢来众多兵将，却不知拖累也太大了，眼看粮草接济不上，他已命令一部分军队返回驻地。汉王刘邦也领着一部分人马回了成皋，应趁此机会加速行军出击汉军。项羽听此消息，进攻的决心更加坚定，

437

慷慨悲歌

十面埋伏

■ 刘邦韩信萧何雕塑

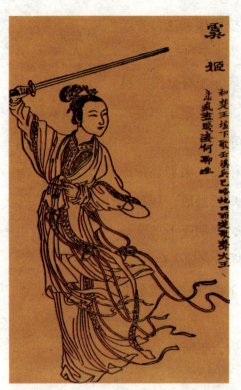

■ 虞姬画像

立即带领大军快速向垓下进发。

项羽大军驻扎垓下后，心里不踏实，派人急速去打探刘邦、韩信的退兵战况。探子回报说，韩信大营在九里山东边驻扎，各路军营相连，兵多粮足，声势浩大，并无退兵之意。项羽听后大惊失色，瞪着一双失神的圆眼大叫："哎呀!我军已陷入重围!"

项羽急令寻找李左车，但李左车诱敌深入埋伏的使命已胜利完成，早已偷偷溜回汉军大营复命。韩信眼见鱼儿上钩，马上安排刘邦与项羽亲自对阵。

双方交战，项羽一见刘邦，格外动怒。两军将士互相拼杀，刘邦佯败，引诱项羽追杀出数里以外的一座山口处。冲动的项羽钻进了刘邦、韩信布置的十面埋伏之中。汉军得手，迅速围拢楚军。

项羽凭着掌中戟左冲右突，勇猛无比，但10万人马怎敌得过30万人马精心布置的包围？万分危急之中，楚将军钟离昧、周兰冒死杀进重围，护住项羽突围出去。项羽逃脱了，周兰不幸阵亡。

大败而归的项羽，走进营帐，脸色铁青。虞姬从没见过丈夫打败仗，心中十分难受。但她竭力克制情绪，安慰大王，从此他们决定坚决守住营地，不再出击，只待汉军无粮自会退兵。

**垓下** 古地名，位于安徽固镇东北沱河南岸，是当年刘邦围困项羽的地方。垓下古战场俗称"霸王遗址"，后来叫"霸王城"。霸王城是一座土筑的营垒，地势偏高、四面环水，作为军事要塞易守难攻。每当大雨过后，在土城的周围常有残剑和箭镞露出地面。可见这里当年的战斗规模之大。

可是他们没有料到，楚军的粮库早已被汉军烧毁，连粮道都被截断，三军没有粮草，军心动摇，怨声载道。

项羽一筹莫展，虞姬忙为他摆酒解闷散心。几杯喝下肚后，帐外一阵阵西风吹起，树枝唰唰作响，似有无数冤魂哭泣，项羽叹道："此乃天亡我楚，非战之罪！"

汉军中传唱楚歌，正是韩信动摇项羽楚军军心使用的计谋，他派人故意教给汉军唱楚人家乡的歌曲，熟悉的乡音惹得楚军士兵们思念父母，思念妻儿，思念家乡，也使他们误以为刘邦已占领他们的家乡。

困守垓下的兵士们心灰意冷，在内无粮草，外无救兵之时听着这些令人牵肠挂肚的乡音，楚军三三两两地开了小差，后来竟是整批溜走。

虞姬夜巡后，听见这些扰乱军心的楚歌，忙进帐唤醒大王，一同出帐细听。项羽听到楚歌，叹气说

**钟离昧** 项羽麾下的一员武艺超群的上将。钟离昧对项羽十分忠诚，在项羽战局不妙之时，很多臣子离开了项羽，但是钟离昧却一直追随着他。钟离昧十分勇猛，多次在与刘邦正面对峙时给刘邦以沉重打击，因此刘邦非常害怕且十分痛恨钟离昧。

■楚汉战争蜡像

■ 虞姬自刎蜡像

悠扬飘逸的古乐歌舞

**虞姬** 楚汉之争时期西楚霸王项羽的爱妻，姓虞。相传虞姬容颜倾城，才艺并重，舞姿美艳，有"虞美人"之称。虞姬在四面楚歌的困境下，一直陪伴在项羽身边，后人也因此根据项羽所做的《垓下歌》推断出她在楚营内自刎，由此流传了一段关于"霸王别姬"的佳话。

道："看来刘邦已经胜券在握，而我却毫无退路，大势已去啊！要不是今日被围困在此，兵少粮尽，他哪里能困得住我？我决心再与那贼子交战，不过此番胜败难定，虞姬啊，看此刻的情形，今天就是你我分别之日了。"

虞姬听此言，早已泣不成声。

帐外乌骓马哀鸣，项羽出帐，爱抚着伴随自己出生入死的坐骑。乌骓马眼睛含泪，静静地看着主人。

项羽望着苍凉的夜色，慷慨悲歌：

*力拔山兮气盖世，时不利兮骓不逝。*
*骓不逝兮可奈何，虞兮虞兮奈若何！*

虞姬跟随项羽多年，从没见过丈夫如此深切悲凉的歌声，自知与他团聚的时日无多，就穿戴起华贵漂亮的衣饰，手持宝剑，边舞边歌：

> 汉兵已略地，四方楚歌声。
> 大王意气尽，贱妾何聊生！

　　唱完，虞姬随即拔剑自刎。左右的侍从无不痛心流泪，感慨万千。司马迁所著的《史记·项羽本纪》中记载这件事说：

> 　　项王军壁垓下，兵少食尽，汉军及诸侯兵围之数重。夜闻汉军四面皆楚歌，项王乃大惊曰："汉皆已得楚乎？是何楚人之多也！"
> 　　项王则夜起，饮帐中。有美人名虞，常幸从；骏马名骓，常骑之。于是项王乃悲歌慷慨，自为诗曰：力拔山兮气盖世，时不利兮骓不逝。骓不逝兮可奈何，虞兮虞兮奈若何！
> 　　歌数阕，美人和之。项王泣数行下，左右皆泣，莫能仰视。

　　天亮之后，项羽跨上乌骓马，像受伤的猛虎，带着最后的800子弟兵突围而出。韩信急令大将灌婴率5000骑兵追杀项羽。项羽一路急奔，眼

■ 虞姬舞剑图

见5000人马围追上来，自知不能逃脱，却依然毫无惧色地对部下说："我起兵至今整整8年，打了大小70多次战，攻必克，战必胜，从未失败过。今日被困，我要三次冲击汉军，斩将夺旗，让你们知道是天要亡我，非战之罪。"

说罢，项羽大吼一声，跃马横枪，冲向汉军。汉军马上围拢上来，却无人能挡得住项羽的长戟，一员汉将被挑于马下。在项羽的攻势之下，汉军竟被逼退数里，再次围攻上来，又被项羽斩杀了领兵的都尉及数百军士，项羽部下只损伤两人。

然而汉军人多势众，待项羽拼杀到乌江边上时，只剩他自己血透征袍，单枪匹马了。浩浩乌江之上，岸边泊着一只小舟，这是韩信事先命人乔装渔夫，备好小船，去江边等候项羽。

过了江，项羽便能回到自己起事的家乡了，然而他的傲气和尊严却让他抱定宁死不回之心："当初我带江东8000子弟兵渡江，西去打天下，一直发展到几十万大军，而今天，他们全完了！我有何颜面回去见江东父老乡亲！"

说完，项羽跳下马来，念及这匹乌骓战马载着他出生入死，所向无敌，就请渔夫将马渡过江去，让它能逃一条生路。可是忠心的乌骓

■楚汉战争蜡像

悠扬飘逸的古乐歌舞

马哀鸣，拒不登舟，忽然扬蹄跳入江中，被波涛卷走。

■ 霸王项羽雕像

追兵已到，汉兵汉将多得像蚂蚁一样一层一层围拢上来。项羽毫不畏惧地哈哈大笑，拔出宝剑，大步迎敌，汉军竟无一人敢近他身前。这时，项羽看见了汉军中的吕马童。吕马童本来是他的部下，后来背叛了他投奔了刘邦。

一向易怒的项羽这时反倒平静了。他对吕马童说："吕将军来得正好，听说刘邦为了买我的人头，赏千金，封万户，好，我这就送你个礼物，将自己首级割下，你尽管去请功受赏去吧！"

汉军兵将吓得连连后退，但见项羽拔出宝剑，自刎而死。这个威风凛凛的一代枭雄就这样结束了自己的性命，为世人留下了传奇的经历和壮烈的背影。

**阅读链接**

楚汉相争的垓下之战，激发古人创作出了两套古曲，一套是《十面埋伏》，另一套就是《霸王卸甲》。

《霸王卸甲》虽然取材与《十面埋伏》一样，也是描述垓下之战，同样是采用章回式结构，但立意不同。

《十面埋伏》的主角是刘邦，着重写刘邦汉军勇武的雄姿、决战的胜利以及凯旋的英雄气概，所以乐曲高亢激昂、气势磅礴；而《霸王卸甲》的主角是项羽，着重渲染了楚霸王交战失利，一蹶不振而至别姬自刎的英雄悲剧，所以乐曲沉闷悲壮。

# 悲壮激荡的千古名曲

　　后代的人们为了纪念项羽与刘邦之间的这场声势浩大、残酷悲壮的决战，就创作了这首《十面埋伏》乐曲，再现了勇猛异常的项羽最终寡不敌众，陷入四面楚歌的境地，以及最后身负重伤，在乌江面对重重包围的敌军，毅然拔剑自刎。

楚汉战争蜡像

■ 楚汉战争

乐曲的第一部分是战前准备。包括列营、吹打、点将、排阵、走队五个小段。"列营"是全曲的引子。节奏自由、变化万千。一开始琵琶就先声夺人，在高音区奏出扣人心弦的战鼓声，揭开楚汉两军即将激战的序幕。

这段散板的引子，似高亢的号角，似轰鸣的战鼓，金鼓齐鸣，声震山谷，刀光剑影，铁马金戈，紧张森严，一片临战气氛。"吹打"是金曲中仅有的旋律性较强的抒情段落。而琵琶用轮指奏出的长音，模拟了古代军队中吹奏筚篥的音调。这段音乐似浩荡的汉军，由远至近，阔步行进。"点将"是"吹打"后半段的变化重复，连续16分音符奏出，急促的旋律，描绘出调兵遣将的忙碌景象。

"排阵"和"走队"，曲调简单，节奏整齐紧

戈 先秦时期一种主要用于勾、啄的格斗兵器，流行于商至汉代。戈原为长柄，平头，刃在下边，可横击，又可用于勾杀，后因作战需要和使用方式不同，戈便分为长、中、短3种。商代已经有了铜戈，直到秦代作战时仍用戈。一般长戈用于车战，短戈用于步兵。

■战争场面图

凑，表现出汉军战前士气高昂。情绪逐步发展和加强，为过渡到激战场面作铺垫。一般演奏时，对"点将""排阵""走队"这三段音乐是有变化取舍的。第二部分是战斗过程，包括埋伏、鸡鸣山小战、九里山大战三个小段。它形象地描绘了楚汉两军殊死决战的紧张炽热的战斗情景，是全曲的中心部分。

"埋伏"利用一张一弛的对比性节奏音型和加以摸进发展的旋律，造成蓄势待发的紧张、恐怖的战斗气氛，是一段颇具特色的音乐。而在"鸡鸣山小战"中，则表现出了楚汉两军短兵相接的对垒，琵琶运用了"刹弦"的技巧，使发出嚓嚓之声，形成金属声响的效果，犹如刀枪剑戟互相撞击。

"九里山大战"是整个乐曲的最高潮。开始的繁密节奏渲染了大战声势，接着在紧张的音乐气氛中，琵琶以快速的"夹扫"，表现了汉军百万将士势不可当的勇猛气势。炮声、马蹄声、厮杀声交织在一起。

在这生死关头，突然出现了阵阵凄凉的箫声。四面楚歌，顿时使楚军军心涣散，丧失斗志。紧接着，琵琶用"并双弦"和"推、拉"等技法，奏出士兵的呐喊声，让人感受到热血沸腾、振奋不已的场

悠扬飘逸的古乐歌舞

面，形成了全区最紧张的音乐高潮。

第三部分是战斗结束，包括"溃围南山"和"乌江自刎"。音乐凄切悲壮，与前面的高潮形成鲜明的对比。原谱中还有三小段"全军奏凯""诸将争功""得胜回营"，描述汉军凯旋的种种情景。

明末清初时候，有位名叫汤应曾的人。由于他擅长弹奏琵琶，所以人们称他为"汤琵琶"。他自幼爱好音乐，听见歌声就哭。后来学习唱歌，唱完又哭。

后来，征西王将军招募汤应曾到幕府之中，跟随经历嘉峪、甘州、酒泉各地，每逢打猎和阅兵，都让他弹奏塞上的乐曲。有个叫颜骨打的部下，善于作战布阵，他临战的时候，下令汤应曾弹奏壮士的音乐，然后他才上马杀敌。

汤应曾特别喜欢弹奏《十面埋伏》一曲，在两军决战时，声音惊天动地，震得屋上的瓦像要坠落下

**甘州** 张掖的古称。张掖以"张国臂掖，以通西域"而得名，张掖位于甘肃省西北部，是古丝绸之路重镇，是新亚欧大陆桥的要道，河西走廊中段，自古有"金张掖、银武威"之美誉，市内有大佛寺、木塔寺、镇远楼、黑水国遗址等名胜古迹。

447

慷慨悲歌

十面埋伏

■战争场面图

■战争场面蜡像

来。仔细分辨，有金鼓撞击声，刀剑格斗声，弩箭射击声，人马进退声，各种声音交织震响，一下子突然停止，寂然无声。

过了一阵儿，声音又响起。幽怨不明的，是楚歌声；凄凉悲壮的，是项王慷慨高歌告别虞姬；有陷入大泽声，骑兵追赶声；到乌江，有项王拔剑自刎声，有追骑为争夺项王而攻击、践踏声，使听众开始兴奋，接着恐惧，最终泪流满面而结束。

**阅读链接**

《十面埋伏》早在16世纪之前就已经在民间流传，深受琵琶演奏家的喜爱。

自1818年华秋萍编的《琵琶谱》问世以来，其后各个琵琶谱集都载有《十面埋伏》的乐谱，各个版本在分段与分段标目都有所不同。

《华氏谱》称《十面埋伏》由直隶王君锡传谱，13段；《李氏谱》名《淮阴平楚》，隋秦汉子作；金山周瑞清厚卿校，18段；《养正轩谱》称《十面》，一名《淮阴平楚》，18段；《瀛州古调》名《十面埋伏》，10段。

# 阳春白雪

《阳春白雪》相传是春秋时期，晋国的乐师师旷或齐国的刘涓子所作。后来流传琴谱中的《阳春》和《白雪》是两首器乐曲。

《神奇秘谱》在解题中说："《阳春》取万物知春，和风淡荡之意；《白雪》取凛然清洁，雪竹琳琅之音。"

《阳春白雪》表现的是冬去春来，大地复苏，万物欣欣向荣的初春美景，旋律清新流畅，节奏轻松明快。

# 传播美德师旷作阳春白雪

初春时节，天气逐渐转暖。蔚蓝的天空中，一朵朵洁白无瑕的云朵悠然飘过，衬托着明亮的阳光。一阵晨风吹过，隐隐带来迎春花的香味。荒野一改枯黄的面貌，露出了点点新绿。

初春图

人们走出家门，伸展着身体，深深地呼吸着清新的空气。院落中有晚开的梅花，顶着一点残雪，在风中微微颤抖，徐徐地绽放着最后一点清香。缠绵的柳丝温柔地垂下，有黄鹂在树枝上鸣叫，声音婉转悦耳。

师旷弹琴雕塑

大地复苏、万物复生、欣欣向荣。除了早早露出头的野花，荷塘中的鱼也不安分了起来。有调皮的孩童拿着竹竿大叫大笑着跑来跑去，老人们从屋中慢慢踱出门，心满意足地晒着太阳。

师旷从房中走出，被书童搀扶着走到院子里的一张藤椅面前，轻轻坐下。他闭着眼，感受着春风的吹拂，心里分外惬意。

院子外传来孩童们玩耍嬉戏的笑闹声，师旷仍旧闭着眼睛，向站立在身边的书童挥了挥手。书童心领神会，立即回房去端了一盏热气腾腾的茶出来，小心翼翼地放在师旷的手中。

师旷啜了一口香茶，满足地微微叹了一口气。也许不会有人喜欢失明带来的黑暗和沉寂，但他师旷不一样。自从失明之后，师旷明显能感觉到身边的每个音符都被放大了，这对身为乐师的他而言，无疑是一种享受。

即使眼前一片黑暗，师旷却分明能看到院中的花草被微风吹拂，轻柔摆动的样子，也分明能看到顽童拿着竹子做竹马玩耍、彼此戏弄的笑颜。侧耳细听，他还能听见自家仆人在准备午膳时从厨房弄出的碗筷叮当作响的声音。

■弹琴人物俑

在聆听的过程中，师旷回忆起了前日卫国的乐师师涓，为晋平公和卫灵公表演献艺的情景。虽然这件事已经过去了，但一想起来，他还是气不打一处来。

那一天，晋平公新建的王宫落成了，要举行庆祝典礼。卫灵公为了修好两国关系，就率乐工前去祝贺。卫灵公一行来到晋国边城，晋平公在新建的王宫里摆上了丰盛的筵席，热情地招待贵宾。

宴会上，卫灵公在观赏晋国的歌舞后，便命师涓演奏曲子助兴。师涓为了答谢晋国的盛情款待，便遵命理弦调琴，使出浑身解数弹奏起来。随着他的手指起落，琴声像绵绵不断的细雨，又像是令人心碎的哀痛哭诉。

当时，坐在陪席上的晋国掌乐太师师旷面带微笑，用心倾听着。不一会儿，只见他脸上的笑容渐渐消失了，神色越来越严肃。

师涓将曲子弹到一半时，师旷再也忍不住了，他猛地站起身，按住师涓的手，断然喝道："快停住！这是亡国之音啊！千万弹不得！"

卫灵公原本是来给晋平公祝贺的，听师旷掌乐太师这么一说，吃惊地愣住了。师涓更是吓得不知所措，十分尴尬地望着卫灵公。

晋平公见喜庆之时，本国掌乐太师突然插一杠

卫灵公（前540—前493），春秋时期卫国第二十八代国君，卫灵公擅长识人，知人善任，也正是他用他提拔的三个大臣仲叔圉、祝鮀、王孙贾的合作，才使卫国有了较大发展。

子，弄得卫国国君一行人下不了台，忙责问师旷道："这曲子好听得很，你怎么说它是亡国之音呢？"

师旷振振有词地道："这是商代末年乐师师延为暴君商纣王所作的'靡靡之音'。后来商纣王无道，被周武王讨灭了，师延自知助纣为虐害怕处罚，就在走投无路时，抱着琴跳进濮河自尽了。

所以，这音乐一定是在濮河边听来的。这音乐很不吉利，谁要沉醉于它，谁的国家定会衰落。所以不能让师涓奏完这支曲子。"

晋平公很不以为然地说："早已改朝换代了，我们现在演奏，又有什么妨碍呢？你还是让贵国乐师弹下去吧！"

师旷摇摇头，执拗道："佳音美曲可以使我们身心振奋，亡国之音会使人堕落。主公是一国之君，应该听佳音美曲，为什么要听亡国之音呢？"

晋平公见卫灵公一行人面有难色，便命令师旷道："你快松手，让乐师弹下去！别扫了大家的兴！

453

正声雅音

阳春白雪

■ 师旷学琴古吹台

■ 师旷抚琴雕像

今日是大喜之日，怠慢了贵宾，拿你是问！"

师旷执拗不过，只能松手，师涓终于弹完了那支乐曲。但师旷始终面带愠色，久久难以忘怀这件事。

师旷一向认为，音乐可以来传播德行。具有远见卓识和博大胸怀的他，也一向喜欢用音乐来传播值得赞颂的美德。

如果让靡靡之音盛行于世间的话，这世道会乱成什么样呢？为什么人们就要沉醉于那种消极的音律之中，而不能学会静心欣赏自己身边的美好呢？

思绪到此，师旷猛然醒悟，自己此时此刻所处的景色之中，不就是值得赞颂的吗？这种安然美好的情怀，不就是值得被众人所记挂的美德吗？想到这，师旷立即招呼书童拿出自己心爱的古琴，创作出了《阳春白雪》。

悠扬飘逸的古乐歌舞

**阅读链接**

据说，由于师旷听觉极聪，辨音能力极强，加上他高超的琴技，有很多关于他奏乐的神异故事。传说师旷能听见天庭的声音，还能通达于神灵，经常演奏《阳春白雪》为天上的众神听。

曾经有一次，在师旷演奏《阳春白雪》的时候，当他用奇妙的指法拨出第一串音响时，人们就看到有16只玄鹤从南方冉冉飞来，一边伸着脖颈鸣叫，一边排着整齐的队列展翅起舞。

当他继续弹奏时，玄鹤的鸣叫声和琴声融为一体，在天际久久回荡。师旷能赢得此誉，足见其技艺不凡。

# 春意盎然的天籁之音

《阳春白雪》也叫《阳春古曲》，简称《阳春》，是一首广泛流传的优秀琵琶古曲。此曲是由民间器乐曲牌《八板》的多个变体组成的琵琶套曲，也是吟咏赞美景色的名曲。

"八板头"变体循环再现，各个《八板》变体组合在一起形成变奏的关系，后又插入了《百鸟朝凤》的新材料，因此它是一首具有循环因素的变奏体结构的板头曲。

《阳春白雪》经过历代名人的删改，音乐结构更集中、更严谨、更富有层次，音乐形象也更加鲜明，并以其对音乐形象精炼的概括，质朴而丰富的音乐语言，表现了人们积极进取，乐观向上，对大

春景图

■春意图

456

悠扬飘逸的古乐歌舞

自然充满无限热爱的感情。

全曲呈现出一种明亮的色调,以清新流畅的旋律,活泼轻快而具有推动力的节奏,描绘了万物复苏,春意盎然的景象。听来使人感觉耳目一新,成为一首雅俗共赏的优秀传统乐曲。

《阳春白雪》最早见于鞠士林的传抄琵琶谱,后见于《南北派十三套大曲琵琶新谱》《养正轩谱》以及汪昱庭传谱的《阳春古曲》等版本。这些版本在发展演变中,取材及结构安排均有所区别。

后人称李芳园、沈浩初整理的10段与12段乐谱为《大阳春》,乐曲以富于层次变化的音乐,生动形象地描绘了大地回春,万物生辉和一派生机勃勃、姹紫嫣红、春意盎然的景象。

汪谱全曲共有7段,少于李氏谱的10段和《养正轩谱》的12段,因此有人称汪谱为《小阳春》,这首乐曲以清新流畅的旋律、活泼轻快的节奏,生动地表现了冬去春来,冰雪融化的初春景象。因乐曲的速度处理得较快，又名"快板阳春"。

《小阳春》全曲有独占鳌头、风摆荷花、一轮明月、玉版参禅、铁策板声、道院琴声、东皋鹤鸣7个乐段，可划分为起、承、转、合4个组成部分，是一首具有循环因素的变奏体乐曲。其小标题出自李芳园之手，与乐曲内容并没多大关系。

■春色图

"起"部标题名为"独占鳌头"。曲首出现长达17拍的"八板头"变体，它在以后三个部分的部首循环再现，是全曲各个部分的"合头"。

在原《八板》的旋律上，使用"加花""隔凡"以及结构上的扩充和紧缩等民间常用技法，以"半轮""夹弹""推拉"等演奏技巧润饰曲调，使《八板》原型得到变化发展，音响效果独特有趣，并使乐曲的旋律更加生动活泼、明快愉悦，表现出清新有力、欢快明朗的性格，以此奠定了全曲的基调。

"承"部共两段："风摆荷花"和"一轮明月"。这两个"八板"变体，在头上循环再现"八板头"之后，旋律两次上扬，高音区展开的旋律更加花团锦簇，结构也扩大了，情绪比"起"部更为热烈，显出一种勃勃生机。

"转"部包括"玉版参禅""铁策板声""道院琴

道院 道士居住的地方。道教的神职人员和信徒修炼之处。道教是我国的本土宗教，以神仙信仰为核心内容，以丹道法术为修炼途径，以得道成仙为终极目标，追求自然和谐、国家太平、社会安定、家庭和睦。道教认为，修道积德者能够幸福快乐、长命百岁。

■ 春山图

声"三段，这是一个对比性的段落。在这三个段落中出现了不少展开性的因素。首先是乐曲结构的分割和倒装，并出现新的节拍和强烈的切分节奏。

其二是运用"搣分""扳"和"泛音"等演奏指法，使音乐时而轻盈流畅，时而铿锵有力。特别是"道院琴声"引入了新的音乐材料，在演奏上，时而用扳的技法奏出强音，时而用搣分弹出轻盈的曲调，整段突出围绕正徵音的一串串泛音，恰如"大珠小珠落玉盘"，晶莹四射，充满着无限的生机和活力。

"合"部标题为"东皋鹤鸣"，是"承"部的动力性再现，并在尾部作了扩充，采取突慢后渐快的速度处理，连续的十六分音符进行，并在每拍头上加"划"，不断增加音乐的强度，采用强劲有力的扫弦技巧，使全曲在热烈欢快的气氛中结束。

**阅读链接**

阳春白雪的典故来自于《楚辞》中的《宋玉答楚王问》一文。楚襄王问宋玉："先生有什么隐藏的德行吗？为何士民众庶不怎么称誉你啊？"

宋玉说："有歌者客于楚国郢中，起初吟唱'下里巴人'，国中和者有数千人。当歌者唱'阳阿薤露'时，国中和者只有数百人。当歌者唱'阳春白雪'时，国中和者不过数十人。"

宋玉的结论是："阳春白雪"等歌曲越高雅、越复杂，能唱和的人自然越来越少。但凡世间伟大超凡者，往往特立独行，其思想和行为往往不为普通人所理解。

脱凡之境

# 渔樵问答

《渔樵问答》是首古琴曲，此曲在历代传谱中，有30多个版本，有的还附有歌词。

《渔樵问答》乐曲通过渔樵在青山绿水间自得其乐的情趣，表达出对追逐名利者的鄙弃。杨表正修订曲谱，配制歌词。

清代琴家又略去歌词，将曲调稍加改动，成为独立的器乐曲。此曲优美清逸，以对答式的旋律，描写渔夫与樵夫的对话。此曲反映的是一种隐逸之士对渔樵生活的向往，希望摆脱俗尘凡事的羁绊。音乐形象生动、精确。

# 渔樵对话引出千古绝唱

　　蔚蓝的天空之下，有一片宁静的湖泊。湖中有一叶扁舟在随波逐流。扁舟之上，是一位正在小憩的渔夫。微风吹拂，带来了清凉的水汽。渔夫懒洋洋地睁开眼，打了个哈欠。

　　在离渔夫不远处的岸边，有一位樵夫。他腰间别着斧子，粗糙的手掌上有几道划痕，身着宽松的素衣，脚穿草鞋，憨厚而威武。

江岸渔村图

渔夫和樵夫两个人都怡然自得，尽情享受着山水之间的美妙景色，丝毫不为世俗名利所烦恼，开始谈天说地：

渔樵问答泥塑

　　渔问樵曰："子何求？"

　　樵答渔曰："数椽茅屋，绿树青山，时出时还；生涯不在西方；斧斤丁丁，云中之恋。"

　　渔又诘之："草木逢春，生意不然不可遏；代之为薪，生长莫达！"

　　樵又答之曰："木能生火，火能熟物，火与木，天下古今谁没？况山木之为性也当生当枯；伐之而后更夭乔，取之而后枝叶愈茂。"

　　渔乃笑曰："因木求财，心多嗜欲；因财发身，心必恒辱。"

　　樵曰："昔日朱买臣未遇富贵时，携书挟卷行读之，一旦高车驷马驱驰，刍荛脱迹，于子岂有不知？我今执柯以伐柯，云龙风虎，终有会期；云龙风虎，终有会期。"

　　樵曰："子亦何易？"

　　渔顾而答曰："一竿一钓一扁舟；五湖四海，任我自在遨游；得鱼贯柳而归，乐

**朱买臣** 相传朱买臣自幼家贫好学，卖薪自给，他的妻子因此离开他改嫁了。后来，朱买臣遇同乡严助，推荐入朝廷，说《春秋》《楚辞》，汉武帝甚悦，拜为中大夫。后来，朱买臣向武帝献平定东越策，获得信任，出任会稽太守。约一年后，因功征为主爵都尉，列于九卿。

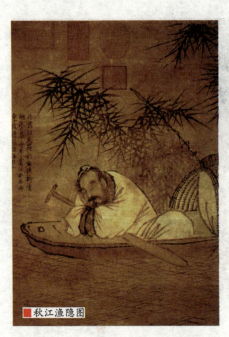
■ 秋江渔隐图

舳舻。"

樵曰："人在世，行乐好太平，鱼在水，扬鳍鼓鬣受不警；子垂陆具，过用许极心，伤生害命何深！"

渔又曰："不专取利抛纶饵，惟爱江山风景清。"

樵曰："志不在渔垂直钓？心无贪利坐家吟；子今正是岩边獭，何道忘私弄月明？"

渔乃喜曰："吕望当年渭水滨，丝纶半卷海霞清；有朝得遇文王日，载上安车赍阙京；嘉言说论为时法，大展鹰扬敦太平。"

樵击担而对曰："子在江兮我在山，计来两物一般般；息肩罢钓相逢话，莫把江山比等闲；我是子非休再辩，我非子是莫虚谈；不如得个红鳞鲤，灼火新蒸共笑颜。"

渔乃喜曰："不惟莘老溪山；还期异日得志见龙颜，投却云峰烟水业，大旱施霖雨，巨川行舟楫，衣锦而还；叹人生能有几何欢。"

他们之间的问答，后来被人记录下来，成了名曲《渔樵问答》的歌词。

《渔樵问答》的曲谱最早见于古代琴谱《杏庄太音续谱》：

古今兴废有若反掌，青山绿水则固无恙。千载得失是非，尽付之渔樵一话而已。

《渔樵问答》采用了渔夫和樵夫对话的方式，以上升的曲调表示问句，下降的曲调表示答句。旋律飘逸潇洒，表现出渔樵悠然自得的神态。

正如另一本古代琴谱《琴学初津》中所述：

《渔樵问答》曲意深长，神情洒脱，而山之巍巍，水之洋洋，斧伐之丁丁，橹歌之欸乃，隐隐现于指下。迫至问答之段，令人有山林之想。

乐曲刚开始曲调悠然自得，表现出一种飘逸洒脱的格调，上下句的呼应造成渔樵对答的情趣。主题音调的变化发展，并不断加入新的音调，加之滚拂技法的使用，至第七段形成高潮，刻画出隐士豪放不羁、潇洒自得的情状。

其中运用泼剌和三弹的技法造成的强烈音响，应和着切分的节奏，使人感到高山巍巍，樵夫咚咚的斧伐声。第一段末呈现的主题音调经过移位，变化重复贯穿于全曲，给人留下深刻的印象……

《渔樵问答》有一定的隐逸色彩，能引起人们对渔樵生活的向往，但此曲的内中深意，应是"古今多少事，都付笑谈中"及"千载

■渔家图

得失是非，尽付渔樵一话而已"。兴亡得失这一千载厚重话题，被渔父、樵夫的一席对话解构于无形，这才是乐曲的主旨所在。

后世有人为《渔樵问答》另外填了一段歌词：

渔樵问答臂搁

悠扬飘逸的古乐歌舞

第一段 清隐高谈

问今古几经蕉鹿，嗟浮生许多劳碌。烟波钓叟，常自无拘无束，一叶扁舟，芦花岸曲。更那丹崖野叟，陟险探奇，仿佛身如在白云深谷。两般不俗，一个欸乃声中，吸清波燃那楚竹，和着一个邪许歌中，听春莺唱那伐木。心同也，志合也，坡下滩头，啸傲倘伴唔宿，共话人间清闲福。

第二段 垂纶秋渚

渭川也，严滩也，千秋二老，却同我生涯。月白也，水树暮栖鸦。手中牵动纶丝，每向水乡云际，引却鱼虾。恰似天河银汉，泛却仙槎。只见白蘋红蓼，满目秋容交加。天空海阔，遥见白鹭平沙。睹景伤情，中流也，中流也，却望那汉江水，石头城，尽几繁华浮沉得失，过眼堪嗟。羡渔翁，摇曳也咿哑，出没烟霞。羡渔翁，洒脱也飘扬，天地为家。

第三段 山居避俗

赤脚陟岷峨，历山阿，鹤唳与猿和，白云深处乐婆娑。山翁呵，野客呵，牧唱和樵歌。娱心处，东山月色，与那松萝。

第四段 得鱼纵乐

钓得的松江细鳞，沽来美酒，对明盈倾，酩酊后，歌一曲，响并云英，把洞箫频横。名不管也，利无关也，隐吾志也，独乐吾天也，浑宠辱无惊。纵志在沧滨，朝游彭蠡，暮听浙潮声。时看夹岸桃花片，似过武陵津。

第五段 松枝煮茗

登山日未曛，昆仑绝顶，拗珊瑚宝树，带月连云，归来煮茗也氤氲。薛萝深处绝尘纷，问出君，北山移文，请俗客漫相闻。

第六段 遨游江湖

水天无际远相连，有时把却丝纶，星斗动寒涟。宅江湖也，幕天地也，吞日月也，更傲风霜也，江干任尽眠。扁舟不系也，一任风吹芦花浅水边。醒时万里湍流处，濯足漫衣裳。却笑范蠡当年，不早归旋。

■ 渔樵问答图

■ 山水人物图

悠扬飘逸的古乐歌舞

第七段 啸傲山林

科头箕距长松下，日影移，烟霞为侣。无尘也，无尘也，千忉冈当振衣。彩药时呵，却被烟阻云迷，逢着仙人，倚斧看碁。羡樵夫，偃仰也，人间甲子谁知，羡樵夫，忘机也，山中猿鹤相依。

第八段 渔樵真乐

青山绿水也，足盘桓，人情几变翻，好似梦里那邯郸。樵山呵，渔水呵，乐事更多般。醒眼看，将相王侯，哪里肯换。

# 古曲背后的隐逸文化

《渔樵问答》的存谱最早见于明代萧鸾撰写的《杏庄太音续谱》，而古代琴谱《琴学初津》说此曲"令人有山林之想"。

兴亡得失这一千载厚重话题，被渔夫、樵夫的一席对话结果于无形中。那么，他们的对话中到底蕴藏了什么玄理呢？

说到这里，不能不提北宋一

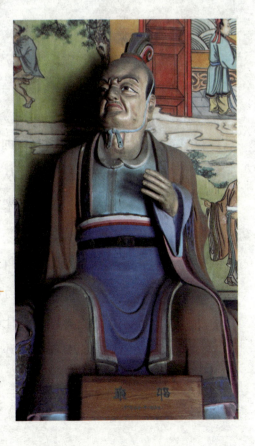

■ 邵雍（1011—1077），北宋哲学家、易学家，有内圣外王之誉。汉族，字尧夫，谥号康节，自号安乐先生、伊川翁，后人称百源先生。其先范阳人，幼随父迁共城。少有志，读书苏门山百源上。仁宗嘉祐及神宗熙宁中，先后被召授官，皆不赴。著有《观物篇》《先天图》《伊川击壤集》《皇极经世》《观物内外篇》《渔樵问对》等。

悠扬飘逸的古乐歌舞

■ 屈原（约前340—前278），出生于楚国丹阳，名平，字原，通常称为屈原，又自云名正则，号灵均。是我国最伟大的浪漫主义诗人之一，也是我国已知最早的著名诗人，世界文化名人。他创立了"楚辞"这种文体，也开创了"香草美人"的传统。他写下许多不朽诗篇，成为中国古代浪漫主义诗歌的奠基者，在楚国民歌的基础上创造了新的诗歌体裁楚辞。主要作品有《离骚》《九章》《九歌》等。

部奇书《渔樵问对》。琴曲《渔樵问答》与《渔樵问对》也许有一定的内在关联。前者通过渔樵对话来消解古今兴亡等厚重话题，而后者则试图通过简洁的对话，对世界做出根本性的哲学解释。

《渔樵问对》的作者是邵雍，北宋儒家五子之一。邵雍学贯易理，儒道兼通，他毕生致力于将天与人统一于一心，从而试图把儒家的"人本"与道家的"天道"贯通起来。

庄子 即庄周，是战国时期的思想家、哲学家、文学家，也是道家学说的主要创始人之一。庄子同时也是老子思想的继承和发展者，因此后世将他与老子并称为"老庄"。他们的哲学思想体系，被思想学术界尊为"老庄哲学"。

《渔樵问答》着力论述天地万物，阴阳化育和生命道德的奥妙和哲理。这本书通过樵夫问、渔夫答的方式，将天地、万物、人事、社会归之于易理，并加以诠释。目的是让樵夫明白"天地之道备于人，万物之道备于身，众妙之道备于神，天下之能事毕矣"的道理。

《渔樵问对》中的主角是渔夫，所有的玄理都出自渔夫之口。在书中，渔夫已经成了"道"的化身。渔夫作为"圣者"与"道"的化身，由来已久。

《庄子·杂篇·渔父》中曾记述了孔子和一个渔夫的详细对话，对话中渔夫对孔子大段阐述了道家的无为之境，孔子叹服，尊称渔夫为"圣者"。

屈原所著《楚辞》中的《渔父》一章讲了这么一则故事，屈原被放逐后，游于江边，看起来"颜色憔悴，形容枯槁"。

渔父问屈原为何流落于此，屈原回答说："举世皆浊我独清，众人皆醉我独醒，因而被放逐到这里。"

渔父劝屈原该看破世人世事，不必"深思高举"，屈原不听，而渔父莞尔而笑，唱着"沧浪之水清兮，可以濯吾缨；沧浪之水浊兮，可以濯吾足"的歌远去。渔父在这里已

《楚辞》 我国文学史上第一部浪漫主义诗歌总集和骚体类文章的总集。《楚辞》全书以屈原作品为主，其余各篇也是承袭屈赋的形式，以其运用楚地的文学样式、方言声韵和风土物产等，具有浓厚的地方色彩，因此名为《楚辞》。

■ 严子陵 （前39—41），严光，又名遵，字子陵，东汉著名隐士，原姓庄，因避东汉明帝刘庄讳而改姓严。少有高名，与东汉光武帝刘秀同学，亦为好友。其后他积极帮助刘秀起兵。公元25年，刘秀即位多次延聘他，但他隐姓埋名，退居富春山。最终他享年八十岁，葬于富春山。后世人称富春山为"严陵山"，又称其富春江垂钓处为"严陵濑"，其垂钓蹲坐之石为"严子陵钓台"。后来北宋政治家范仲淹重修桐庐富春江畔严先生祠堂，并撰写《严先生祠堂记》，内有"云山苍苍，江水泱泱。先生之风，山高水长"的赞语，遂使严光以高风亮节闻名于天下。陆游也有《鹊桥仙》云："时人错把比严光，我自是、无名渔父。"

成为一个欲引屈原"悟道"的先知。

历史上最有名的"渔"的代表是东汉的严子陵，早年他是汉光武帝刘秀的旧相识，刘秀很赏识他。刘秀当了皇帝后多次请他做官，都被他拒绝。严子陵却一生不仕，隐于浙江桐庐，垂钓终老。

李太白曾有诗云"昭昭严子陵，垂钓沧波间"。清代王士禛也曾画《题秋江独钓图》，举重若轻，轻描淡写地绘就一幅渔人秋江独钓的胜景：

> 一蓑一笠一扁舟，一丈丝纶一寸钩。
> 一曲高歌一樽酒，一人独钓一江秋。

历史上"樵"的代表则是汉武帝时的大臣朱买臣。朱买臣早年出身贫寒，常常上山打柴，靠卖薪度日，后妻子因忍受不了贫困而离开了他。有人说"樵"有禅意，这种说法待考证。

《渔樵问答》一曲是几千年文化的沉淀。"青山依旧在，几度夕阳红"，这种境界令人叹服，然古往今来几人能够？虽向往之，实不能也。

**阅读链接**

我国自古以来有渔樵耕读的说法。民间的屏风上常画有渔樵耕读四幅图。渔图和樵图画的分别是严子陵和朱买臣的故事。耕图和读图画的分别是舜教民众耕种的场景和战国时苏秦埋头苦读的情景。渔樵耕读是农耕社会的四业，代表了民间的基本生活方式。

这四业一定程度上反映了古代不同价值取向。其中渔为首，樵次之。如果说耕读面对的是现实，蕴含入世向俗的道理，那么渔樵的深层意象是出世问玄，充满了超脱的意味。